이것이 진짜 토지 개발이다 Ⅰ

토지 개발로 400% 수익 올리는 비법

이것이 진짜

2022. 09
개정판

토지 개발이다

이종실 지음

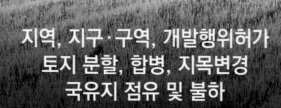

I

지역, 지구 · 구역, 개발행위허가
토지 분할, 합병, 지목변경
국유지 점유 및 불하

매일경제신문사

| 머리말 |

　누군가 토지에 투자해 몇 배의 이익을 얻었다는 소식에 나도 토지에 투자했지만, 기획 부동산 회사를 통해 투자한 토지는 10년이 넘어도 팔 수도, 개발할 수도 없다. 토지 투자는 몇 배의 수익도 가능하지만, 때로는 할아버지 때 산 토지가 아직도 그대로 있을 수 있다. 토지 투자는 그만큼 어렵다. 따라서 이 책이 여러분들에게 투자의 방향을 정확히 알려주고, 토지 매입을 결정할 수 있는 판단을 도와주는 시금석이 되기를 바란다.

　건물이 건축된 부동산(토지+건물)을 투자할 경우는 마음이 편하다. 주변 환경과 미래의 발전 가치만 생각하고 투자를 결심하면 된다. 그러나 토지의 경우 아무리 미래 발전 가치가 있어도 건축물을 건축할 수 없다면, 토지 가치는 높아질 수 없다. 따라서 토지가 무엇이며, 왜 같은 토지라도 가격이 차이가 나는지 그 이유부터 먼저 정확히 알게 되면, 토지 투자도 그리 어렵지 않다.

토지는 사용의 가치다. 모든 토지의 건축물은 건축법으로 인해 건축하기 전 어떠한 건물을 건축 후 어떻게 사용하겠다는 도면을 만들어 사전에 허가받고, 건축(건축물의 종류와 크기)하게 되며, 허가받은 대로 사용해야 한다. 즉 건축 전에 허가받은 후 사용(건축)하게 된다. 물론 사용 허가를 받지 않고 사용하는 경우도 있다(농사를 짓거나 나무를 심는 것). 하지만 농사짓거나 나무를 심는 것은 꼭 토지에 하지 않아도 흙만 있으면 얼마든지 가능하다. 즉 '흙'이 아닌 토지가 '돈'이 되는 이유는 사용 가치에 따라 토지 가치도 같이 달라지기 때문이다. 투자가 의외로 어렵다는 이야기는 모든 토지는 건축물의 건축과 개발의 규제가 있어 사용의 미래 가치가 토지마다 다르며, 규제사항도 다르기 때문이다.

토지 투자는 토지 규제에 의해 어떠한 건물을 얼마큼 건축할 수 있는지 알아야 하며, 건축된 건축물을 사용하고자 하는 사람들이 얼마큼 있을 것인지의 가치를 판단 후 투자를 결정해야 한다. 모든 토지에는 사용의 규제가 있으며, 이 규제도 원칙이 있다. 토지 규제의 원칙을 알고 토지에 투자한다면, 토지 투자의 성공 확률이 훨씬 높아질 것이다.

첫 번째 규제는 모든 토지는 용도지역이 정해진다. 용도지역은 도시지역과 비도시지역으로 정해진 후 용도지역에 의해 건축할 수 있는 건축물의 종류와 크기(용적률, 건폐율)가 결정된 후 국가에서 법에 의해 용도구역(개발제한구역, 수산자원보호구역 등)으로 필요한 토지 사용을 규제하며, 지자체에서는 조례에 의해 용도지구(고도지구, 방화지구 등)로 건축물의 규제를 한다. 즉 용도지역은 모든 토지에 건축할 수 있는 건축물의 종류와 규모를 정해놓고, 용도구역은 국가에서 법에 의해 토지의 사용을 규제하며, 용도지구는 지자체에서 조례로 건축물의 규제를 하는 것이다.

두 번째 규제는 토지의 주변 환경(가축사육제한, 군사시설보호, 학교정화 등)

에 의해 타 법령으로 규제하게 된다.

세 번째 규제는 개발행위가 있다. 개발행위허가는 김대중 정부에서 토지의 난개발을 방지하기 위해 도입한 법으로, 기반시설이 없는 곳은 개발자가 기반시설(도로, 하수도, 상수도 등)을 설치하는 조건으로 허가를 하는 것이다. 따라서 개발행위허가는 기반시설이 설치되지 않는 토지에만 허가를 받는다. 즉 지목이 대지화 되어 있는 대지, 창고용지, 공장용지, 학교용지, 주유소용지 등에는 개발행위허가는 규제대상이 아니다. 이 외에도 지목에 의한 특별법 적용을 받는 규제도 있다. 지목에 의한 특별법규제는 '전', '답', '과수원', '임야', '공원' 등이 지목에 의한 규제다.

또한 산림을 보호하기 위한 임목 본수도, 무분별한 토지의 개발을 방지하기 위한 경사도, 표교도 등도 지자체에 의한 규제가 개발행위허가에 적용된다. 이러한 모든 규제를 피해 건축허가를 받으며, 건축 후에 사용하고자 하는 사람이 많다면 부동산 투자에 성공하는 것이다.

그러나 이러한 모든 법규를 다 알아야 토지 투자가 가능한 것은 아니다. 모든 환자가 의학 공부를 해야 병을 고치는 것은 아니다. 병에 걸렸을 때는 의사에게 도움을 받으면 된다. 그러나 의사가 설명하는 말을 알아들을 수 있다면 무사히 병을 고칠 수 있으나 의사의 말을 정확히 이해하지 못한다면 결과는 달라질 수 있다.

따라서 이 책을 읽는 모든 사람이 토지 개발을 할 수 있는 것은 아니지만, 토지 투자 시 검토해야 할 원칙을 알고 토지에 투자한다면 성공 확률은 더 높아질 것으로 생각한다. 즉 토지 개발 법규를 다 익히기보다는 토지 투자 성공의 가능을 알기 위한 능력만 있으면 된다. 따라서 토지 투자를 결심하기 전에 토지 개발 전문가에게 문제점을 질의하며 답변을 알아들을 수 있는 능력만 있으면 된다고 판단한다. 이러한 분들에게는 충분히 도움이 되는 책이라고 생각한다. 또한 유튜브에서 '이종실'을 검색하면, 이러한 토지 투자를 경매로 추천하기도 하니 관심 있는 분들의 많은 시청을 바란다.

이종실

| 차례 |

PART

각종 토지 규제 정보 찾기

PART

국토의 계획 및 이용에 관한 법률

PART

3

타 법령 : 지목에 의한 특별법의 규제와 토지 주변에 의한 규제

PART

4

개발행위와 토지의 분할

PART
1

각종 토지
규제 정보 찾기

토지의 개발은
규제가 시작이다

 토지(땅)는 규제의 결정체다. 땅의 가치는 소유보다는 사용의 가치이며, 땅을 산다는 것은 땅의 사용 권한을 사는 것이다. 자동차와 비슷한 경향이 있다. 자동차를 산다는 것은 자동차의 사용 권한을 사는 것이다. 자동차를 샀으나 나에게 사용 권한이 없는 차라면 세금과 사고 시의 책임만 돌아온다. 건물을 사서 빌려주고 임대료를 받는 것 역시 사용 권한을 빌려주고 그 대가로 임대료를 받는 것이다. 흔히들 땅을 개발한다는 것은 땅의 사용 가치를 높이는 것을 뜻한다. 땅은 공익적인 성격이 있기에 국가에서 사용 권한의 일부를 법으로 규제하고 있다.

 따라서 내 땅이라고 해도 내 마음대로 할 수 없다. 땅의 사용 권한은 법과 시행령 및 지자체의 조례로 정해져 있으며, 마지막에 담당자의 주관까지 합해 개발의 방법과 규모가 결정된다. 땅에 투자하거나 개발하고자 하는 사람은 땅의 투자를 결정할 때 현장에 가보기 전 서류로 법규와 조례를 확인한 후 현장답사를 하는 것이 순서다.

땅의 모양과 위치가 아무리 좋아도 개발이 불가능(사용의 권한이 제한되어 있는)한 땅은 땅이 아니고, 흙으로의 사용 가치밖에 없을 수도 있다. 흔히 흙(토지의 사용이 제한되어 있는 토지)을 사게 되면, (환금성에 의해) 할아버지 때 사놓은 땅이 손자 때까지 안 팔리기도 한다.

필자가 하는 이야기는 100% 토지에 투자할 때의 이야기이며, 건물이 있는(개발되어 있는) 토지에 투자할 때의 이야기가 아니다. 건물이 있는 토지에 투자할 때는 법규가 중요하지 않고, 위치와 주위 환경이 더 중요할 수 있다. 그 이유는 토지 법규 전문가가 이미 토지의 법규를 분석해 지역과 주변 환경에 필요한 건축물을 건축했기 때문이다(아파트, 강가, 다세대주택 등). 그러나 건축물이 없는 토지의 투자를 결정할 때는 반드시 법규를 우선해 살핀 후 투자를 결정해야 한다.

토지의 가치는 어떤 용도로, 어떻게 사용할 수 있느냐에 따라서 토지의 미래 가치가 크게 달라지기 때문이다. 토지 투자는 미래에 건축할 건축물의 사용 가치의 투자이기 때문이다. 상업지역의 토지와 주거지역의 토지 가치는 가격으로 환산한다면 엄청난 차이가 난다. 각 지자체에서 도시기본계획이라는 것에 의해 용도지역이 결정되는 순간, 토지의 계급이 결정된다.

요즈음 흔히 이야기하듯 금수저 물고 태어났다고 하는데, 토지는 지방자치단체에 의해 기본계획이 결정되는 때부터 금수저, 흙수저로 계급이 결정되어 있다고 봐도 과언이 아니다. 즉 지방자치단체에서 도시기본계획에 의해 미래에 개발을 유도하기 위한 용도지역을 정하는 순간, 그 토지의 사용 가치가 정해진다. 따라서 대한민국의 모든 토지는 도시기본계획에 의해 용도지역이 결정되며, 용도지역에 따라 어떤 종류의 건물을 얼마큼 건축할 수 있는지 결정되며, 이것에 의해 땅의 사용 가치가 결정된다.

대한민국의 모든 땅은 하나의 용도지역이 반드시 있으며, 용도지역에 의해 토지의 개발 여부와 건축하고자 하는 경우 건축물의 종류와 규모를 기본적으로 결정해놓았다. 이렇게 용도지역(개발이 가능한 건축물의 종류, 규모)을 정해놓은 후 각 땅의 위치나 조건 또는 환경에 따라 또다시 개별(필지) 규제가 시작된다.

첫 번째 규제는 국토의 계획과 이용에 관한 법률에 의해 용도지구, 용도구역과 타 법령의 규제와 토지의 개발(지목변경 및 분할, 형질변경 등)을 하기 위한 개발행위허가의 조건이라는 것이다.

김대중 정부에 의해 만들어진 국토의 계획 및 이용에 관한 법률에 의해 모든 땅에 개발을 하기 위한 용도지역, 용도지구, 용도구역과 개발행위허가의 조건을 만들었으며, 이 조건의 일부를 지방자치단체에 위임했다.

이러한 것들이 토지 개발 규제의 시작이며, 수백 개의 법률이 그물망으로 땅의 규제가 곳곳에 숨어 있다. 따라서 땅에 투자하는 사람들은 수백 개의 그물망을 통과한 땅에 투자해야 하며, 어느 법에 어떠한 규제가 숨어 있는지를 정확히 파악할 줄 알아야 한다.

제일 먼저 국토의 계획 및 이용에 관한 법률에서 규정한 용도지구, 용도구역에 의해 규제가 시작되며, 또한 타 법령(예 : 문화재보호법, 수도법, 군사시설보호법) 등의 규제가 시작된다. 규제의 종류는 크게 두 가지로 나누어져 있다. 국토의 계획 및 이용에 관한 법률은 필지별 토지 자체의 규제이며, 타 법령은 해당 토지의 주변 환경 때문에 만들어진 필지별 규제다.

용도지역은 어떤 종류의 건물을 얼마큼 건축할 수 있다는 내용이고,

용도지구는 지자체의 지역을 가장 잘 알고 있는 지자체에 의한 조례(방화지구, 방재지구, 미관지구 등)에 의한 주로 건축물의 규제이며, 용도구역은 용도지역에 의해 건축할 수 있는 건축물을 국가에서 필요한 곳에 법으로(도시자연공원구역, 개발제한구역, 수산자원보호구역, 도시개발구역) 규제를 하는 것이다.

풀어서 다시 한번 설명하자면, 용도지역에 의해 건축물의 종류와 규모가 결정되며, 결정된 건물과 규모를 용도지구는 지자체의 조례로 건축물의 규제를 하는 것이고, 용도구역은 법으로 토지 사용의 규제를 하는 것이다.

마지막으로 타 법령은 토지의 주변 환경에 의해 규제를 하는 것이다. 예를 들자면 내 토지 주변에 문화재가 있거나 학교 또는 국방시설 등의 시설이 있을 경우, 타 법령(문화재보호법, 학교정화구역, 군사시설보호구역)으로 규제를 하는 것이다. 또한 지목에 의한 특별법에 의한 규제도 있다. 이것도 예를 들자면 공원, 도로, 농지, 임야, 하천 등은 지목에 의한 특별법이 적용된다. 마지막 규제는 현황의 규제도 있다. 지목은 대지이지만, 물이 흐르는 하천으로 사용되고 있다면 건축허가는 반려된다. 즉 지목도 중요하고, 용도지역도 중요하며, 현황도 중요하다는 뜻이다.

이렇게 모든 토지에 규제하고 있으며, 이러한 규제 내용을 알 수 있도록 토지이용규제 기본법에 의해 토지이용계획확인원에 표시가 된다. 따라서 땅의 규제 내용을 이해하고 땅에 투자한다면, 성공의 가능성에 한 발짝 더 다가설 수 있다. 따라서 필자는 땅의 규제사항을 확인하는 순서부터 설명하고자 한다.

모든 법은 국회에서 만든다는 것은 독자 여러분도 이미 알고 있는 사항이다. 법은 시행령으로 행정부에서 결정한다. 따라서 토지의 규제를 정확히 이해하기 위해서는 법과 시행령을 정확히 봐야 한다. 또한, 김대중 정부 때부터 지방자치가 시작되면서 시행령 권한 일부를 지방자치의 조례에 위임했다. 따라서 지방자치단체의 조례도 확인해야 토지의 규제사항에 대해 정확히 알 수 있다. 조례는 법의 테두리 안에서 법보다 더 강하게 하는 것은 가능하나 법보다 약하게 만들 수는 없다.

독자 여러분들은 토지의 규제사항을 확인하고자 하는 경우 법을 이해하고, 시행령을 봐야 하고, 조례도 확인할 수 있어야 하며, 마지막에 현황을 확인해야 한다.

이렇게 필지별로 토지에 적용되는 모든 규제를 국민에게 알려야 하며, 알리는 방법을 토지이용규제 기본법에서 모든 토지는 토지이용계획확인서를 행정청에서 발급해 규제사항을 국민에게 알려주고 있다. 그러나 토지의 규제사항이 전부 토지이용계획확인서에 나와 있는 것은 아니지만, 대부분 알려주는 기본이 된다.

따라서 PART 1에서는 토지의 규제사항을 알기 위한 법규 및 조례 등의 서식을 인터넷에서 찾아 들어가는 방법을 살펴보고, PART 2에서는 국토의 계획과 이용에 관한 법률의 용도지역, 용도지구, 용도구역을 설명한다. PART 3에서는 타 법령의 규제 내용과 용어의 뜻을 알아보며, PART 4에서는 개발의 방법 절차를 본다. PART 5에서는 토지의 분할을 이야기하고, PART 6에서는 국유지 점유 및 불하 방법 및 절차를 중심으로 설명하고자 한다.

《이것이 진짜 토지 개발이다 Ⅱ》에서는 농지전용, 산지전용 개간허가, 분묘기지권 등의 실전 사례와 건축법과 건축법에 의한 건축허가 용도변경 건축물 양성화 방법의 건축물 대장 만들기, 주차장 법 등을 실전 사례와 함께 설명하고자 한다. 건축법을 꼭 알아야 하는 이유는 토지 개발의 목적이 건축을 하기 위한 사전 행위이기에 건축법을 이해하고 토지 개발에 나서야 한다는 것이 필자의 생각이다. 따라서 필자의 토지 개발 종착지는 건축물이 준공되며, 이러한 건물을 사용하고자 하는 사람이 많으면 성공하는 것이다.

토지 규제의 종류별 정리

용도지역 : 건축물의 종류와 규모로 결정

용도지구 : 지자체의 조례로 건축물의 규제

용도구역 : 법으로 토지의 사용을 규제

타 법령 : 토지의 주변 환경에 의한 규제

개발행위 : 토지의 지목 변경을 위한 규제

지목 : 특별히 필요한 경우 지목을 결정해 규제

현황 : 현황이 개발 불가능한 경우 규제

토지이용규제안내서

 토지이용규제안내서를 보려면 내 컴퓨터에 토지이용규제서비스를 자주 찾기에 만들어놓고, 필요할 때마다 클릭하면 다음과 같은 화면이 나온다.

출처 : 토지이음(이 장 이하 동일)

주소를 입력한 후 클릭하면, 해당 토지의 필지별 기본 정보가 제공된다. 제공되는 정보는 지목, 면적, 개별공시지가, '국토의 계획과 이용에 관한 법률'에 의한 규제사항과 타 법령 등에 따른 규제사항 및 '토지이용규제 기본법 시행령'에 따른 규제사항, 지적도다. 지적도는 크기에 따라 축척을 변경시킬 수 있다.

산이 아닌 번지는 일반으로 보면 된다. 산 번지가 붙는 경우 일반을 산으로 바꾸어야 한다.

토지의 면적, 지목, 공시지가와 용도지역, 용도지구, 용도구역, 타 법령 등 각종 규제 확인

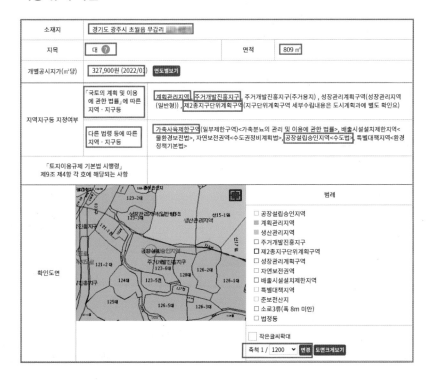

하단부의 규제 내용

계획관리지역   새창보기
건축법 시행령 제6조의2(기존의 건축물 등에 대한 특례)
국토의 계획 및 이용에 관한 법률 제78조(용도지역에서의 용적률)
국토의 계획 및 이용에 관한 법률 제84조(둘 이상의 용도지역·용도지구·용도구역에 걸치는 대지에 대한 적용 기준)
국토의 계획 및 이용에 관한 법률 시행령 제51조(개발행위허가의 대상)
국토의 계획 및 이용에 관한 법률 시행령 제83조(용도지역·용도지구 및 용도구역안에서의 건축제한의 예외 등)
국토의 계획 및 이용에 관한 법률 시행령 제84조(용도지역안에서의 건폐율)
국토의 계획 및 이용에 관한 법률 시행령 제93조(기존의 건축물에 대한 특례)
국토의 계획 및 이용에 관한 법률 시행령 제94조(2 이상의 용도지역·용도지구·용도구역에 걸치는 토지에 대한 적용기준)
국토의 계획 및 이용에 관한 법률 시행령 별표20(계획관리지역안에서 건축할 수 없는 건축물)
국토의 계획 및 이용에 관한 법률 시행규칙 제12조(계획관리지역에서 휴게음식점 등을 설치할 수 없는 지역)
국토의 계획 및 이용에 관한 법률 시행규칙 별표2(계획관리지역에서 휴게음식점 등을 설치할 수 없는 지역)
광주시 도시계획 조례 제34조(용도지역안에서의 건축제한)
광주시 도시계획 조례 별표19(계획관리지역 안에서 건축할 수 없는 건축물)
광주시 건축 조례 제33조(대지와 도로의 관계)
광주시 건축 조례 제37조(대지 안의 공지)
광주시 건축 조례 별표3(대지안의 공지기준)

주거개발진흥지구   새창보기
국토의 계획 및 이용에 관한 법률 시행령 제79조(개발진흥지구에서의 건축제한)

성장관리계획구역   새창보기
국토의 계획 및 이용에 관한 법률 제75조의4(성장관리계획구역에서의 개발행위 등)
국토의 계획 및 이용에 관한 법률 시행령 제70조의1(성장관리계획구역의 지정 기준)

제2종지구단위계획구역   새창보기
국토의 계획 및 이용에 관한 법률 부칙5(지구단위계획구역의 지정 등에 관한 적용례)
국토의 계획 및 이용에 관한 법률 부칙7(지구단위계획구역의 지정 등에 관한 경과조치)
국토의 계획 및 이용에 관한 법률 시행령 제47조(도시지역 외 지구단위계획구역에서의 건폐율 등의 완화적용)
국토의 계획 및 이용에 관한 법률 시행령 제50조의2(지구단위계획이 적용되지 않는 가설건축물)

가축사육제한구역   새창보기
가축분뇨의 관리 및 이용에 관한 법률 제8조(가축사육의 제한 등)
가축분뇨의 관리 및 이용에 관한 법률 제11조(배출시설의 설치)
가축분뇨의 관리 및 이용에 관한 법률 시행령 제6조(허가대상 배출시설)
가축분뇨의 관리 및 이용에 관한 법률 시행령 제8조(신고대상 배출시설)
가축분뇨의 관리 및 이용에 관한 법률 시행령 별표1

이음지도 사용

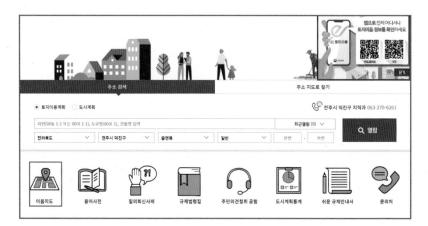

이음지도에 의한 화면

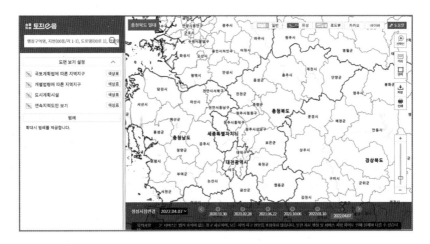

이음지도 우측 항공사진과 동시 보기

이음지도에 의한 거리 확인

이음지도에 의한 면적 확인

스마트 국토정보

토지이용규제안내서에 의한 지적도보다 옆 토지의 지번과 같이 연계해서 경계를 좀 더 자세히 보려면 스마트 국토정보 시스템이 있다.

출처 : K-Geo 플랫폼(이 장 이하 동일)

주소입력

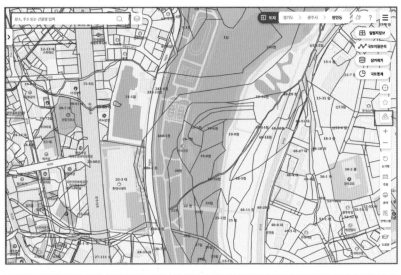

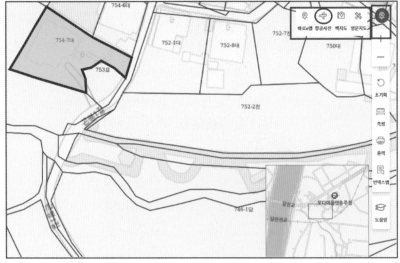

항공사진 및 배경사진 년도

토지 정보

건물 정보

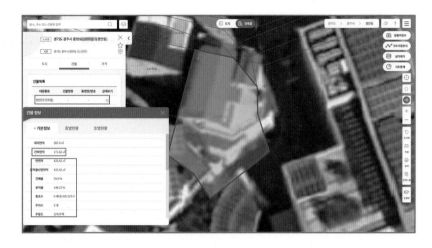

거주 인원

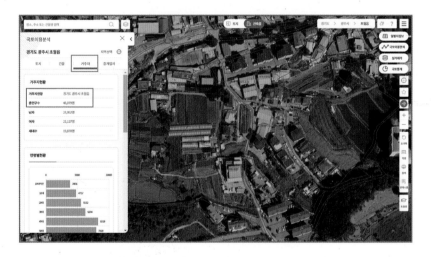

중개업소

법제처에서
각종 법규 찾기

법제처에서 법규 제목 넣고 클릭

출처 : 법제처(이 장 이하 동일)

는 입법예고 시행 일자에 의해 법이 새롭게 변한다는 뜻(법, 시행령, 시행규칙)이다.

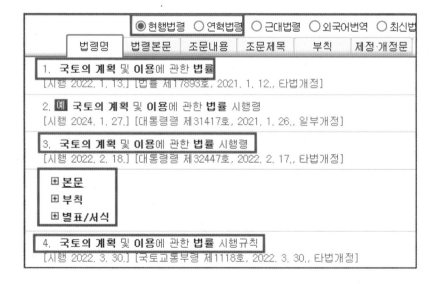

개발행위허가기준 (제56조관련)

1. 분야별 검토사항

검토분야	허 가 기 준

가. 공통분야	(1) 조수류·수목 등의 집단서식지가 아니고, 우량농지 등에 해당하지 아니하여 보전의 필요가 없을 것
	(2) 역사적·문화적·향토적 가치, 국방상 목적 등에 따른 원형보전의 필요가 없을 것
	(3) 토지의 형질변경 또는 토석채취의 경우에는 다음의 사항 중 필요한 사항에 대하여 도시·군계획조례(특별시·광역시·특별자치시·특별자치도·시 또는 군의 도시·군계획조례를 말한다. 이하 이 표에서 같다)로 정하는 기준에 적합할 것
	  (가) 국토교통부령으로 정하는 방법에 따라 산정한 해당 토지의 경사도 및 임상(林相)
	  (나) 삭제 <2016. 6. 30.>
	  (다) 표고, 인근 도로의 높이, 배수(排水) 등 그 밖에 필요한 사항
	(4) (3)에도 불구하고 다음의 어느 하나에 해당하는 경우에는 위해 방

국토의 계획 및 이용에 관한 법률 시행령 (약칭: 국토계획법 시행령)

[시행 2022. 2. 18.] [대통령령 제32447호, 2022. 2. 17., 타법개정]

[별표 20] 계획관리지역안에서 건축할 수 없는 건축물(제71조제1항제19호 관련)

■ 국토의 계획 및 이용에 관한 법률 시행령 [별표 20] <개정 2022. 1. 18.>

계획관리지역안에서 건축할 수 없는 건축물 (제71조제1항제19호 관련)

1. 건축할 수 없는 건축물

가. 4층을 초과하는 모든 건축물

나. 「건축법 시행령」 별표 1 제2호의 공동주택 중 아파트

다. 「건축법 시행령」 별표 1 제3호의 제1종 근린생활시설 중 휴게음식점 및 제과점으로서 국토교통부령으로 정하는 기준에 해당하는 지역에 설치하는 것

라. 「건축법 시행령」 별표 1 제4호의 제2종 근린생활시설 중 일반음식점·휴게음식점·제과점으로서 국토교통부령으로 정하는 기준에 해당하는 지역에 설치하는 것과 단란주점

마. 「건축법 시행령」 별표 1 제7호의 판매시설(성장관리계획구역에 설치하는 판매시설로서 그 용도에 쓰이는 바닥면적의 합계가 3천제곱미터 미만인 경우는 제외한다)

바. 「건축법 시행령」 별표 1 제14호의 업무시설

사. 「건축법 시행령」 별표 1 제15호의 숙박시설로서 국토교통부령으로 정하는

국토의 계획 및 이용에 관한 법률 시행령 (약칭: 국토계획법 시행령)

[시행 2022. 2. 18.] [대통령령 제32447호, 2022. 2. 17., 타법개정]

2. 지역 여건 등을 고려하여 도시·군계획조례로 정하는 바에 따라 건축할 수 없는 건축물

가. 4층 이하의 범위에서 도시·군계획조례로 따로 정한 층수를 초과하는 모든 건축물

나. 「건축법 시행령」 별표 1 제2호의 공동주택(제1호나목에 해당하는 것은 제외한다)

다. 「건축법 시행령」 별표 1 제3호의 제1종 근린생활시설 중 휴게음식점 및 제과점으로서 도시·군계획조례로 정하는 지역에 설치하는 것

라. 「건축법 시행령」 별표 1 제4호의 제2종 근린생활시설 중 일반음식점·휴게음식점·제과점으로서 도시·군계획조례로 정하는 지역에 설치하는 것과 안마시술소 및 같은 호 너목에 해당하는 것

마. 「건축법 시행령」 별표 1 제5호의 문화 및 집회시설

바. 「건축법 시행령」 별표 1 제6호의 종교시설

사. 「건축법 시행령」 별표 1 제8호의 운수시설

아. 「건축법 시행령」 별표 1 제9호의 의료시설 중 종합병원·병원·치과병원 및 한방병원

자. 「건축법 시행령」 별표 1 제10호의 교육연구시설 중 같은 호 다목부터 마

연혁법령

자치법규정보 확인

자치법규정보시스템 홈페이지에서 전체 자치법규 클릭

찾고자 하는 지방자치단체(경기도 용인시) 이동하기 클릭

총 5건   10건씩 ▼

자치단체 ⇕	법규명 ⇕	제·개정일 ⇕	법규구분	제·개정구분	소관부서
경기도 용인시	◉ 용인시 건축물관리자의 제설 및 제빙 책임에 관한 조례	2017-08-07	조례	일부개정	제2부시장 시민안전관
경기도 용인시	◉ 용인시 건축 조례	2022-04-13	조례	일부개정	주택국 건축과
경기도 용인시	◉ 용인시 건축 조례 시행규칙	2022-02-28	규칙	일부개정	주택국 건축과
경기도 용인시	◉ 용인시 건축물관리 조례	2020-10-30	조례	제정	주택국 건축과
경기도 용인시	◉ 용인시 녹색건축물 조성 지원 조례	2019-12-13	조례	일부개정	주택국 건축과

≪   ‹   **1**   ›   ≫

용인시 건축 조례

[시행 2022.04.13]
(일부개정) 2022.04.13 조례 제2291호

관리책임부서명 : 건축과
관리책임전화번호 : 031-324-2386

제1장 총칙

제1조(목적) 이 조례는 「건축법」, 「건축법 시행령」, 「건축법 시행규칙」 및 관계 법령에서 지방자치단체의 조례로 정하도록 위임한 사항과 그 시행에 필요한 사항을 규정함을 목적으로 한다. 〈개정 2013. 6. 11, 2014. 5. 2, 2018. 8. 9〉

제2조(적용의 범위) 이 조례는 용인시 행정구역 안의 건축물 및 그 대지에 대하여 적용한다. 〈개정 2015. 4. 13〉

제2장 건축위원회

제3조(설치) 「건축법」(이하 "법"이라 한다) 제4조에 따라 용인시 건축위원회(이하 "위원회"라 한다)를 둔다. 〈개정 2013. 6. 11, 2013. 10. 1, 2014. 5. 2〉

제30조(도로의 지정) 법 제45조제1항제2호에 따라 주민이 오랫동안 통행로로 이용하고 있는 사실상의 통로로서 다음 각 호의 어느 하나에 해당하는 경우에는 허가권자가 이해관계인의 동의를 얻지 아니하고 위원회의 심의를 거쳐 도로로 지정할 수 있다. 〈개정 2013. 6. 11, 2014. 5. 2, 2017. 5. 4〉

　　1. 복개된 하천, 제방, 공원 내 도로, 도랑, 철도부지, 그 밖의 국유지

　　2. 주민이 사용하고 있는 통로를 이용하여 신축허가(신고)가 된 경우

제31조(대지와 도로의 관계의 적용제외) 영 제28조제2항에서 "건축조례로 정하는 규모의 건축물"은 연면적의 합계가 2천 제곱미터 이상인 축사, 작물재배사 및 그 밖에 이와 비슷한 용도의 건축물을 말한다.

용인시 도시계획 조례

[시행 2022.05.17]

(일부개정) 2022.05.17 조례 제2311호

제20조(개발행위허가의 기준) ① 영 별표 1의2 제1호에 따라 시장은 다음 각 호의 요건을 모두 갖춘 토지에 대하여 개발행위를 허가할 수 있다. 〈개정 2015. 5. 18, 2015. 12. 15, 2016. 10. 12, 2017. 11. 6, 2019. 10. 10, 2020. 12. 14, 2021. 4. 29〉

1. 입목 축적의 적용은 「산지관리법」을 따를 것

2. 평균경사도의 경우 처인구 지역은 20도 이하인 토지, 기흥구 지역은 17.5도 이하인 토지, 수지구 지역은 17.5도 이하인 토지로 할 것. 다만, 평균경사도가 처인구 지역은 20도, 기흥구 지역은 17.5도, 수지구 지역은 17.5도를 초과하면서 공공·공익목적으로 시장이 필요하다고 판단한 시설·건축물은 시 도시계획위원회의 심의를 거쳐 허가할 수 있다.

3. 제2호의 경우 경사도 측정 및 산정방식은 「국토의 계획 및 이용에 관한 법률 시행규칙」에 따를 것

4. 삭제 〈2021. 9. 27〉

5. 수지구 성장관리방안 대상지역 내의 성장관리방안이 이미 수립된 녹지지역에 대한 개발행위허가의 기준은 시장이 고시한 성장관리방안의 '산지입지형'을 준용할 것

6. 「산지관리법」, 「산림자원의 조성 및 관리에 관한 법률」 및 그 밖의 관계 법령을 위반하여 임목이 훼손되었거나 지형이 변경된 후 원상회복이 이루어지지 않은 토지(이하 "사고지"라 한다)가 아닐 것

② 제1항은 주거지역, 상업지역, 공업지역, 지구단위계획구역(지구단위계획이 수립된 경우에 한한다)과 제24조 및 제25조에 따라 개발행위를 허가하는 경우에는 적용하지 아니한다. 〈개정 2017. 11. 6, 2019. 10. 10〉

③ 창고시설에 대한 개발행위허가 기준 중 영 별표 1의2제1호마목(3)에 따른 도로의 너비 또는 교통소통에 관한 기준과 영 별표 1의2제2호가목(3)에 따른 이격거리, 높이, 배치 등은 별표 26의 기준에 따른다. 다만, 상업지역, 공업지역 및 지구단위계획구역(지구단위계획이 수립된 경우에 한한다) 안에서 개발행위를 허가하는 경우에는 그렇지 않다. 〈신설 2021. 9. 27, 개정 2022. 5. 17〉

문화재 공간정보 서비스

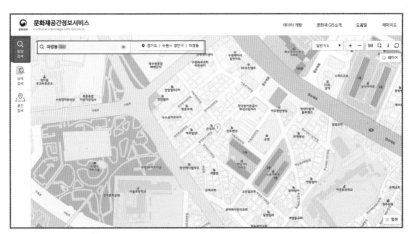

출처 : 문화재 공간정보 서비스(이 장 이하 동일)

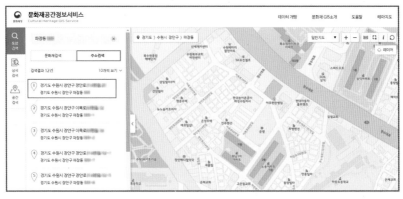

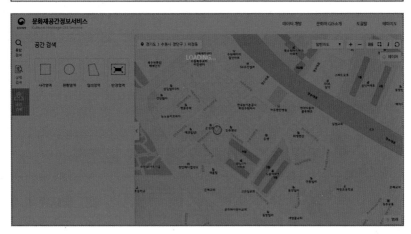

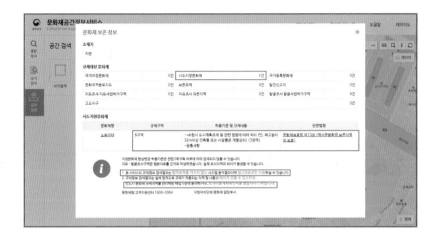

건축물대장 확인

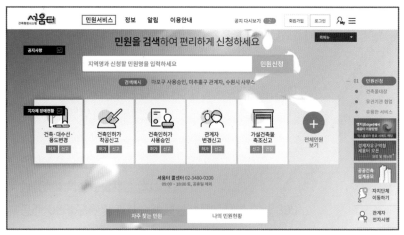

출처 : 건축행정시스템 세움터(이 장 이하 동일)

일반건축물대장(갑)

(2쪽 중 제1쪽)

고유번호	4161025330-1-07860008		명칭		호수/가구수/세대수	0호/1가구/0세대
대지위치	경기도 광주시 초월읍 무갑리	지번		도로명주소	경기도 광주시 초월읍 산수로	

※대지면적	397 m²	연면적	99.11 m²	※지역		준농림	지구		※구역	
건축면적	99.11 m²	용적률 산정용 연면적	99.11 m²	주구조		경량철골조	주용도	주택	층수	지하 층/지상 1층
※건폐율	24.96 %	※용적률	24.96 %	높이		m	지붕	싱글	부속건축물	동 m²
※조경면적	m²	※공개 공지·공간 면적	m²	※건축선 후퇴면적		m²	※건축선후퇴 거리			m

건축물 현황					소유자 현황			
구분	층별	구조	용도	면적(m²)	성명(명칭) 주민(법인)등록번호 (부동산등기용등록번호)	주소	소유권 지분	변동일 변동원인
주1	1	경량철골조/싱글	주택	99.11		경기도 고양시 덕양구 푸른마을로 (고양동)	/	2016.12.23.
		- 이하여백 -			651120-2******			등기명의인표시변경
						- 이하여백 -		
					※ 이 건축물대장은 현소유자만 표시한 것입니다.			

이 등(초)본은 건축물대장의 원본내용과 틀림없음을 증명합니다.

광주시장

발급일: 2022년 05월 24일
담당자:
전 화:

등기부등본 확인

출처 : 대한민국법원 인터넷등기소(이 장 이하 동일)

번지수 선택

결제

비밀번호

인증

PART

2

국토의 계획 및
이용에 관한 법률

국토의 계획 및 이용에 관한 법률의 역사를 보면, 김대중 정부는 제4차 국토개발계획(2000년~2020년)에서 '선계획-후개발'의 환경친화적인 국토이용체계를 확립하기 위해 2000년 5월 30일에 '난개발방지종합대책'을 발표했다. 후속조치로 2002년 2월 4일에 종전의 국토이용관리법과 도시계획법을 통합해 국토의 계획 및 이용에 관한 법률을 제정·공포하고, 2003년 1월 1일부터 동법을 시행하기에 이르렀다.

종전에는 전 국토를 도시지역과 비도시지역으로 구분해 도시지역에는 도시계획법, 비도시지역에는 국토이용관리법으로 이원화해 운용했다. 그러나 국토의 난개발 문제가 대두됨에 따라 2003년 1월 1일부터 도시계획법과 국토이용관리법을 통합해 국토의 계획 및 이용에 관한 법률로 도시지역과 비도시지역을 통합, 운용하는 기법을 도입함으로써 환경 친화적인 국토이용체계를 확립했다.

이를 위해 준도시지역과 준농림지역을 관리지역으로 편입하고, 다시 관리지역을 보전관리지역, 생산관리지역, 계획관리지역으로 세분해서 관리하도록 했다. 따라서 비도시지역에 대해서도 종합적인 계획인 도시기본계획 및 도시관리계획을 수립하도록 했다.

또한 특정용도제한지구, 리모델링지구, 수산자원보호구역, 개발밀도관리구역, 기반시설부담구역을 신설했으며, 건폐율, 용적률을 강화하는 한편, 지구단위계획제도를 도입해 '선계획-후개발'의 환경친화적인 개발방식을 도모하게 되었다.

우선 국토의 계획 및 이용에 관한 법률 제23조의 도시기본계획과 제29조의 도시관리계획의 결정권자의 뜻부터 알아야 한다. 먼저 제23조의 도시기본계획부터 알아보자. 특별시장·광역시장·특별자치시장·특별자치도지사·시장 또는 군수는 관할 구역에 대해 기본계획, 즉 인구

수의 증감과 환경에 따라 용도지역을 결정한다. 인구 50만 이하의 도시는 도지사가 도시기본계획의 결정권자가 된다.

법 제29조의 도시관리계획의 결정권자라는 뜻은 기본계획에 의해 결정된 용도지역대로 집행한다는 뜻이다. 즉 어떤 토지에 건물을 건축하기 위해 개발허가를 관할 지자체의 장에게 신청하며, 허가 여부를 결정하는 것이 지자체의 장, 즉 도시관리계획의 결정권자가 되는 것이다.

간단하게 설명하자면 계획을 세우는 것이 기본계획이고, 기본계획대로 집행하는 것이 관리계획이다. 도시기본계획도 기본계획에 의해 지방자치단체장의 허가를 받아 집행하게 된다. 하지만 기본계획을 세워 놓았으나 10년 동안 집행하지 못한 도시계획의 토지가 지목이 대지인 경우 매수 청구할 수 있으며, 20년 동안 집행하지 못하는 도시계획은 실효된다.

'국토의 계획 및 이용에 관한 법률'은 총칙, 광역도시계획, 도시기본계획, 도시관리계획, 개발행위의 허가 등, 용도지역·용도지구 및 용도구역 안에서의 행위제한, 도시계획시설사업의 시행, 비용, 도시계획위원회, 토지 거래의 허가 등, 보칙, 벌칙 12장으로 나누어진 전문 144조와 부칙으로 구성되며, 시행령과 시행규칙이 있다.

국토의 계획 및 이용에 관한 법률

제4조 국가계획, 광역도시계획 및 도시·군 계획의 관계 등

① 도시·군 계획은 특별시·광역시·특별자치시·특별자치도·시 또는 군의 관할 구역에서 수립되는 다른 법률에 따른 토지의 이용·개발 및 보전에 관한 계획의 기본이 된다.

제6조 국토의 용도 구분

국토는 토지의 이용실태 및 특성, 장래의 토지 이용 방향, 지역 간 균형발전 등을 고려하여 다음과 같은 용도지역으로 구분한다.

1. 도시지역
2. 관리지역
3. 농림지역
4. 자연환경보전지역

제18조 도시·군 기본계획의 수립권자와 대상지역

① 특별시장·광역시장·특별자치시장·특별자치도지사·시장 또는 군수는 관할 구역에 대하여 도시·군기본계획을 수립하여야 한다.

제22조 특별시·광역시·특별자치시·특별자치도의 도시·군기본계획의 확정

① 특별시장·광역시장·특별자치시장 또는 특별자치도지사는 도시·군기본계획을 수립하거나 변경하려면 관계 행정기관의 장과 협의한 후 지방도시계획위원회의 심의를 거쳐야 한다.

제22조의 2 시·군 도시·군기본계획의 승인

① 시장 또는 군수는 도시·군기본계획을 수립하거나 변경하려면 대통령령으로 정하는 바에 따라 도지사의 승인을 받아야 한다.

제23조 도시·군 기본계획의 정비

① 특별시장·광역시장·특별자치시장·특별자치도지사·시장 또는 군수는 5년마다 관할 구역의 도시·군 기본계획에 대하여 그 타당성 여부를 전반적으로 재검토하여 정비하여야 한다.

제29조 도시·군 관리계획의 결정권자

① 도시·군 관리계획은 시·도지사가 직접 또는 시장·군수의 신청에 따라 결정한다. 다만, '지방자치법' 제198조에 따른 서울특별시와 광역시 및 특별자치시를 제외한 인구 50만 이상의 대도시의 경우에는 해당 시장이 직접 결정한다.

제47조 도시·군계획시설 부지의 매수 청구

① 도시·군계획시설에 대한 도시·군관리계획의 결정의 고시일부터 10년 이내에 그 도시·군계획시설의 설치에 관한 도시·군계획시설사업이 시행되지 아니하는 경우 그 도시·군계획시설의 부지로 되어 있는 토지 중 지목(地目)이 대(垈)인 토지의 소유자는 대통령령으로 정하는 바에 따라 특별시장·광역시장·특별자치시장·특별자치도지사·시장 또는 군수에게 그 토지의 매수를 청구할 수 있다.

제48조 도시·군계획시설결정의 실효 등

① 도시·군계획시설결정이 고시된 도시·군계획시설에 대하여 그 고시일부터 20년이 지날 때까지 그 시설의 설치에 관한 도시·군계획시설사업이 시행되지 아니하는 경우 그 도시·군계획시설결정은 그 고시일부터 20년이 되는 날의 다음 날에 그 효력을 잃는다.

제51조 지구단위계획구역의 지정 등

① 국토교통부장관, 시·도지사, 시장 또는 군수는 다음 각 호의 어느 하나에 해당하는 지역의 전부 또는 일부에 대하여 지구단위계획구역을 지정할 수 있다.

제56조 개발행위의 허가

① 다음 각 호의 어느 하나에 해당하는 행위로서 대통령령으로 정하는 행위(이하 '개발행위'라 한다)를 하려는 자는 특별시장·광역시장·특별자치시장·특별자치도지사·시장 또는 군수의 허가(이하 '개발행위허가'라 한다)를 받아야 한다. 다만, 도시·군계획사업(다른 법률에 따라 도시·군계획사업을 의제한 사업을 포함한다)에 의한 행위는 그러하지 아니하다.

제76조 용도지역 및 용도지구에서의 건축물의 건축 제한 등

① 제36조에 따라 지정된 용도지역에서의 건축물이나 그 밖의 시설의 용도·종류 및 규모 등의 제한에 관한 사항은 대통령령으로 정한다.

부칙

제1조 (시행일) 이 법은 2003년 1월 1일부터 시행한다.

제2조 (다른 법률의 폐지) 국토이용관리법 및 도시계획법은 이를 각각 폐지한다.

용도지역

용도지역은 대한민국의 모든 토지에 다 있다. 국토의 계획 및 이용에 의한 결정된 용도지역에 의해 그 토지에 어떠한 건물을 얼마큼 건축할 수 있다(규모와 종류)가 정해진다. 즉 비교해서 설명하자면 사람이 태어나면 이름부터 만들 듯 토지는 도시기본계획에 의해 용도지역이 무조건 정해진다. 용도지역은 도시지역과 비도시지역으로 양분되는데, 억지스럽게 비교하자면 도시지역은 개발을 장려하는 지역이고, 비도시지역은 개발을 유보하는 지역이라고 봐도 된다.

즉 도시지역은 주거지역, 상업지역, 공업지역으로 나누어 가능한 용도에 따라 구분해 개발을 장려하는 곳이나 도시지역의 녹지지역은 사람이 거주하는 데 필요한 최소한의 그린존을 만들어 도시지역에서 녹지공간을 확보하게 강화하는 곳이다.

비도시지역은 관리지역, 농림지역, 자연환경보전지역으로 나누어 가능한 개발을 유보하는 곳으로 생각하면 된다. 개발을 유보하는 지역이

지만, 최소한의 거주지역으로 개발을 최소한으로 허가하는 관리지역이 있다. 농림지역은 주로 농사를 짓거나 나무를 심는 토지로 개발을 엄격히 제한하며, 자연환경보전지역은 말 그대로 자연 그대로 보전하자는 지역이기에 개발 자체가 거의 불가능하다고 보면 된다. 물론 예외적인 곳이나 특수한 예도 있을 수 있다.

도시지역의 녹지지역은 자연녹지, 생산녹지, 보전녹지지역으로 구분하며, 비도시지역의 관리지역은 계획관리, 생산관리, 보전관리로 관리한다. 자연녹지나 계획관리의 용적률은 같으나 건폐율은 자연녹지(20%)는 계획관리(40%)의 1/2이다. 생산녹지와 생산관리 보전녹지와 보전관리도 마찬가지다. 즉 도시지역의 녹지지역은 건폐율을 줄이며, 녹지공간을 관리지역보다 더 많이 만들게 한 것이다. 녹지지역이나 관리지역에서의 건축물을 건축할 수 있는 종류와 규모 정도는 거의 비슷하다(녹지지역과 관리지역은 예전의 준도시지역과 준농림지역이다).

녹지지역이 좋은지, 관리지역이 더 좋은지는 어떤 건축물을 건축하느냐에 따라 달라진다. 즉 다세대주택을 짓는 경우 4층 미만이기에 녹지지역은 용적률을 다 찾을 수 없는 경우가 생길 수도 있다. 용적률이 다 필요 없는 건축물인 경우 녹지지역은 도시지역이며, 주변이 녹지공간이 많아 쾌적한 주거공간을 만들 수 있다는 장점도 있다. 그러나 개발제한구역은 도시지역에만 존재하기에 녹지지역인 경우 개발제한구역이 지정되어 있는지를 반드시 확인해야 한다.

용도지역은 크게 도시지역, 관리지역, 농림지역, 자연환경보전지역으로 구분하며, 도시지역은 다시 주거, 상업, 공업, 녹지지역으로 세분화되고, 주거, 상업, 공업지역도 1종, 2종, 3종 등으로 세분화되어 건폐율, 용적률 등의 규제를 하게 된다. 도시지역 외의 관리지역, 농림지역,

자연환경보전지역은 비도시지역이라고 총칭한다.

  도시지역 : 주거지역, 상업지역, 공업지역, 녹지지역

  비도시지역 : 관리지역, 농림지역, 자연환경보전지역

1. 도시지역 : 다음 각 목의 어느 하나로 구분하여 지정한다.

　가. 주거지역 : 거주의 안녕과 건전한 생활환경의 보호를 위하여 필요한 지역

　나. 상업지역 : 상업이나 그 밖의 업무의 편익을 증진하기 위하여 필요한 지역

　다. 공업지역 : 공업의 편익을 증진하기 위하여 필요한 지역

　라. 녹지지역 : 자연환경·농지 및 산림의 보호, 보건위생, 보안과 도시의 무질서한 확산을 방지하기 위하여 녹지의 보전이 필요한 지역

2. 관리지역 : 다음 각 목의 어느 하나로 구분하여 지정한다.

　가. 보전관리지역 : 자연환경 보호, 산림 보호, 수질오염 방지, 녹지공간 확보 및 생태계 보전 등을 위하여 보전이 필요하나, 주변 용도지역과의 관계 등을 고려할 때 자연환경보전지역으로 지정하여 관리하기가 곤란한 지역

　나. 생산관리지역 : 농업·임업·어업 생산 등을 위하여 관리가 필요하나, 주변 용도지역과의 관계 등을 고려할 때 농림지역으로 지정하여 관리하기가 곤란한 지역

　다. 계획관리지역 : 도시지역으로의 편입이 예상되는 지역이나 자연환경을 고려하여 제한적인 이용·개발을 하려는 지역으로서 계획적·체계적인 관리가 필요한 지역

3. 농림지역

4. 자연환경보전지역

별표 서식에 의한 용도지역의 종류와 건축할 수 있는 건축물

[별표 2] 제1종전용주거지역안에서 건축할 수 있는 건축물(제71조제1항제1호관련)

[별표 3] 제2종전용주거지역안에서 건축할 수 있는 건축물(제71조제1항제2호관련)

[별표 4] 제1종일반주거지역안에서 건축할 수 있는 건축물(제71조제1항제3호관련)

[별표 5] 제2종일반주거지역안에서 건축할 수 있는 건축물(제71조제1항제4호관련)

[별표 6] 제3종일반주거지역안에서 건축할 수 있는 건축물(제71조제1항제5호관련)

[별표 7] 준주거지역안에서 건축할 수 없는 건축물(제71조제1항제6호 관련)

[별표 8] 중심상업지역안에서 건축할 수 없는 건축물(제71조제1항제7호 관련)

[별표 9] 일반상업지역안에서 건축할 수 없는 건축물(제71조제1항제8호 관련)

[별표 10] 근린상업지역안에서 건축할 수 없는 건축물(제71조제1항제9호 관련)

[별표 11] 유통상업지역안에서 건축할 수 없는 건축물(제71조제1항제10호 관련)

[별표 12] 전용공업지역안에서 건축할 수 있는 건축물(제71조제1항제11호관련)

[별표 13] 일반공업지역안에서 건축할 수 있는 건축물(제71조제1항제12호관련)

[별표 14] 준공업지역 안에서 건축할 수 없는 건축물(제71조제1항제13호 관련)

[별표 15] 보전녹지지역안에서 건축할 수 있는 건축물(제71조제1항제14호관련)

[별표 16] 생산녹지지역안에서 건축할 수 있는 건축물(제71조제1항제15호관련)

[별표 17] 자연녹지지역 안에서 건축할 수 있는 건축물(제71조제1항제16호 관련)

[별표 18] 보전관리지역 안에서 건축할 수 있는 건축물(제71조제1항제17호 및 대통령령 제17816호 국토의계획및이용)

[별표 19] 생산관리지역안에서 건축할 수 있는 건축물(제71조제1항제18호관련)

[별표 20] 계획관리지역안에서 건축할 수 없는 건축물(제71조제1항제19호 관련)

[별표 21] 농림지역안에서 건축할 수 있는 건축물(제71조제1항제20호관련)

[별표 22] 자연환경보전지역안에서 건축할 수 있는 건축물(제71조제1항제21호관련)

[별표 23] 자연취락지구안에서 건축할 수 있는 건축물(제78조관련)

용도지구

　'용도지구'란 토지의 이용 및 건축물의 용도·건폐율·용적률·높이 등에 대한 용도지역의 제한을 강화하거나 완화해 적용함으로써 용도지역의 기능을 증진하고, 미관·경관·안전 등을 도모하기 위해 도시·군 관리계획으로 결정하는 지역을 말한다. 한마디로 요약하자면, 용도지구는 지방자치단체의 조례에 의해 규제할 수 있도록 국토의 계획 및 이용에 관한 법률에서 제정되었다.

　용도지구는 경관지구, 미관지구, 고도지구, 방화지구, 방재지구, 보전지구, 시설보호지구, 취락지구, 개발진흥지구, 특정용도 제한지구 등으로 관리된다. '국토교통부장관, 시·도지사 또는 대도시 시장은 다음 각 호의 어느 하나에 해당하는 용도지구의 지정 또는 변경을 도시·군 관리계획으로 결정한다'라고 되어 있다. 용도지구는 지방자치단체장이 지방자치단체의 거주환경을 가장 잘 알고 있으므로 지방자치단체장이 지방자치단체의 건축물을 규제하기 위해 만든 제도이며, 지방의 특성에 따라 필요한 곳에 필요할 때만 지정하게 된다. 따라서 용도지구는 반드시 지방자치단체의 조례로 찾아봐야 되며, 대부분이 건축물의 규제사항이다. 용도지구는 법에서 조례로 위임했기에 조례부터 봐야 하며, 구나 군에 특별한 규제가 없는 경우 시 조례를 봐야 하고, 시 조례도 없는 경우 조례에 의한 규제는 없으며 법의 규제를 따라야 한다.

모든 토지에 지정되는 용도지역과는 달리 지방자치단체장의 규제가 필요한 경우 선별적으로 지정되기에 토지이용규제안내서에 용도지구가 없다면 지자체의 특별한 규제가 없는 토지라고 보면 된다. 그러나 취락지구는 돌연변이다. 다른 용도지구는 전부 규제를 강화하며 발목잡기를 하는 지구이지만, 취락지구는 건폐율을 60%까지 완화할 수 있는 지구다. 따라서 지자체의 용도지구가 어떠한 규제를 하는지 하나씩 살펴보기로 하자.

용도지구 제도 정비(법률 위임사항 규정)

법률 개정에 따라 다양한 토지 이용 수요에 대응하도록 용도지역별 건축물 허용 용도를 완화할 수 있는 복합용도지구*가 도입됨에 따라, 일반주거지역, 일반공업지역, 계획관리지역에서 용도지역 변경 없이 주변의 토지 이용 상황, 여건 변화에 따라 해당 토지의 복합적인 이용이 필요한 경우에 복합용도지구를 지정할 수 있도록 했고, 복합용도지구 지정을 통해 완화되는 건축물 허용 용도는 문화, 업무, 판매시설 등의 시설 범위 내에서 조례로 정해 운영하도록 했다.

* 해당 용도지역에 따른 개발밀도(건폐율, 용적률) 완화 없이 건축물 허용 용도만 완화 가능

또한, 법률에서 여건 변화를 반영해 기존의 유사한 용도지구 등이 경관지구, 보호지구로 각각 통폐합[*]된 체계에 맞춰서, 경관지구는 자연, 시가지, 특화 경관지구로, 보호지구는 역사문화환경, 생태계, 중요시설 보호지구로 세분화해 지자체장이 지정할 수 있도록 규정했다.

[*] 법률 개정 : 경관지구, 미관지구를 경관지구로, 보존지구와 시설보호지구를 보호지구로 통폐합

이 개정안은 복지시설 확충, 안전한 도시 조성 등 최근의 사회적 요구와 여건 변화를 반영하는 한편, 용도지구 체계도 정비되어 다양한 토지 이용 수요에 대응해 나가는 데 기여할 것으로 보인다. 개정안은 누리집(http://www.molit.go.kr)의 법령정보/입법예고란에서 확인할 수 있다.

국토의 계획과 이용에 관한 법률에 의한 10개의 용도지구

국토의 계획 및 이용에 관한 법률

제37조 용도지구의 지정

① 국토교통부장관, 시·도지사 또는 대도시 시장은 다음 각 호의 어느 하나에 해당하는 용도지구의 지정 또는 변경을 도시·군관리계획으로 결정한다.

1. 경관지구 : 경관의 보전·관리 및 형성을 위하여 필요한 지구

2. 고도지구 : 쾌적한 환경 조성 및 토지의 효율적 이용을 위하여 건축물 높이의 최고한도를 규제할 필요가 있는 지구

3. 방화지구 : 화재의 위험을 예방하기 위하여 필요한 지구

4. 방재지구 : 풍수해, 산사태, 지반의 붕괴, 그 밖의 재해를 예방하기 위하여 필요한 지구

5. 보호지구 : 문화재, 중요 시설물(항만, 공항 등 대통령령으로 정하는 시설물을 말한다) 및 문화적·생태적으로 보존가치가 큰 지역의 보호와 보존을 위하여

필요한 지구

6. 취락지구 : 녹지지역·관리지역·농림지역·자연환경보전지역·개발제한구역 또는 도시자연공원구역의 취락을 정비하기 위한 지구

7. 개발진흥지구 : 주거기능·상업기능·공업기능·유통물류기능·관광기능·휴양기능 등을 집중적으로 개발·정비할 필요가 있는 지구

8. 특정용도제한지구 : 주거 및 교육 환경 보호나 청소년 보호 등의 목적으로 오염물질 배출시설, 청소년 유해시설 등 특정시설의 입지를 제한할 필요가 있는 지구

9. 복합용도지구 : 지역의 토지 이용 상황, 개발 수요 및 주변 여건 등을 고려하여 효율적이고 복합적인 토지 이용을 도모하기 위하여 특정시설의 입지를 완화할 필요가 있는 지구

10. 그 밖에 대통령령으로 정하는 지구

② 국토교통부장관, 시·도지사 또는 대도시 시장은 필요하다고 인정되면 대통령령으로 정하는 바에 따라 제1항 각 호의 용도지구를 도시·군관리계획결정으로 다시 세분하여 지정하거나 변경할 수 있다.

경관지구

국토의 계획 및 이용에 관한 법률에서의 경관지구의 종류에서는 다음의 세 가지로 분류되며, 필요한 경우 건폐율과 용적률도 규제할 수 있다.

1. 경관지구

가. 자연경관지구 : 산지·구릉지 등 자연경관의 보호 또는 도시의 자연풍치를 유지하기 위하여 필요한 지구

나. 수변경관지구 : 지역 내 주요 수계의 수변 자연경관을 보호·유지하기 위하여 필요한 지구

다. 시가지경관지구 : 주거지역의 양호한 환경조성과 시가지의 도시
　　경관을 보호하기 위하여 필요한 지구

소재지	서울특별시 용산구 한남동 ▒▒-▒▒번지		
지목	대 ❓	면적	735 ㎡
개별공시지가(㎡당)	10,790,000원 (2022/01) 연도별보기		
지역지구등 지정여부	「국토의 계획 및 이용에 관한 법률」에 따른 지역·지구등	도시지역 , 제1종일반주거지역 , 제2종일반주거지역 자연경관지구 도로(접합) , 역사문화특화경관지구	
	다른 법령 등에 따른 지역·지구등	가축사육제한구역<가축분뇨의 관리 및 이용에 관한 법률> , 대공방어협조구역(위탁고도 : 77-257m)<군사기지 및 군사시설 보호법> , 과밀억제권역<수도권정비계획법> , 철도보호지구(2020-12-16)<국가철도공단시설계획처><철도안전법> , (한강)폐기물매립시설 설치제한지역<한강수계 상수원수질개선 및 주민지원 등에 관한 법률>	
「토지이용규제 기본법 시행령」 제9조 제4항 각 호에 해당되는 사항	중점경관관리구역(2016-11-24)(한강변 중점경관관리구역)		

고도지구

수원시 도시계획 조례

제62조 고도지구 안에서의 건축제한

① 고도지구 안에서는 영 제74조에 따라 도시관리계획으로 정하는 높이를 초과하는 건축물을 건축할 수 없다.

② 고도지구로 지정된 지역의 건축물 높이는 층수와 높이 규제 중 낮은 규정에 맞는 것을 적용하여야 한다.

③ 건축물에 설치하는 옥탑 및 광고물 등의 높이 적용은 '건축법' 제84조 및 같은 법 시행령 제119조 및 '수원시 건축 조례'에서 정하는 바를 따른다.

소재지	서울특별시 강북구 우이동 ██ ███번지			
지목	대 ❓		면적	234 m²
개별공시지가(m²당)	2,844,000원 (2022/01) [연도별보기]			
지역지구등 지정여부	「국토의 계획 및 이용에 관한 법률」에 따른 지역 · 지구등	도시지역 , 제2종일반주거지역(7층이하) , 고도지구(20m이하-완화시28m이하) , 소로3류(폭 8m 미만)(접합)		
	다른 법령 등에 따른 지역 · 지구등	가축사육제한구역<가축분뇨의 관리 및 이용에 관한 법률>, 상대보호구역(최종확인은권할교육청에 확인)<교육환경 보호에 관한 법률>, 대공방어협조구역(77-257m)<군사기지 및 군사시설 보호법>, 과밀억제권역<수도권정비계획법>		
	「토지이용규제 기본법 시행령」 제9조 제4항 각 호에 해당되는 사항			

취락지구

1. **자연취락지구** : 녹지지역 · 관리지역 · 농림지역 또는 자연환경보전지역 안의 취락을 정비하기 위해 필요한 지구
2. **집단취락지구** : 개발제한구역 안의 취락을 정비하기 위해 필요한 지구

용인시조례 영 제84조 제4항에 따라 용도지구 등의 건폐율은 다음 각 호와 같다.

① 취락지구 : 60퍼센트 이하

소재지	경기도 용인시 처인구 양지면 주북리 ████번지			
지목	대 ❓		면적	241 m²
개별공시지가(m²당)	343,700원 (2022/01) [연도별보기]			
지역지구등 지정여부	「국토의 계획 및 이용에 관한 법률」에 따른 지역 · 지구등	도시지역 , 자연녹지지역 , 자연취락지구		
	다른 법령 등에 따른 지역 · 지구등	가축사육제한구역(2021-05-28)(전부제한지역(하천에서300M))<가축분뇨의 관리 및 이용에 관한 법률>, 배출시설설치제한지역<물환경보전법>, 자연보전권역<수도권정비계획법>, 수질보전특별대책지역<환경정책기본법>		
	「토지이용규제 기본법 시행령」 제9조 제4항 각 호에 해당되는 사항			

[별표 22] 〈개정 2019. 10. 10〉

자연취락지구에서 건축할 수 있는 건축물(제31조 제22호 관련)

※ '국토의 계획 및 이용에 관한 법률 시행령' 및 우리 시 조례에 따라 건축할 수 있는 건축물(4층 이하의 건축물로 한정한다)

가. '건축법 시행령' 별표 1 제1호의 단독주택

나. '건축법 시행령' 별표 1 제2호의 공동주택(아파트는 제외한다)

다. '건축법 시행령' 별표 1 제3호의 제1종 근린생활시설

라. '건축법 시행령' 별표 1 제4호의 제2종 근린생활시설(단란주점 및 안마시술소는 제외한다)

마. '건축법 시행령' 별표 1 제5호의 문화 및 집회시설 중 가목부터 라목까지(산업 전시장, 박람회장은 제외한다)

바. '건축법 시행령' 별표 1 제6호의 종교시설(납골당은 제외한다)

사. '건축법 시행령' 별표 1 제7호의 판매시설 중 다음의 어느 하나에 해당하는 것
  (1) '농수산물유통 및 가격안정에 관한 법률' 제2조에 따른 농수산물공판장
  (2) '농수산물유통 및 가격안정에 관한 법률' 제68조 제2항에 따른 농수산물 직판장으로서 해당 용도에 쓰이는 바닥면적의 합계가 1만 제곱미터 미만인 것('농어업·농어촌 및 식품산업 기본법' 제3조 제2호에 따른 농업인·어업인, 같은 법 제25조에 따른 후계농어업경영인, 같은 법 제26조에 따른 전업농업인 또는 시장이 설치·운영하는 것으로 한정한다)

아. '건축법 시행령' 별표 1 제10호의 교육연구시설

자. '건축법 시행령' 별표 1 제11호의 노유자시설

차. '건축법 시행령' 별표 1 제12호의 수련시설

카. '건축법 시행령' 별표 1 제13호의 운동시설

타. '건축법 시행령' 별표 1 제15호의 숙박시설로서 '관광진흥법'에 따라 지정된 관광지 및 관광단지에 건축하는 것

파. '건축법 시행령' 별표 1 제17호의 공장 중 도정공장 및 식품공장과 읍·면지역에 건축하는 제재업의 공장 및 첨단업종의 공장으로서 별표 15호 카목 (1)부터 (4)까지의 어느 하나에 해당하지 아니하는 것

하. '건축법 시행령' 별표 1 제18호 가목의 창고시설(농업, 임업, 축산업, 수산업용으로 한정한다)

거. '건축법 시행령' 별표 1 제19호의 위험물 저장 및 처리 시설 중 같은 호 가목, 나목 및 바목에 해당하는 것

너. '건축법 시행령' 별표 1 제20호의 자동차 관련 시설 중 주차장 및 세차장

더. '건축법 시행령' 별표 1 제21호의 동물 및 식물 관련 시설

러. '건축법 시행령' 별표 1 제23호의 교정 및 군사시설

머. '건축법 시행령' 별표 1 제24호의 방송통신시설

버. '건축법 시행령' 별표 1 제25호의 발전시설

서. '건축법 시행령' 별표 1 제29호의 야영장시설

개발진흥지구

가. 주거개발진흥지구 : 주거기능을 중심으로 개발·정비할 필요가 있는 지구

나. 산업·유통개발진흥지구 : 공업기능 및 유통·물류기능을 중심으로 개발·정비할 필요가 있는 지구

다. 삭제 〈2012. 4. 10〉

라. 관광·휴양개발진흥지구 : 관광·휴양기능을 중심으로 개발·정비할 필요가 있는 지구

마. 복합개발진흥지구 : 주거기능, 공업기능, 유통·물류기능 및 관광·휴양기능 중 2 이상의 기능을 중심으로 개발·정비할 필요가 있는 지구

바. 특정개발진흥지구 : 주거기능, 공업기능, 유통·물류기능 및 관

광·휴양기능 외의 기능을 중심으로 특정한 목적을 위하여 개발·정비할 필요가 있는 지구

소재지	경기도 광주시 초월읍 무갑리 ███번지			
지목	대 ?		면적	615 m²
개별공시지가(m²당)	340,200원 (2022/01) 연도별보기			
지역지구등 지정여부	「국토의 계획 및 이용에 관한 법률」에 따른 지역·지구등	계획관리지역 , 주거개발진흥지구 , 주거개발진흥지구(주거용지) , 제2종지구단위계획구역(지구단위계획구역 세부수립내용은 도시계획과에 별도 확인요)		
	다른 법령 등에 따른 지역·지구등	가축사육제한구역(일부제한구역)<가축분뇨의 관리 및 이용에 관한 법률>, 배출시설설치제한지역<물환경보전법>, 자연보전권역<수도권정비계획법>, 공장설립승인지역<수도법>, 특별대책지역<환경정책기본법>		
	「토지이용규제 기본법 시행령」 제9조 제4항 각 호에 해당되는 사항			

특정용도제한지구

주거기능 보호나 청소년 보호 등의 목적으로 청소년 유해시설 등 특정시설의 입지를 제한할 필요가 있는 지구에 지정한다. 예를 들자면 상업지역에 모텔이 건축되어 몇 년간 운영되어 왔으나 모텔과 가까운 곳에 학교가 나중에 지어졌다고 하자. 지방자치단체에서 학교건립 후 인근을 특정용도제한구역으로 지정하게 되면, 상업지역이라도 청소년에게 유해가 되는 시설은 허가받을 수 없다.

소재지	경기도 광주시 경안동 ▨▨번지			
지목	대 ?		면적	581 m²
개별공시지가(m²당)	6,005,000원 (2022/01) 연도별보기			
지역지구등 지정여부	「국토의 계획 및 이용에 관한 법률」에 따른 지역·지구등	도시지역 , 일반상업지역 특정용도제한지구 , 소로3류(폭 8m 미만)(접합) , 중로3류(폭 12m~15m)(접합)		
	다른 법령 등에 따른 지역·지구등	가축사육제한구역<가축분뇨의 관리 및 이용에 관한 법률>, 상대보호구역(학교환경위생정화구역 세부내용은 교육청에 별도 확인요[광주초교])<교육환경 보호에 관한 법률>, 배출시설설치제한지역<물환경보전법>, 자연보전권역<수도권정비계획법>, 공장설립승인지역<수도법>, (한강)폐기물매립시설 설치제한지역<한강수계 상수원수질개선 및 주민지원 등에 관한 법률>, 특별대책지역<환경정책기본법>		
	「토지이용규제 기본법 시행령」 제9조 제4항 각 호에 해당되는 사항			

경기 광주시 조례 제52조 특정용도제한지구 안에서의 건축제한

영 제80조의 규정에 따라 특정용도제한지구 안에서는 다음 각 호의 건축물을 건축할 수 없다.

1. 숙박시설제한지구 : '건축법 시행령' 별표 1 제15호의 숙박시설
2. 위락시설제한지구 : '건축법 시행령' 별표 1 제16호의 위락시설
3. 위험물저장 및 처리시설 제한지구 : '건축법 시행령' 별표 1 제19호의 위험물저장 및 처리시설

복합용도지구

여주시 조례 제51조의 2 복합용도지구에서의 건축제한

<신설 2019. 2. 20>

① 영 제81조에 따라 복합용도지구에서는 해당 용도지역에서 허용되는 건축물 외에 다음 각 호에 따른 건축물을 건축할 수 있다.

1. 일반주거지역 : 제31조에 따른 준주거지역에 허용되는 건축물. 다만, 다음 각 목의 건축물은 제외한다.

   가. '건축법 시행령' 별표 1 제4호의 제2종 근린생활시설 중 안마시술소

   나. '건축법 시행령' 별표 1 제5호의 문화 및 집회시설 중 관람장

   다. '건축법 시행령' 별표 1 제17호의 공장

   라. '건축법 시행령' 별표 1 제19호의 위험물저장 및 처리시설

   마. '건축법 시행령' 별표 1 제21호의 동물 및 식물 관련 시설

   바. '건축법 시행령' 별표 1 제28호의 장례시설

2. 일반공업지역 : 제31조에 따른 준공업지역에 허용되는 건축물. 다만, 다음 각 목의 건축물은 제외한다.

   가. '건축법 시행령' 별표 1 제2호 가목의 아파트

   나. '건축법 시행령' 별표 1 제4호의 제2종 근린생활시설 중 단란주점 및 안마시술소

   다. '건축법 시행령' 별표1 제11호의 노유자시설

3. 계획관리지역 : 다음 각 목의 어느 하나에 해당하는 건축물

   가. '건축법 시행령' 별표 1 제4호의 제2종 근린생활시설 중 일반음식점·휴게음식점·제과점

   나. '건축법 시행령' 별표 1 제7호의 판매시설

   다. '건축법 시행령' 별표 1 제15호의 숙박시설

   라. '건축법 시행령' 별표 1 제16호 다목의 유원시설업의 시설, 그 밖에 이와 비슷한 시설

그 외 용도지구의 규제사항

1. 방재지구

    가. 시가지방재지구 : 건축물·인구가 밀집되어 있는 지역으로서 시설 개선 등을 통하여 재해 예방이 필요한 지구

    나. 자연방재지구 : 토지의 이용도가 낮은 해안변, 하천변, 급경사지 주변 등의 지역으로서 건축 제한 등을 통하여 재해 예방이 필요한 지구

2. 보호지구

    가. 역사문화환경보호지구 : 문화재·전통사찰 등 역사·문화적으로 보존가치가 큰 시설 및 지역의 보호와 보존을 위하여 필요한 지구

    나. 중요시설물보호지구 : 중요시설물(제1항에 따른 시설물을 말한다. 이하 같다)의 보호와 기능의 유지 및 증진 등을 위하여 필요한 지구

    다. 생태계보호지구 : 야생동식물서식처 등 생태적으로 보존가치가 큰 지역의 보호와 보존을 위하여 필요한 지구

3. 서울시조례 특화경관지구

    1. 역사문화특화경관지구

    2. 조망가로특화경관지구

    3. 수변특화경관지구

4. 호국경관지구

대전시 조례 제13조 그 밖의 용도지구의 지정

법 제37조 제3항 및 영 제31조 제4항에 따라 시장은 묘지공원으로 설치된 국립묘지 주변에 대하여 정숙한 분위기를 유지하고, 호국사상 앙양을 위하여 호국경관지구를 지정할 수 있다.

용도구역

　'용도구역'이란 토지의 이용을 법으로 규제하는 것이다. 따라서 용도구역의 규제는 조례에 의한 규제는 없으며 오로지 법으로만 규제한다. 용도구역은 개발제한구역, 도시자연공원구역, 시가화조정구역, 수산자원보호구역 등으로 지정되며, 추가로 개발행위에 따른 개발밀도관리구역, 기반시설부담구역 등이 지정된다 .

　용도구역은 국가에서 토지의 규제가 필요한 경우 지정되기에 용도구역은 반드시 법으로 찾아봐야 하며, 대부분이 토지의 규제사항이다. 모든 토지에 지정되는 용도지역과는 달리 국가에서 필요한 경우 선별적으로 지정되기에 토지이용규제안내서에 용도구역이 없다면, 해당 토지에 특별한 규제가 없는 토지라고 보면 된다.

　그러나 지구단위계획구역은 다른 구역과 달리 돌연변이 구역이라고 생각하면 된다. 즉 지구단위계획은 다른 용도구역과는 의미가 다르다. 다른 용도구역은 규제하기 위해 지정되지만, 지구단위계획구역은 개발을 주도면밀하게 하려고 지정하는 것이다. 또한 지구단위계획은 일부를 지방자치단체에 위임하고 있어 조례도 같이 봐야 한다.

지구단위계획에 의해 지역을 개발할 경우 용도지역을 일부 변경할수 있으며, 용도지구의 규제사항을 적용해 거주하기에 합리적인 기반시설을 설치하기 위한 방법 중 하나다(공원, 학교, 도로 설치). 용도지역을 변경해주는 대신 개발하는 쪽에서 기반시설인 공원, 학교, 도로 등을 설치하는 계획을 포함해야 하며, 이렇게 지구단위계획에 의해 결정된지목은 변경할 수 없다.

지구단위계획구역은 필지별 개발이 아닌 지역(대규모= 30,000㎡ 이상)을개발하는 경우에 도시의 기반 시설을 설치하기 위해서 도시개발구역,정비구역, 택지개발지구, 산업단지개발, 관광단지 등 대규모 개발시 지구단위와 같이 지정되는 경우가 대부분이다. 또한, 한 지역을 개발하기위해 개발제한구역이나 도시자연공원구역, 시가화조정구역 등에서 해제되며, 개발이 될 때도 반드시 같이 지정된다.

비도시지역에서 지구단위계획에 의해 개발하려면, 개발하려고 하는토지의 50% 이상이 계획관리지역이어야 하거나, 또는 개발진흥지구로지정되어야 비도시지역에서 지구단위계획구역을 지정할 수 있다.

지구단위계획은 두 가지 종류로 보면, 다른 법률과 동시에 개발하기위한 지구단위계획과 다른 법률 없이 지구단위계획으로만 개발하는 경우다. 다른 법률 없이 지구단위로 지정해 한 지역을 개발하는 경우 5년이 되는 날까지 착공하지 않으면 실효되나 다른 법률과 같이 개발할 경우 타 법령이 유지되는 경우에는 지구단위계획도 그대로 유지된다.

이제 용도구역이 어떠한 규제를 하는지 하나씩 살펴보기로 하고, 마지막에 지구단위에 대해 좀 더 자세히 설명하도록 하겠다.

개발제한구역

　개발제한구역은 박정희 정부 때(1971년) 도시의 무분별한 확장을 막기 위해 지정되었기에 비도시지역에서는 개발제한구역이 있을 수 없다. 개발제한구역에서는 토지의 형질변경 및 공작물 또는 건축물의 설치가 엄격히 제한된다. 설치허가가 나는 종목은 대부분 주민이 공동으로 사용하거나 국가에서 필요한 설치가 대부분이다. 일반인들이 설치할 수 있는 건축물의 주택을 신축하는 방법으로는 기존 주택이 있거나 개발제한구역으로 지정되기 전부터 지목이 대지인 경우에만 신축이 가능했다.

　그 후 김대중 정부에서 개발제한구역의 지정 및 관리에 관한 특별조치법을 2000년 1월 28일에 제정해 2000년 7월 11일에 시행하게 된다. 이때부터 박정희 정부의 도시계획법에 있던 개발제한구역이 김대중 정부에서 특별법으로 제정되어 농사를 경작하거나 공익을 위한 건축물인 경우 건축이 가능하도록 만들어졌다. 또한, 개발제한구역 안에 집단취락지구를 만들어 주택은 신축이 가능했으나 지금은 집단취락지구라도 이축만 허용하며, 새로운 신축은 엄격히 제한된다.

　현재 개발제한구역에서 주택을 신축할 수 있는 유일한 방법은 개발제한구역의 지정 및 관리에 관한 특별조치법에서 열거하는 다음의 방법뿐이다. 따라서 일반인이 개발제한구역 내에서 건축물을 신축할 수 있는 방법을 요약하자면 다음과 같다.

1. 개발제한구역 내에서 주택을 건축할 수 있는 경우

① 개발제한구역 지정 당시(1971년)부터 지목이 대지인 경우.

② 개발제한구역 지정 당시부터 기존 주택이 있는 경우.

2. 이축권으로 신축하는 경우

① 기존 주택이 '공익사업을 위한 토지 등의 취득 및 보상에 관한 법률'에 따라 공익사업의 시행으로 인해 더 이상 거주할 수 없게 된 경우로서 그 기존 주택의 소유자(같은 법에 따라 보상금을 모두 지급받은 자를 말한다)가 자기 소유의 토지(철거일 당시 소유권을 확보한 토지를 말한다)에 신축하는 경우.

② 기존 주택이 재해로 인해 더 이상 거주할 수 없게 된 경우로서 그 기존 주택의 소유자가 자기 소유의 토지(재해를 입은 날부터 6개월 이내에 소유권을 확보한 토지를 말한다)에 신축하는 경우.

③ 본인이 철거하고 이축할 경우 가장 가까운 집단취락지구로 이축.

④ 타인 소유의 토지에 건물을 소지한 자가 타인의 토지에 계속 거주하기를 거절당해 본인 소유의 건축물을 멸실하고 가장 가까운 집단취락지구로 이축하는 경우.

3. 농업인에게 주는 혜택을 받아 건축하는 경우

① 농업인으로 개발제한구역에서 농사를 경작하는 자가 개발제한구역 안에 있는 본인 소유의 건축물을 멸실하고 본인 소유의 농사를 경작하는 곳으로 이축하는 경우.

② 농업인이 되어 농사 관리용 건축물을 신축하는 경우.

③ 농사를 경작하기 위한 콩나물 재배사, 버섯 재배사 등 또는 지

역특산물 가공장 등 이와 유사한 건축물을 신축하는 경우.

④ 농업인이 거주하는 곳의 지방 특산물 가공 공장 또는 창고를 신축하는 경우.

이축의 경우 공익사업으로 철거되거나 재해로 인해 멸실된 경우 본인 소유의 개발제한구역 어디라도 신축이 가능했다. 이러한 개발제한구역에서 건축물을 멸실한 권리를 '이축권'이라고 하며, 이러한 이축 권리를 매입해 다른 지역의 개발제한구역에 이축하는 방법이 있었으나 지금은 이러한 방법도 어렵게 되었다. 철거일 당시부터 개발제한구역에 소유권을 확보해야 이축이 가능하다는 단서가 이축의 조건으로 제한되었기 때문이다.

소재지	경기도 광주시 남종면 분원리 ▓▓▓번지		
지목	대 ❓	면적	294 ㎡
개별공시지가(㎡당)	369,400원 (2022/01) 연도별보기		
지역지구등 지정여부	「국토의 계획 및 이용에 관한 법률」에 따른 지역·지구등	도시지역 , 자연녹지지역	
	다른 법령 등에 따른 지역·지구등	가축사육제한구역<가축분뇨의 관리 및 이용에 관한 법률> 개발제한구역<개발제한구역의 지정 및 관리에 관한 특별조치법> 역사문화환경보존지역(허용기준구역(4구역))<문화재보호법>, 배출시설 설치제한지역<물환경보전법>, 환경정비구역(분원리 가는골)<상수원관리규칙>, 자연보전권역<수도 권정비계획법>, 상수원보호구역(상수원보호구역 저촉사항은 수질정책과 지원사업팀에 별도 확인요) <수도법>, (한강)폐기물매립시설 설치제한지역<한강수계 상수원수질개선 및 주민지원 등에 관한 법률>, 특별대책지역<환경정책기본법>	
「토지이용규제 기본법 시행령」 제9조 제4항 각 호에 해당되는 사항			

개발제한구역에서 별표 1에 의해 건축할 수 있는 건축물의 종류는 다음과 같다. 지면 관계상 일반인들이 일반적으로 건축할 수 있는 것만으로 정리했다.

관련 법규

개발제한구역의 지정 및 관리에 관한 특별조치법 시행령

[별표 1] <개정 2022. 8. 2>

건축물 또는 공작물의 종류, 건축 또는 설치의 범위(제13조 제1항 관련)

시설의 종류	건축 또는 설치의 범위
① 골프장	가) '체육시설의 설치·이용에 관한 법률 시행령' 별표 1의 골프장과 그 골프장에 설치하는 골프연습장을 포함한다. 나) 숙박시설은 설치할 수 없다.
② 버스 차고지 및 그 부대시설	가) '여객자동차 운수사업법 시행령' 제3조 제1호에 따른 노선 여객자동차운송사업용 버스차고지 및 그 부대시설(자동차 천연가스 공급시설, 수소연료공급시설 및 전기자동차 충전시설을 포함한다)에만 한정하며, 시외버스 운송사업용 버스 차고지 및 그 부대시설은 개발제한구역 밖의 기존 버스터미널이나 인근 지역에 버스차고지 등을 확보할 수 없는 경우에만 설치할 수 있다. 나) 노선 여객자동차운송사업용 버스차고지는 지방자치단체가 설치하여 임대하거나 '여객자동차 운수사업법' 제53조에 따른 조합 또는 같은 법 제59조에 따른 연합회가 도시·군계획시설로 설치하거나 그 밖의 자가 도시·군계획시설로 설치하여 지방자치단체에 기부채납하는 경우만 해당한다.
③ 자동차 천연가스 공급시설	가) '대기환경보전법'에 따른 자동차 천연가스 공급시설로서 그 부지면적은 3천 300제곱미터 이하로 하며, 부대시설로 세차시설을 설치할 수 있다. 나) 시설을 폐지하는 경우에는 지체 없이 철거하고 원상복구하여야 한다.
④ 택시공영차고지 및 그 부대시설	가) '택시운송사업의 발전에 관한 법률'에 따른 택시공영차고지와 택시공동차고지 중 '여객자동차 운수사업법' 제53조에 따른 조합 또는 같은 법 제59조에 따른 연합회가 설치하는 택시공동차고지만 해당한다. 나) 부대시설은 사무실 및 영업소, 차고설비, 차고부대시설, 충전소, 휴게실, 대기실, 수소연료공급시설 및 전기자동차 충전시설만 해당한다.

시설의 종류	건축 또는 설치의 범위
※ 개발제한구역 주민의 주거·생활편익 및 생업을 위한 시설	가) 가목 및 나목의 경우에는 개발제한구역에서 농림업 또는 수산업에 종사하는 자가 설치하는 경우만 해당한다. 나) 가목의 시설의 종류와 규모는 관할구역의 여건을 고려하여 시·군·구의 조례로 따로 정할 수 있다. 이 경우 시설의 종류는 가목에서 정하는 시설의 범위에서 정하되, 시설의 규모는 각 시설 면적의 20퍼센트의 범위에서 완화하여 정할 수 있다. 다) 이 영에서 정하는 사항 외에 축사, 작물 재배사, 육묘장, 종묘배양장 및 온실의 구조와 입지기준에 대하여는 시·군·구의 조례로 정할 수 있다. 라) 축사, 사육장, 작물 재배사, 육묘장, 종묘배양장 및 온실은 1가구[개발제한구역에서 주택을 소유하면서 거주(제2조 제3항 제2호에 따라 개발제한구역에서 해제된 집단취락지역에서 해제 이전부터 계속하여 주택을 소유하면서 거주하는 경우를 포함한다)하는 1세대를 말한다. 이하 같다]당 1개 시설만 건축할 수 있다. 다만, 개발제한구역에서 2년 이상 계속 농업에 종사하고 있는 자가 이미 허가를 받아 설치한 축사, 사육장, 작물 재배사, 육묘장, 종묘배양장 및 온실을 허가받은 용도대로 사용하고 있는 경우에는 시·군·구의 조례로 정하는 바에 따라 영농계획에 부합하는 추가적인 건축을 허가할 수 있다.
① 축사	가) 축사(소·돼지·말·닭·젖소·오리·양·사슴·개의 사육을 위한 건축물을 말한다)는 1가구당 기존 면적을 포함하여 1천제곱미터 이하로 설치하여야 한다. 이 경우 축사에는 33제곱미터 이하의 관리실을 설치할 수 있고, 축사를 다른 시설로 용도 변경하는 경우에는 관리실을 철거하여야 한다. 다만, 수도권과 부산권의 개발제한구역에 설치하는 축사의 규모는 상수원, 환경 등의 보호를 위하여 1천제곱미터 이하의 범위에서 국토교통부장관이 농림축산식품부장관 및 환경부장관과 협의하여 국토교통부령으로 정하는 바에 따른다. 나) 과수원 및 초지의 축사는 1가구당 100제곱미터 이하로 설치하여야 한다. 다) 초지와 사료작물재배지에 설치하는 우마사(牛馬舍)는 초지 조성면적 또는 사료작물 재배면적의 1천분의 5 이하로 설치하여야 한다. 라) 다음 어느 하나의 경우에 해당하는 지역에서는 축사의 설치를 허가할 수 없다. 　① '가축분뇨의 관리 및 이용에 관한 법률'에 따라 가축의 사육이 제한된 지역

시설의 종류	건축 또는 설치의 범위
① 축사	② 복구사업지역과 제2조의 2 제4항에 따라 개발제한구역 관리계획에 제2조의 3 제1항 제8호의 관리방안이 반영된 지역 ③ 법 제30조 제2항에 따라 국토교통부장관 또는 시·도지사로부터 시정명령에 관한 업무의 집행 명령을 받은 시·군·구
② 잠실(蠶室)	뽕나무밭 조성면적 2천제곱미터당 또는 뽕나무 1천 800주당 50제곱미터 이하로 설치하여야 한다.
③ 저장창고	소·말 등의 사육과 낙농을 위하여 설치하는 경우만 해당한다.
④ 양어장	유지(溜池)·하천·저습지 등 농업 생산성이 극히 낮은 토지에 설치하여야 한다.
⑤ 사육장	꿩, 우렁이, 달팽이, 지렁이, 그 밖에 이와 비슷한 새·곤충 등의 사육을 위하여 임야 외의 토지에 설치하는 경우로서 1가구당 기존 면적을 포함하여 300제곱미터 이하로 설치하여야 한다.
⑥ 작물 재배사	가) 콩나물, 버섯, 새싹채소 등의 작물 재배를 위하여 1가구당 기존 면적을 포함하여 500제곱미터 이하로 설치하여야 한다. 나) 작물 재배사에는 10제곱미터 이하의 관리실을 설치할 수 있으며, 작물 재배사를 다른 시설로 용도 변경하는 경우에는 관리실을 철거하여야 한다. 다) 1)라)② 및 ③의 지역과 임야인 토지에는 설치할 수 없다.
⑦ 퇴비사 및 발효 퇴비장	기존 면적을 포함하여 300제곱미터(퇴비사 및 발효퇴비장의 합산 면적을 말한다) 이하로 설치하되, 발효퇴비장은 유기농업을 위한 경우에만 설치할 수 있다.
⑧ 온실	가) 수경재배·시설원예 등 작물재배를 위한 경우로서 1가구당 기존 면적을 포함하여 500제곱미터 이하로 설치하여야 한다. 나) 재료는 유리, 플라스틱, 그 밖에 이와 비슷한 것을 사용하여야 하며, 그 안에 온실의 가동에 직접 필요한 기계실 및 관리실을 66제곱미터 이하로 설치할 수 있다.
⑨ 창고	가) 개발제한구역의 토지를 소유하면서 영농에 종사하는 자가 개발제한구역의 토지 또는 그 토지와 일체가 되는 토지에서 생산되는 생산물 또는 수산물을 저장하거나 농기계를 보관하기 위한 창고('소금산업 진흥법' 제2조 제3호에 따른 해주를 포함한다)는 기존 면적을 포함하여 150제곱미터 이하로 설치하여야 한다. 이 경우 해당 토지면적이 1만제곱미터를 초과하는 경우에는 그 초과하는 면적의 1천분의 10에 해당하는 면적만큼 창고를 추가로 설치할 수 있다.

시설의 종류	건축 또는 설치의 범위
⑨ 창고	나) '농어업경영체 육성 및 지원에 관한 법률' 제16조에 따른 영농조합법인 및 같은 법 제19조에 따른 농업회사법인이 개발제한구역의 농작업의 대행을 위하여 사용하는 농기계를 보관하기 위한 경우에는 기존 면적을 포함하여 200제곱미터 이하로 설치하여야 한다.
⑩ 담배 건조실	잎담배 재배면적의 1천분의 5 이하로 설치하여야 한다.
⑪ 임시 가설건축물	농림수산업용 기자재의 보관이나 농림수산물의 건조 또는 단순가공을 위한 경우로서 기존 면적을 포함하여 100제곱미터 이하로 설치하여야 한다. 다만, 해태건조처리장 용도의 경우에는 200제곱미터 이하로 설치하여야 한다.
⑫ 지역특산물가공·판매장	가) 지역특산물(해당 지역에서 지속적으로 생산되는 농산물·수산물·축산물·임산물로서 시·도지사 또는 시장·군수가 인정하여 공고한 것을 말한다. 이하 같다)의 가공·판매 및 이와 관련된 체험·실습 등을 위한 시설로서 다음의 어느 하나에 해당하는 경우만 해당한다. ① 지정 당시 거주자가 설치하는 경우 ② 허가신청일 현재, 해당 지역에서 5년 이상 지역특산물을 생산하는 자가 설치하는 경우 ③ 마을(제2조 제3항 제2호에 따라 개발제한구역에서 해제된 집단취락을 포함한다) 공동으로 설치하거나 행정안전부장관이 지정한 마을기업이 설치하는 경우. 이 경우 1회로 한정하며, 해당 마을의 50퍼센트 이상의 가구가 지역특산물가공·판매장을 설치한 경우는 제외한다. 나) '물환경보전법', '대기환경보전법' 및 '소음·진동관리법'에 따른 배출시설 설치 허가 또는 신고의 대상이 아니어야 한다. 다) 가) ① 및 ②의 경우에는 1가구당 기존 면적을 포함하여 300제곱미터 이하로 설치할 수 있으며, 가)③의 경우에는 기존 면적을 포함하여 1천제곱미터 이하로 설치할 수 있다. 라) 가) ③의 경우에는 임야인 토지에 설치할 수 없다.
⑬ 관리용 건축물	가) 관리용 건축물을 설치할 수 있는 경우와 그 규모는 다음과 같다. 다만, ①·②·④에 따라 관리용 건축물을 설치하는 경우에는 생산에 직접 이용되는 토지 또는 양어장의 면적이 2천제곱미터 이상이어야 한다. ① 과수원, 초지, 유실수·원예·분재 재배지역에 설치하는 경우에는 생산에 직접 이용되는 토지 면적의 1천분의 10 이하로서 기존 면적을 포함하여 66제곱미터 이하로 설치하여야 한다.

시설의 종류	건축 또는 설치의 범위
⑬ 관리용 건축물	② 양어장에 설치하는 경우에는 양어장 부지면적의 1천분의 10 이하로서 기존 면적을 포함하여 66제곱미터 이하로 설치하여야 한다. ③ '농어촌정비법' 제2조 제16호 다목에 따른 주말농원에 설치하는 경우에는 임대 농지면적의 1천분의 10 이하로서 기존 면적을 포함하여 66제곱미터 이하로 설치하여야 한다. ④ '농어업경영체 육성 및 지원에 관한 법률' 제16조에 따른 영농조합법인 및 같은 법 제19조에 따른 농업회사법인이 개발제한구역의 농작업의 대행을 위하여 설치하는 경우에는 기존 면적을 포함하여 66제곱미터 이하로 설치하여야 한다. ⑤ 어업을 위한 경우에는 정치망어업면허 또는 기선선인망어업허가를 받은 1가구당 기존 면적을 포함하여 66제곱미터 이하로 설치하여야 한다. 나) 농기구와 비료 등의 보관과 관리인의 숙식 등의 용도로 쓰기 위하여 조립식 가설건축물로 설치하여야 하며, 주된 용도가 주거용이 아니어야 한다. 다) 관리용 건축물의 건축허가 신청 대상 토지가 신청인이 소유하거나 거주하는 주택을 이용하여 관리가 가능한 곳인 경우에는 건축허가를 하지 아니하여야 한다. 다만, 가)③·④의 경우에는 그러하지 아니하다. 라) 관리의 대상이 되는 시설이 폐지된 경우에는 1개월 이내에 관리용 건축물을 철거하고 원상복구하여야 한다. 마) 관리용 건축물의 부지는 당초의 지목을 변경할 수 없다.
⑭ 농막(農幕)	가) '농지법 시행령' 제2조 제3항 제2호 라목에 따른 농막으로서 조립식 가설건축물로 연면적 20제곱미터 이하로 설치해야 하며, 주거 목적이 아니어야 한다. 나) 농막의 부지는 당초의 지목을 변경할 수 없다.
※ 주택('건축법 시행령' 별표 1 제1호 가목에 따른 단독주택을 말한다. 이하 이 호에서 같다)	신축할 수 있는 경우는 다음과 같다. 가) 개발제한구역 지정 당시부터 지목이 대인 토지(이축된 건축물이 있었던 토지의 경우에는 개발제한구역 지정 당시부터 그 토지의 소유자와 건축물의 소유자가 다른 경우만 해당한다)와 개발제한구역 지정 당시부터 있던 기존의 주택[제24조에 따른 개발제한구역 건축물관리대장에 등재된 주택을 말한다. 이하 나) 및 다)에서 같다]이 있는 토지에만 주택을 신축할 수 있다.

시설의 종류	건축 또는 설치의 범위
※ 주택('건축법 시행령' 별표 1 제1호 가목에 따른 단독주택을 말한다. 이하 이 호에서 같다)	나) 가)에도 불구하고 '농어업·농어촌 및 식품산업 기본법' 제3조 제2호가목에 따른 농업인에 해당하는 자로서 개발제한구역에 기존 주택을 소유하고 거주하는 자는 영농의 편의를 위하여 자기 소유의 기존 주택을 철거하고 자기 소유의 농장 또는 과수원에 주택을 신축할 수 있다. 이 경우 생산에 직접 이용되는 토지의 면적이 1만제곱미터 이상으로서 진입로를 설치하기 위한 토지의 형질변경이 수반되지 아니하는 지역에만 주택을 신축할 수 있으며, 건축 후 농림수산업을 위한 시설 외로는 용도변경을 할 수 없다. 다) 가)에도 불구하고 다음의 어느 하나에 해당하는 경우에는 국토교통부령으로 정하는 입지기준에 적합한 곳에 주택을 신축할 수 있다. ① 기존 주택이 '공익사업을 위한 토지 등의 취득 및 보상에 관한 법률'에 따른 공익사업의 시행으로 인하여 철거되는 경우에는 그 기존 주택의 소유자(해당 공익사업의 사업인정 고시 당시에 해당 주택을 소유하였는지 여부와 관계없이 같은 법에 따라 보상금을 모두 지급받은 자를 말한다)가 자기 소유의 토지(철거일 당시 소유권을 확보한 토지를 말한다)에 신축하는 경우 ② 기존 주택이 재해로 인하여 더 이상 거주할 수 없게 된 경우로서 그 기존 주택의 소유자가 자기 소유의 토지(재해를 입은 날부터 6개월 이내에 소유권을 확보한 토지를 말한다)에 신축하는 경우 ③ 개발제한구역 지정 이전부터 건축되어 있는 주택 또는 개발제한구역 지정 이전부터 다른 사람 소유의 토지에 건축되어 있는 주택으로서 토지 소유자의 동의를 받지 못하여 증축 또는 개축할 수 없는 주택을 법 제12조 제1항 제2호에 따른 취락지구에 신축하는 경우
① 근린생활시설	증축 및 신축할 수 있는 시설은 다음과 같다. 가) 주택을 용도 변경한 근린생활시설 또는 1999년 6월 24일 이후에 신축된 근린생활시설만 증축할 수 있다. 나) 개발제한구역 지정 당시부터 지목이 대인 토지(이축된 건축물이 있었던 토지의 경우에는 개발제한구역 지정 당시부터 그 토지의 소유자와 건축물의 소유자가 다른 경우만 해당한다)와 개발제한구역 지정 당시부터 있던 기존의 주택(제24조에 따른 개발제한구역건축물관리대장에 등재된 주택을 말한다)이 있는 토지에만 근린생활시설을 신축할 수 있다. 다만, '수도법' 제3조 제2호에 따른 상수원의 상류 하천

시설의 종류	건축 또는 설치의 범위
① 근린생활시설	('하천법'에 따른 국가하천 및 지방하천을 말한다)의 양쪽 기슭 중 그 하천의 경계로부터 직선거리 1킬로미터 이내의 지역('하수도법' 제2조 제15호에 따른 하수처리구역은 제외한다)에서는 '한강수계 상수원수질개선 및 주민지원 등에 관한 법률' 제5조에 따라 설치할 수 없는 시설을 신축할 수 없다. 다) 나)의 본문에도 불구하고 기존 근린생활시설이 '공익사업을 위한 토지 등의 취득 및 보상에 관한 법률'에 따른 공익사업의 시행으로 인하여 철거되는 경우에는 그 기존 근린생활시설의 소유자(해당 공익사업의 사업인정 고시 당시에 해당 근린생활시설을 소유하였는지 여부와 관계없이 같은 법에 따라 보상금을 모두 지급받은 자를 말한다)는 국토교통부령으로 정하는 입지기준에 적합한 자기 소유의 토지(철거일 당시 소유권을 확보한 토지를 말한다)에 근린생활시설을 신축할 수 있다.
② 휴게음식점·제과점 및 일반음식점	가) 휴게음식점·제과점 또는 일반음식점을 건축할 수 있는 자는 5년 이상 거주자 또는 지정 당시 거주자이어야 한다. 나) 부대시설로서 인접한 토지를 이용하여 300제곱미터 이하의 주차장(건축물식 주차장은 제외한다)을 설치할 수 있다. 이 경우 해당 휴게음식점·제과점 또는 일반음식점의 소유자만 설치할 수 있다.
③ 이용원·미용원 및 세탁소	세탁소는 공장이 부설된 것은 제외한다.
④ 의원·치과의원·한의원·침술원·접골원 및 조산소 ⑤ 탁구장 및 체육도장 ⑥ 기원 ⑦ 당구장 ⑧ 금융업소·사무소 및 부동산중개업소	
⑨ 수리점	자동차전문정비업소, 자동차경정비업소(자동차부품의 판매 또는 간이수리를 위한 시설로서 '자동차관리법 시행령' 제12조 제1항에 따른 자동차정비업시설의 종류에 해당되지 아니하는 시설을 말한다)를 포함한다.

시설의 종류	건축 또는 설치의 범위
⑩ 사진관·표구점·학원·의사 및 동물병원 ⑪ 목공소·방앗간 및 독서실	
⑫ 공동구판장, 하치장, 창고, 농기계보관창고, 농기계수리소, 농기계용유류판매소, 선착장 및 물양장(소형선 부두)	가) 지방자치단체 또는 '농업협동조합법'에 따른 조합, '산림조합법'에 따른 조합, '수산업협동조합법'에 따른 수산업협동조합(어촌계를 포함한다)이 설치하거나 마을 공동으로 설치하는 경우만 해당한다. 나) 농기계수리소는 가설건축물 구조로서 수리용 작업장 외의 관리실·대기실과 화장실은 건축 연면적 30제곱미터 이하로 설치할 수 있다. 다) 공동구판장은 지역 생산물의 저장·처리·단순가공·포장과 직접 판매를 위한 경우(건축 연면적의 100분의 30 미만에 해당하는 면적 범위에서 슈퍼마켓, 일용품 소매점, 휴게음식점, 금융업소 또는 방앗간의 용도로 사용하기 위한 경우를 포함한다)로서 건축 연면적 1천 제곱미터 이하로 설치하여야 한다.
⑬ 공판장 및 화훼전시판매시설	가) 공판장은 해당 지역에서 생산되는 농산물의 판매를 위하여 '농업협동조합법' 제2조 제1호에 따른 조합이 설치하는 경우(같은 조 제3호에 따른 품목조합이 임야에 설치하는 경우는 제외한다)만 해당한다. 이 경우 수도권 또는 광역시에 설치하는 공판장은 다음의 기준을 모두 충족해야 한다. ① 시·군·구당 1개소로 한정하되, 해당 시·군·구의 개발제한구역 외의 지역에 공판장이 있는 경우에는 설치할 수 없다. ② 건축 연면적은 3,300제곱미터 이하로 한다. 나) 화훼전시판매시설은 시장·군수·구청장이 화훼의 저장·전시·판매를 위하여 설치하는 것을 말한다.
⑭ 낚시터시설 및 그 관리용 건축물	가) 기존의 저수지 또는 유지를 이용하여 지방자치단체 또는 마을 공동으로 설치·운영하거나 기존의 양어장을 이용하여 5년 이상 거주자가 설치하는 경우만 해당한다. 나) 이 경우 낚시용 좌대, 비가림막 및 차양막을 설치할 수 있고, 50제곱미터 이하의 관리실을 임시가설건축물로 설치할 수 있다.

시설의 종류	건축 또는 설치의 범위
⑮ 미곡종합처리장·도정시설	가) 미곡종합처리장은 '농업협동조합법'에 따른 지역농업협동조합(지역농업협동조합이 전액 출자하여 설립한 조합공동사업법인을 포함한다. 이하 같다)이 개발제한구역에 1천헥타르 이상의 미작 생산에 제공되는 농지가 있는 시·군·구에 설치(시·군·구당 1개소로 한정한다)하는 경우로서 건축 연면적은 부대시설 면적을 포함하여 2천제곱미터 이하로 설치해야 한다. 나) 도정시설은 '농업협동조합법'에 따른 지역농업협동조합이 개발제한구역에 100헥타르 이상, 1천헥타르 미만의 미작 생산에 제공되는 농지가 있는 시·군·구에 설치(해당 시·군·구에 이미 도정시설이 있는 경우에는 설치할 수 없다)하는 경우로서 건축 연면적은 부대시설 면적을 포함하여 1천제곱미터 이하로 설치해야 한다. 다) 해당 시설의 용도가 폐지된 경우에는 지체 없이 철거하고 원상복구를 해야 한다.
⑯ 휴게소(고속국도에 설치하는 휴게소는 제외한다), 주유소('석유 및 석유대체연료 사업법 시행령' 제2조 제9호에 따른 석유대체연료 주유소를 포함한다. 이하 같다) 및 자동차용 액화석유가스 충전소	가) 시장·군수·구청장이 수립하는 배치계획에 따라 시장·군수·구청장, 지정 당시 거주자 또는 허가신청일 현재 해당 개발제한구역에서 10년 이상 계속 거주하고 있는 사람(이하 '10년 이상 거주자'라 한다)이 국도·지방도 등 간선도로변에 설치하는 경우만 해당한다. 다만, 도심의 자동차용 액화석유가스 충전소(자동차용 액화석유가스 충전소 외의 액화석유가스 충전소를 겸업하는 경우를 포함한다. 이하 같다)를 이전하여 설치하는 경우에는 해당 사업자만 설치할 수 있다. 나) 지정 당시 거주자 또는 10년 이상 거주자가 설치하는 경우에는 각각의 시설에 대하여 1회만 설치할 수 있다. 다만, 공공사업에 따라 철거되거나 기존 시설을 철거한 경우에는 그러하지 아니하다. 라) 휴게소 및 자동차용 액화석유가스 충전소의 부지면적은 3천 300제곱미터 이하로, 주유소의 부지면적은 1천 500제곱미터 이하로 하고, 주유소 및 자동차용 액화석유가스 충전소에는 그 부대시설로서 수소연료공급시설, 전기자동차 충전시설 및 세차시설, 자동차 간이정비시설('자동차관리법 시행령' 제12조 제1항에 따른 자동차정비업시설의 종류에 해당하지 아니하는 정비시설을 말한다) 및 소매점을 설치할 수 있다. 이 경우 수소연료공급시설과 전기자동차 충전시설을 제외한 부대시설은 해당 주유소 및 자동차용 액화석유가스 충전소의 소유자만 설치할 수 있다. 마) 휴게소는 개발제한구역의 해당 도로노선 연장이 10킬로미터 이내인 경우에는 설치되지 아니하도록 하여야 하며, 주유소 및 자동차용 액화석유가스 충전소의 시설 간 간격 등 배치계획의 수립기준은 국토교통부령으로 정한다.

시설의 종류	건축 또는 설치의 범위
⑰ 농어촌체험·휴양 마을사업 관련시설	가) '도시와 농어촌 간의 교류촉진에 관한 법률' 제2조 제5호에 따른 농어촌체험·휴양마을사업에 필요한 체험관, 휴양시설, 판매시설, 숙박시설, 음식점 등의 시설을 말한다. 나) '도시와 농어촌 간의 교류촉진에 관한 법률' 제5조에 따라 농어촌체험·휴양마을사업자로 지정받은 자가 같은 조에 따라 제출한 사업계획서에 따라 설치하는 것이어야 한다. 다) 설치할 수 있는 시설의 전체 면적은 2,000제곱미터를 초과할 수 없다. 라) 1회로 한정한다. 마) '하수도법' 제2조 제15호에 따른 하수처리구역으로 포함된 경우만 해당한다. 바) 임야인 토지에는 설치할 수 없다.
⑱ 야영장(제1호 타목에 따른 야영장은 제외한다)	가) 마을 공동, 10년 이상 거주자 또는 지정 당시 거주자만 설치할 수 있으며, 각각 1회로 한정한다. 다만, 공공사업에 따라 철거되거나 기존 시설을 철거한 경우에는 그러하지 아니하다. 나) 설치할 수 있는 시설의 수(시·도별 총 시설의 수는 관할 행정구역 내 개발제한구역이 있는 시·군·구 수의 3배 이내로 한다)는 시·도지사가 관할 시·군·구의 개발제한구역 면적, 인구수 등 지역 여건을 고려하여 수립·공고한 시·군·구 배분계획에 따른다. 다) 임야인 토지로서 다음의 어느 하나에 해당하는 경우에는 설치할 수 없다. ① 석축 및 옹벽의 설치를 수반하는 경우 ② '자연환경보전법' 제34조 제1항 제1호에 따른 생태·자연도(自然圖) 1등급 권역에 해당하는 경우
⑲ 실외체육시설(제1호 라목에 따른 실외체육시설은 제외한다)	가) '체육시설의 설치·이용에 관한 법률' 제3조에 따른 체육시설 중 배구장, 테니스장, 배드민턴장, 게이트볼장, 롤러스케이트장, 잔디(인조잔디를 포함한다. 이하 같다)축구장, 잔디야구장, 농구장, 야외수영장, 궁도장, 사격장, 승마장, 씨름장, 양궁장 및 그 밖에 이와 유사한 체육시설로서 건축물의 건축을 수반하지 아니하는 운동시설(골프연습장은 제외한다) 및 그 부대시설을 말한다. 나) 부대시설은 탈의실, 세면장, 화장실, 운동기구 보관창고와 간이휴게소를 말하며, 그 건축 연면적은 200제곱미터 이하로 하되, 시설 부지면적이 2천제곱미터 이상인 경우에는 그 초과하는 면적의 1천분의 10에 해당하는 면적만큼 추가로 부대시설을 설치할 수 있다.

시설의 종류	건축 또는 설치의 범위
⑲ 실외체육시설(제1호 라목에 따른 실외체육시설은 제외한다)	다) 승마장의 경우 실내마장, 마사 등의 시설을 2천제곱미터 이하의 규모로 설치할 수 있다. 라) 마을 공동, 10년 이상 거주자, 지정 당시 거주자 또는 '국민체육진흥법' 제2조 제9호 ·제11호에 따른 체육단체 ·경기단체에서 5년 이상 근무한 사람(개발제한구역 지정 이전에 설치된 실외체육시설에 부대시설을 설치하는 경우에는 해당 시설의 소유자로 한다)만 설치할 수 있으며, 각각의 시설에 대하여 각각 1회로 한정한다. 다만, 공공사업에 따라 철거되거나 기존 시설을 철거한 경우에는 그러하지 아니하다. 마) 설치할 수 있는 시설의 수(시·도별 총 시설의 수는 관할 행정구역 내 개발제한구역이 있는 시·군·구 수의 3배 이내로 한다)는 시·도지사가 관할 시·군·구의 개발제한구역 면적, 인구수 등 지역 여건을 고려하여 수립·공고한 시·군·구 배분계획에 따른다. 바) 임야인 토지에는 설치할 수 없다.

도시자연공원구역

국토의 계획 및 이용에 관한 법률 제38조의 2에 의해 시·도지사 또는 대도시 시장은 도시의 자연환경 및 경관을 보호하고, 도시민에게 건전한 여가·휴식공간을 제공하기 위해 도시지역 안에서 식생이 양호한 산지의 개발을 제한할 필요가 있다고 인정하면 도시자연공원구역의 지정 또는 변경을 도시·군 관리계획으로 결정할, 산업입지 및 개발에 관한 법률에 의해 개발하는 경우 도시자연공원 또는 녹지를 확보하게 되어 있다.

또한 도시자연공원구역이나 녹지를 확보하는 경우 규모에 따라 다음과 같이 세분해 관리한다. 국가도시공원, 생활권공원(소공원, 어린이공원, 근린공원), 주제공원(역사공원, 문화공원, 수변공원, 묘지공원, 체육공원, 도시농업공원 등)으로 분류된다. 그러나 도시공원의 설치에 관한 도시·군관리계획 결정은 그 고시일부터 10년이 되는 날까지 공원조성계획의 고시가 없는 경우에는 그 10년이 되는 날의 다음 날에 그 효력을 상실한다.

도시지역에서 주택법에 의한 아파트 건립 시 지구단위계획에 의해 소공원으로 지정되는 조건으로 허가를 받았다면 그 공원의 토지는 주인이 바뀌어도 용도변경이 되지 않고 그대로 소공원으로 규제된다.

도시자연 공원구역으로 지정되면 도시공원 및 녹지 등에 관한 법률의 규제를 받게 된다. 공공용 시설, 임시건축물 또는 임시공작물, 도시민의 여가활용시설, 체력단련시설, 공익시설 등의 시설만 설치할 수 있으며 주택이나 근린생활시설은 도시공원구역으로 지정되기 전부터 지목이 대지이거나 건축물이 이미 건축되어 있을 때만이 건축할 수 있다.

따라서 개인의 토지가 도시공원구역으로 지정되면 토지가 아래와 같이 개인적 사용이 규제되기에 개인이 막대한 재산상의 손실을 입을 수 있다. 손실을 최소화하는 방법으로는 매수 청구하는 방법뿐이지만, 이 경우 공원구역으로 지정되기 전부터 소유해야 가능하다 그러나 매수청구 심사 및 예산확보 문제로 보통 2~3년 정도 소요되며, 그나마도 예산이 넉넉하지 않은 경우 더 오래 걸리는 경우도 많다.

관련 법규

도시공원 및 녹지 등에 관한 법률

제27조 도시자연공원구역에서의 행위 제한

① 도시자연공원구역에서는 건축물의 건축 및 용도변경, 공작물의 설치, 토지의 형질변경, 흙과 돌의 채취, 토지의 분할, 죽목의 벌채, 물건의 적치 또는 '국토

의 계획 및 이용에 관한 법률' 제2조 제11호에 따른 도시계획사업의 시행을 할 수 없다. 다만, 다음 각 호의 어느 하나에 해당하는 행위는 특별시장·광역시장·특별자치시장·특별자치도지사·시장 또는 군수의 허가를 받아 할 수 있다.

1. 다음 각 목의 어느 하나에 해당하는 건축물 또는 공작물로서 대통령령으로 정하는 건축물의 건축 또는 공작물의 설치와 이에 따르는 토지의 형질변경.

　가. 도로, 철도 등 공공용 시설.

　나. 임시 건축물 또는 임시 공작물.

　다. 휴양림, 수목원 등 도시민의 여가활용시설.

　라. 등산로, 철봉 등 체력단련시설.

　마. 전기·가스 관련 시설 등 공익시설.

　바. 주택·근린생활시설.

　사. '노인복지법' 제31조에 따른 노인복지시설 중 도시자연공원구역에 입지 할 필요성이 큰 시설로서 자연환경을 훼손하지 아니하는 시설.

　아. '영유아보육법' 제10조에 따른 어린이집 중 도시자연공원구역에 입지 할 필요성이 큰 시설로서 자연환경을 훼손하지 아니하는 시설.

2. 기존 건축물 또는 공작물의 개축·재축·증축 또는 대수선.

3. 건축물의 건축을 수반하지 아니하는 토지의 형질변경.

4. 흙과 돌을 채취하거나 죽목을 베거나 물건을 쌓아놓는 행위로서 대통령령으로 정하는 행위.

제29조 토지 매수의 청구

① 도시자연공원구역의 지정으로 인하여 도시자연공원구역의 토지를 종래의 용도로 사용할 수 없어 그 효용이 현저하게 감소된 토지 또는 해당 토지의 사용 및 수익이 사실상 불가능한 토지의 소유자로서 다음 각 호의 어느 하나에 해당하는 자는 그 도시자연공원구역을 관할하는 특별시장·광역시장·특별자치시장·특별자치도지사·시장 또는 군수에게 해당 토지의 매수를 청구할 수 있다.

1. 도시자연공원구역의 지정 당시부터 해당 토지를 계속 소유한 자.

2. 토지의 사용·수익이 사실상 불가능하게 되기 전에 그 토지를 취득하여 계속 소유한 자.

3. 제1호 또는 제2호의 자로부터 해당 토지를 상속받아 계속 소유한 자.

② 특별시장·광역시장·특별자치시장·특별자치도지사·시장 또는 군수는 제1
항에 따라 매수 청구를 받은 토지가 제3항에 따른 기준에 해당되는 경우에
는 이를 매수하여야 한다.

토지이용규제안내서에는 다음과 같이 기재된다.

위와 같이 기재되어 있는 경우 용도지역으로는 보전녹지지역, 또는

소재지	인천광역시 계양구 계산동 ▦번지		
지목	임야 ❓	면적	36,483 ㎡
개별공시지가(㎡당)	47,800원 (2022/01) 연도별보기		
지역지구등 지정여부	「국토의 계획 및 이용에 관한 법률」에 따른 지역·지구등	보전녹지지역 , 자연녹지지역 , 자연경관지구 도시자연공원구역 (계양도시자연공원구역)(저촉)	
	다른 법령 등에 따른 지역·지구등	가축사육제한구역(전부제한지역)<가축분뇨의 관리 및 이용에 관한 법률>, 상대보호구역(인천서부교육지원청(560-6659))<교육환경 보호에 관한 법률>, 상대보호구역(인천서부교육지원청(560-6662))<교육환경 보호에 관한 법률>, 공익용산지<산지관리법>, 준보전산지<산지관리법>, 과밀억제권역<수도권정비계획법>	
	「토지이용규제 기본법 시행령」 제9조 제4항 각 호에 해당되는 사항		

자연녹지지역에서 건축할 수 있는 건축물을 건축할 수 있으나 규제사
항인 도시자연공원구역으로 규제가 되어 도시자연공원구역 법에 의한
건축물만을 건축할 수 있다.

시가화조정구역

시가화조정구역은 도시의 무질서한 시가화를 방지하고, 계획적이며
단계적인 개발을 도모하기 위해 국토교통부장관이 도시관리계획으로
일정 기간 시가화를 유보하기 위해 지정하는 구역을 말한다.

인구 및 산업의 급격한 도시집중으로 인해 도시의 과밀화를 초래함

과 동시에 도시 외곽으로의 무질서한 확산을 초래함으로써 기본적인 기반시설조차 갖추지 못한 열악한 시가지의 형성을 초래하게 되었다. 또한 공공시설에 대한 비효율적이고 중복적인 투자로 인한 재정적 낭비가 불가피하게 되었다. 이와 같은 도시 확산의 폐해를 제거하고 건전하고 질서 있는 도시발전을 도모하기 위해 등장한 제도가 시가화조정구역이다.

2002년도에 인천 영종도를 시가화조정구역으로 지정한 것이 대표적이다. 인천시 중구 중산동, 운남동, 운서동 일원 $11.48km^2$(347만 평)에 대해 시가화조정구역으로 지정함으로써 공항배후지원 단지 역할을 하게 될 지역의 난개발을 방지하고, 인천공항 2단계 개발 등과 연계해 단계적, 계획적으로 개발하려는 데 주목적이 있으며, 시가화유보기간은 영종지역의 개발목표 년도를 고려해 15년으로 정했다.

일시적으로 토지 개발을 규제하는 방법에는 다음과 같이 세 종류로 분류된다.

- 1등급 규제 : 시가화조정구역 – 난개발 방지 위해 5~20년
- 2등급 규제 : 개발행위허가제한구역 – 3~5년
- 3등급 규제 : 건축허가제한구역 – 2~3년

관련 법규

국토의 계획 및 이용에 관한 법률

제39조 시가화조정구역의 지정

① 시·도지사는 직접 또는 관계 행정기관의 장의 요청을 받아 도시지역과 그 주

변지역의 무질서한 시가화를 방지하고 계획적·단계적인 개발을 도모하기 위하여 대통령령으로 정하는 기간 동안 시가화를 유보할 필요가 있다고 인정되면 시가화조정구역의 지정 또는 변경을 도시·군관리계획으로 결정할 수 있다. 다만, 국가계획과 연계하여 시가화조정구역의 지정 또는 변경이 필요한 경우에는 국토교통부장관이 직접 시가화조정구역의 지정 또는 변경을 도시·군관리계획으로 결정할 수 있다.

② 시가화조정구역의 지정에 관한 도시·군관리계획의 결정은 제1항에 따른 시가화 유보기간이 끝난 날의 다음 날부터 그 효력을 잃는다. 이 경우 국토교통부장관 또는 시·도지사는 대통령령으로 정하는 바에 따라 그 사실을 고시하여야 한다.

국토의 계획 및 이용에 관한 법률 시행령

[별표 24] <개정 2021. 1. 5>

시가화조정구역 안에서 할 수 있는 행위(제88조 관련)

1. 법 제81조 제2항 제1호의 규정에 의하여 할 수 있는 행위 : 농업·임업 또는 어업을 영위하는 자가 행하는 다음 각 목의 1에 해당하는 건축물 그 밖의 시설의 건축

　가. 축사

　나. 퇴비사

　다. 잠실

　라. 창고(저장 및 보관시설을 포함한다)

　마. 생산시설(단순가공시설을 포함한다)

　바. 관리용건축물로서 기존 관리용건축물의 면적을 포함하여 33제곱미터 이하인 것

　사. 양어장

2. 법 제81조 제2항 제2호의 규정에 의하여 할 수 있는 행위

　가. 주택 및 그 부속건축물의 건축으로서 다음의 1에 해당하는 행위

　　(1) 주택의 증축(기존 주택의 면적을 포함하여 100제곱미터 이하에 해당하는 면

적의 증축을 말한다)

    (2) 부속건축물의 건축(주택 또는 이에 준하는 건축물에 부속되는 것에 한하되, 기존건축물의 면적을 포함하여 33제곱미터 이하에 해당하는 면적의 신축·증축·재축 또는 대수선을 말한다)

나. 마을공동시설의 설치로서 다음의 1에 해당하는 행위

    (1) 농로·제방 및 사방시설의 설치

    (2) 새마을회관의 설치

    (3) 기존정미소(개인 소유의 것을 포함한다)의 증축 및 이축(시가화조정구역의 인접지에서 시행하는 공공사업으로 인하여 시가화조정구역 안으로 이전하는 경우를 포함한다)

    (4) 정자 등 간이휴게소의 설치

    (5) 농기계수리소 및 농기계용 유류판매소(개인 소유의 것을 포함한다)의 설치

    (6) 선착장 및 물양장의 설치

다. 공익시설·공용시설 및 공공시설 등의 설치로서 다음의 1에 해당하는 행위

    (1) 공익사업을 위한 토지 등의 취득 및 보상에 관한 법률 제4조에 해당하는 공익사업을 위한 시설의 설치

    (2) 문화재의 복원과 문화재관리용 건축물의 설치

    (3) 보건소·경찰파출소·119안전센터·우체국 및 읍·면·동사무소의 설치

    (4) 공공도서관·전신전화국·직업훈련소·연구소·양수장·초소·대피소 및 공중화장실과 예비군운영에 필요한 시설의 설치

    (5) 농업협동조합법에 의한 조합, 산림조합 및 수산업협동조합(어촌계를 포함한다)의 공동구판장·하치장 및 창고의 설치

    (6) 사회복지시설의 설치

    (7) 환경오염방지시설의 설치

    (8) 교정시설의 설치

    (9) 야외음악당 및 야외극장의 설치

라. 광공업 등을 위한 건축물 및 공작물의 설치로서 다음의 1에 해당하는 행위

    (1) 시가화조정구역 지정 당시 이미 외국인 투자 기업이 경영하는 공장, 수출품의 생산 및 가공공장, '중소기업진흥에 관한 법률' 제29조에 따라 중소기업협동화실천계획의 승인을 얻어 설립된 공장 그 밖에 수출 진

흥과 경제발전에 현저히 기여할 수 있는 공장의 증축(증축면적은 기존 시설 연면적의 100퍼센트에 해당하는 면적 이하로 하되, 증축을 위한 토지의 형질 변경은 증축할 건축물의 바닥면적의 200퍼센트를 초과할 수 없다)과 부대시설의 설치

  ⑵ 시가화조정구역 지정 당시 이미 관계법령의 규정에 의하여 설치된 공장의 부대시설의 설치(새로운 대지조성은 허용되지 아니하며, 기존공장 부지 안에서의 건축에 한한다)

  ⑶ 시가화조정구역 지정 당시 이미 광업법에 의하여 설정된 광업권의 대상이 되는 광물의 개발에 필요한 가설건축물 또는 공작물의 설치

  ⑷ 토석의 채취에 필요한 가설건축물 또는 공작물의 설치

마. 기존 건축물의 동일한 용도 및 규모 안에서의 개축·재축 및 대수선

바. 시가화조정구역 안에서 허용되는 건축물의 건축 또는 공작물의 설치를 위한 공사용 가설건축물과 그 공사에 소요되는 블록·시멘트벽돌·쇄석·레미콘 및 아스콘 등을 생산하는 가설공작물의 설치

사. 다음의 1에 해당하는 용도변경행위

  ⑴ 관계법령에 의하여 적법하게 건축된 건축물의 용도를 시가화조정구역 안에서의 신축이 허용되는 건축물로 변경하는 행위

  ⑵ 공장의 업종변경(오염물질 등의 배출이나 공해의 정도가 변경 전의 수준을 초과하지 아니하는 경우에 한한다)

  ⑶ 공장·주택 등 시가화조정구역 안에서의 신축이 금지된 시설의 용도를 근린생활시설(수퍼마켓·일용품소매점·취사용가스판매점·일반음식점·다과점·다방·이용원·미용원·세탁소·목욕탕·사진관·목공소·의원·약국·접골시술소·안마시술소·침구시술소·조산소·동물병원·기원·당구장·장의사·탁구장 등 간이운동시설 및 간이수리점에 한한다) 또는 종교시설로 변경하는 행위

아. 종교시설의 증축(새로운 대지조성은 허용되지 아니하며, 증축면적은 시가화조정구역 지정 당시의 종교시설 연면적의 200퍼센트를 초과할 수 없다)

3. 법 제81조 제2항 제3호의 규정에 의하여 할 수 있는 행위

가. 입목의 벌채, 조림, 육림, 토석의 채취

나. 다음의 1에 해당하는 토지의 형질변경

  ⑴ 제1호 및 제2호의 규정에 의한 건축물의 건축 또는 공작물의 설치를 위

　　　　한 토지의 형질변경

　　(2) 공익사업을 위한 토지 등의 취득 및 보상에 관한 법률 제4조에 해당하
　　　　는 공익사업을 수행하기 위한 토지의 형질변경

　　(3) 농업·임업 및 어업을 위한 개간과 축산을 위한 초지조성을 목적으로 하
　　　　는 토지의 형질변경

　　(4) 시가화조정구역 지정 당시 이미 광업법에 의하여 설정된 광업권의 대
　　　　상이 되는 광물의 개발을 위한 토지의 형질변경

　다. 토지의 합병 및 분할

수산자원보호구역

　　수산자원보호구역은 '국토의 계획 및 이용에 관한 법률'에서 규정된, 공유수면이나 그에 인접된 토지에 대해 수산자원의 보호 및 육성을 목적으로 지정되는 용도구역의 하나이며, 구 국토이용관리법 및 도시계획법에 의해 지정된 수산자원보전지구는 모두 수산자원보호구역으로 변경되었다.

　　수산자원보호구역은 해양수산부장관이 직접 또는 관계 행정기관의 장의 요청을 받아 도시관리계획으로 지정·변경하게 되며, '국토의 계획 및 이용에 관한 법률'에 의한 수산자원보호구역의 용적률 및 건폐율 제한은 다음과 같다.

　　① 건폐율 : 40% 이하.

　　② 용적률 : 80% 이하.

수산자원보호구역은 그 구역을 관할하는 특별시장·광역시장·특별자치도지사·시장 또는 군수가 관리하며, 관리관청은 대통령령으로 정하는 바에 따라 수산자원보호구역의 토지 또는 공유수면의 이용실태를 조사한다.

수산자원보호구역 안에서의 '국토의 계획 및 이용에 관한 법률'에 따른 도시계획사업은 국방상 또는 공익상 수산자원보호구역에서의 사업 시행이 불가피한 것으로서 관계 중앙행정기관의 장의 요청에 따라 해양수산부장관이 수산자원보호구역의 지정목적 달성에 지장이 없다고 인정하는 사업에 한해 시행할 수 있다.

수산자원보호구역은 수산자원보호법에 의해 규제되며 규제내용은 대부분이 바다의 어업에 관한 것이다. 그러나 바닷가의 육지에도 수산자원보호구역으로 지정되어 관리되고 있다.

관련 법규

수산자원관리법 시행령

[별표 16] <개정 2021. 8. 3>

수산자원보호구역에서 할 수 있는 행위(제40조 제1항 관련)

1. 법 제52조 제2항 제1호에 따라 다음 각 목의 시설 등을 건축하는 행위

   가. 농업·임업·어업용으로 이용하는 건축물, 그 밖의 시설

   나. 농산물·임산물·수산물 가공공장과 농산물·임산물·수산물의 부산물 가공공장. 다만, '대기환경보전법', '소음·진동관리법' 또는 '물환경보전법'에 따라 배출시설의 허가를 받거나 신고를 해야 하는 경우에는 배출시설의 허가를 받거나 신고를 한 경우만 해당한다.

   다. '선박안전법' 제2조 제1호에 따른 선박의 길이가 40미터 미만인 선박을

건조 및 수리하는 조선소와 그 부대시설

2. 법 제52조 제2항 제2호에 따라 다음 각 목의 시설 등을 설치하는 행위
　가. '건축법 시행령' 별표 1 제1호의 단독주택.
　나. '건축법 시행령' 별표 1 제3호의 제1종 근린생활시설.
　다. '건축법 시행령' 별표 1 제4호의 제2종 근린생활시설 중 다음의 어느 하나
　　에 해당하는 것.
　　1) 자연환경보전지역 외의 지역에 건축하는 것(일반음식점의 경우에는 '하수
　　　도법' 제2조 제9호에 따른 공공하수처리시설로 하수처리를 하는 경우만 해당한
　　　다). 다만, '건축법 시행령' 별표 1 제4호 아목 및 너목에 해당하는 것과
　　　단란주점 및 안마시술소는 제외한다.
　　2) '건축법 시행령' 별표 1 제4호 나목의 종교집회장 및 같은 호 카목 중 학원.
　　3) '관광진흥법'에 따라 지정된 관광지 또는 관광단지와 '농어촌정비법'에
　　　따라 지정된 관광농원지역 안에 건축하는 바닥면적 660제곱미터 이하
　　　의 일반음식점.
　　4) 자연환경보전지역으로서 지목이 임야가 아닌 토지에 건축하는 바닥면
　　　적 330제곱미터 미만의 일반음식점('하수도법' 제2조 제9호에 따른 공공하
　　　수처리시설로 하수처리를 하는 경우만 해당한다)
　　5) '건축법 시행령' 별표 1 제4호파목의 시설
　라. '건축법 시행령' 별표 1 제5호 라목의 전시장(박물관, 산업전시장 및 박람회장
　　은 제외한다) 및 같은 호 마목의 동·식물원(동물원은 제외한다)에 해당하는 것.
　마. '건축법 시행령' 별표 1 제6호의 종교시설.
　바. '건축법 시행령' 별표 1 제9호의 의료시설.
　사. '건축법 시행령' 별표 1 제10호의 교육연구시설 중 유치원·초등학교·중학
　　교·고등학교·학원·도서관.
　아. '건축법 시행령' 별표 1 제11호 가목의 아동 관련 시설.
　자. '건축법 시행령' 별표 1 제12호 나목의 자연권 수련시설.
　차. '건축법 시행령' 별표 1 제13호의 운동시설.
　카. '건축법 시행령' 별표 1 제15호의 숙박시설 중 다음의 어느 하나에 해당하
　　는 시설(해당 용도에 쓰이는 건축물을 건폐율이 40퍼센트 이하이고 높이 21미터
　　이하로 건축하는 경우만 해당한다).

1) '관광진흥법'에 따라 지정된 관광지 또는 관광단지와 '농어촌정비법'에 따른 관광농원 안에 건축하는 숙박시설.

2) 자연환경보전지역 외의 지역에 건축하는 생활숙박시설.

타. '건축법 시행령' 별표 1 제18호의 창고시설(농업용 및 수산업용인 창고시설과 '선박안전법' 제2조 제2호에 따른 선박시설 또는 같은 조 제3호에 따른 선박용 물건을 저장하기 위한 창고시설만 해당한다).

파. '건축법 시행령' 별표 1 제21호의 동물 및 식물 관련 시설(동물 관련 시설의 경우에는 '가축분뇨의 관리 및 이용에 관한 법률'에 따른 허가 또는 신고대상 가축분뇨 배출시설에 해당하지 않는 것을 말한다).

하. '건축법 시행령' 별표 1 제26호의 묘지 관련 시설 중 같은 호 나목 및 다목에 해당하는 것.

거. '건축법 시행령' 별표 1 제27호의 관광 휴게시설 중 관망탑과 휴게소.

너. '국토의 계획 및 이용에 관한 법률 시행령' 별표 23에 따라 자연취락지구에서 건축할 수 있는 건축물(자연취락지구로 지정된 경우만 해당한다).

더. 공익시설 및 공공시설로서 다음의 어느 하나에 해당하는 시설.

1) 문화재관리 또는 해양홍보·교육을 위한 시설.

2) '습지보전법' 제12조에 따른 습지보전·이용시설.

3) 군사작전에 필요한 시설(레이더 기지, 진지, 초소) 및 예비군 운영에 필요한 시설.

4) '수산업협동조합법'에 따른 수산업협동조합(어촌계를 포함한다)의 공동구판장·하치장 및 창고.

5) 사회복지시설.

6) 환경오염방지시설.

7) 도로의 유지 및 관리를 위한 업무시설 및 창고.

러. '건축법 시행령' 별표 1 제28호의 장례시설.

머. '마리나항만의 조성 및 관리 등에 관한 법률 시행령' 제2조 제1호 라목의 계류시설.

버. 태양광 및 풍력 발전시설.

서. '관광진흥법 시행령' 제2조 제1항 제3호 다목의 야영장업을 위한 일반야영장 및 자동차야영장 중 '하수도법' 제2조 제9호의 공공하수처리시설로 하수처리를 하는 야영장.

어. '초·중등교육법' 제2조에 따른 학교가 폐교된 이후 폐교되기 전에 그 학교의 교육활동에 사용되던 시설 및 재산을 활용하여 지역경제 활성화 또는 주민생활의 질 제고를 위하여 설치되는 시설로서 다음의 어느 하나에 해당하는 시설.

    1) 유아, 청소년, 학생 및 주민 등의 학습을 주된 목적으로 하여 자연학습시설, 청소년수련시설, 도서관, 박물관, 야영장 등의 용도로 제공되는 시설.

    2) '사회복지사업법' 제2조 제1호에 따른 사회복지사업을 위한 용도로 제공되는 공간 및 시설.

    3) '문화예술진흥법' 제2조 제1항 제3호에 따른 문화시설.

    4) '체육시설의 설치·이용에 관한 법률' 제5조부터 제7조까지의 규정에 따른 체육시설.

    5) '건축법 시행령' 별표 1 제2호 라목의 기숙사.

3. 법 제52조 제2항 제3호에 따라 할 수 있는 행위

가. '산림자원의 조성 및 관리에 관한 법률' 또는 '산지관리법'에 따른 조림, 육림 및 임도의 설치

나. 문화재의 복원.

다. 제1호 및 제2호에 따른 건축물의 건축 또는 시설의 설치 및 경작을 위한 토지의 형질변경

라. 토지의 합병 및 분할.

마. 자연경관 또는 수산자원의 보호를 침해하지 않는 범위에서 도로 등 공공시설의 유지·보수, 적조 방지, 어장정화 및 농업에의 사용 등을 위하여 국가 또는 지방자치단체가 하는 토석의 채취.

바. 관계 행정기관의 동의 등을 받아서 하는 공유수면의 준설, 준설토를 버리는 장소의 조성 또는 골재의 채취와 지하자원의 개발을 위한 탐사 및 광물의 채광.

사. 해양 오염원 및 배출수가 발생하지 아니하는 농업이나 수산업을 위한 물건, '선박안전법' 제2조 제2호에 따른 선박시설 또는 같은 조 제3호에 다른 선박용 물건을 쌓아놓는 행위

아. 국가·지방자치단체, '공공기관의 운영에 관한 법률'에 따른 공공기관 중 공기업 및 준정부기관 또는 '지방공기업법'에 따른 지방공사가 도로구역·접도구역 또는 하천구역 안에서 시행하는 도로공사 또는 하천공사.

자. 통신선로설비, 안테나, 전주, 열공급시설, 송유시설, 수도공급설비 및 하수도의 설치.

차. 국가·지방자치단체, '공공기관의 운영에 관한 법률'에 따른 공공기관 중 공기업 및 준정부기관 또는 '지방공기업법'에 따른 지방공사가 도로공사 또는 하천공사 등 공공사업의 시행을 위하여 임시로 설치하는 현장사무소, 자재야적장 또는 아스팔트제조시설 등 해당 공사용 부대시설의 설치.

카. '연안관리법' 제2조 제4호에 따른 연안정비사업으로 설치하는 시설.

타. '어촌·어항법' 제2조 제5호 다목에 따른 어항편익시설의 설치. 다만, 같은 목 5)에 따른 생선횟집과 같은 목 6)에 따른 휴게시설은 '하수도법' 제2조 제9호에 따른 공공하수처리시설로 하수처리를 하는 경우에 설치할 수 있다.

개발밀도관리구역

'개발밀도관리구역'이란 개발로 인해 기반시설이 부족할 것으로 예상되나 기반시설을 설치하기 곤란한 지역을 대상으로 주거지역, 상업지역, 공업지역 등 기반시설의 수용능력이 부족할 것으로 예상되는 지역 중에서 건폐율, 용적률 등을 해당 용도지역에서 허용되는 수준보다 강화해 개발의 규모를 억제하기 위해 지정하는 구역이다. 개발밀도관리구역으로 지정되면, 최대한도의 건폐율, 용적률이 50% 범위 내에서 강화해 적용할 수 있다.

관련 법규

국토의 계획 및 이용에 관한 법률

제66조 개발밀도관리구역

① 특별시장·광역시장·특별자치시장·특별자치도지사·시장 또는 군수는 주거·상업 또는 공업지역에서의 개발행위로 기반시설(도시·군계획시설을 포함한다)의 처리·공급 또는 수용능력이 부족할 것으로 예상되는 지역 중 기반시설의 설치가 곤란한 지역을 개발밀도관리구역으로 지정할 수 있다.

② 특별시장·광역시장·특별자치시장·특별자치도지사·시장 또는 군수는 개발밀도관리구역에서는 대통령령으로 정하는 범위에서 제77조나 제78조에 따른 건폐율 또는 용적률을 강화하여 적용한다.

③ 특별시장·광역시장·특별자치시장·특별자치도지사·시장 또는 군수는 제1항에 따라 개발밀도관리구역을 지정하거나 변경하려면 다음 각 호의 사항을 포함하여 해당 지방자치단체에 설치된 지방도시계획위원회의 심의를 거쳐야 한다. <개정 2011. 4. 14>
  1. 개발밀도관리구역의 명칭.
  2. 개발밀도관리구역의 범위.
  3. 제77조나 제78조에 따른 건폐율 또는 용적률의 강화 범위.

④ 특별시장·광역시장·특별자치시장·특별자치도지사·시장 또는 군수는 제1항에 따라 개발밀도관리구역을 지정하거나 변경한 경우에는 그 사실을 대통령령으로 정하는 바에 따라 고시하여야 한다.

⑤ 개발밀도관리구역의 지정기준, 개발밀도관리구역의 관리 등에 관하여 필요한 사항은 대통령령으로 정하는 바에 따라 국토교통부장관이 정한다.

기반시설부담구역

'기반시설부담구역'이란 개발밀도관리구역 외의 지역으로서 개발로 인해 도로, 공원, 녹지 등 대통령령으로 정하는 기반시설의 설치가 필요한 지역을 대상으로 기반시설을 설치하거나 그에 필요한 용지를 확보하게 하기 위해 제67조에 따라 지정·고시하는 구역을 말한다.

따라서 당해 구역 안에서 개발행위자가 직접 기반시설을 설치하도록 하거나 기반시설 설치에 상응하는 비용을 납부하게 해서 추가적인 기반시설을 확보하기 위해 지정된다.

기반시설부담금구역은 개발행위허가를 받아야 하는 모든 지역에 적용되었던 기존의 기반시설부담금 제도와 달리, 난개발이나 투기로 인해 지가 상승이 우려되는 지역에 대해 지자체장이 기반시설부담구역을 선별 지정하므로 합리적인 기반시설 확보를 가능하게 한다.

'국토의 계획 및 이용에 관한 법률'에 의해 특별시장·광역시장 시장·군수는 기반시설부담구역 안에서 일정한 개발행위를 하는 자에 대해 기반시설을 설치하거나 그에 필요한 용지를 확보하도록 할 수 있으며, 규제의 투명화를 위해 기반시설부담구역의 지정·변경 시에는 반드시 주민 의견을 청취하고, 지방도시계획위원회의 심의를 거쳐 이를 고시하도록 하고 있다.

관련 법규

국토의 계획 및 이용에 관한 법률

제67조 기반시설부담구역의 지정

① 특별시장·광역시장·특별자치시장·특별자치도지사·시장 또는 군수는 다음 각 호의 어느 하나에 해당하는 지역에 대하여는 기반시설부담구역으로 지정하여 야 한다. 다만, 개발행위가 집중되어 특별시장·광역시장·특별자치시장·특별자치도지사·시장 또는 군수가 해당 지역의 계획적 관리를 위하여 필요하다고 인정하면 다음 각 호에 해당하지 아니하는 경우라도 기반시설부담구역으로 지정할 수 있다.

1. 이 법 또는 다른 법령의 제정·개정으로 인하여 행위 제한이 완화되거나 해 제되는 지역

2. 이 법 또는 다른 법령에 따라 지정된 용도지역 등이 변경되거나 해제되어 행위 제한이 완화되는 지역

3. 개발행위허가 현황 및 인구증가율 등을 고려하여 대통령령으로 정하는 지역

② 특별시장·광역시장·특별자치시장·특별자치도지사·시장 또는 군수는 기반시 설부담구역을 지정 또는 변경하려면 주민의 의견을 들어야 하며, 해당 지방자 치단체에 설치된 지방도시계획위원회의 심의를 거쳐 대통령령으로 정하는 바 에 따라 이를 고시하여야 한다.

③ 삭제 <2011. 4. 14>

④ 특별시장·광역시장·특별자치시장·특별자치도지사·시장 또는 군수는 제2항 에 따라 기반시설부담구역이 지정되면 대통령령으로 정하는 바에 따라 기반 시설설치계획을 수립하여야 하며, 이를 도시·군 관리계획에 반영하여야 한다. <개정 2011. 4. 14>

⑤ 기반시설부담구역의 지정기준 등에 관하여 필요한 사항은 대통령령으로 정하 는 바에 따라 국토교통부장관이 정한다.

지구단위계획구역

지구단위계획은 2003년 국토이용관리법과 도시계획법을 통합해 만든 국토의 계획 및 이용에 관한 법률에서 만들었다. 원래 지구단위계획은 도시관리계획의 방법 중 하나로, 도시계획을 미리 결정해 개발계획을 구체화하는 데 목적이 있다. 개발의 방법 중 하나가 지구단위계획이기에 지구단위계획구역으로 지정이 된 상태라면 조만간 개발이 가시화될 입지로 보면 된다.

지구단위계획으로 지정되어 있다면, 토지별로 적용되는 행위제한보다는 필지별로 행위제한을 하는 것으로 용도지역의 적용이 아닌 지구단위계획을 우선 적용해야 한다. 지구단위계획구역은 한마디로 말하면, 사람이 살아가기 위해서는 쾌적한 주거환경, 즉 기반시설이 필요한데, 건축법으로 용도지역에 의해 필지별로 관리하기에는 기반시설을 만드는 것에는 한계가 있다. 따라서 필지별로 개발을 허가하는 것을 지역별로 개발하며, 필요한 기반시설도 개발업자가 같이 개발하게 하는 방식이다. 결국 어느 한 지역을 개발하고자 할 때 사람이 거주하기 쾌적한 주거환경 및 기반시설의 설치(도로의 너비, 공원, 학교, 녹지공간 등)를 위한 조건으로 전체적인 기반시설도 함께 개발계획을 세운 후 허가하는 방식이다. 따라서 개발업자의 기반시설 경비를 보완해주는 방법으로 용도지역을 상향해주기도 한다.

예를 들어 제1종 일반주거지역을 제2종 일반주거지역으로 바꾸어 아파트를 건축해 건축업자의 경비를 지원하게 된다. 지구단위에 의해 인센티브를 받아 개발계획이 결정된 토지는 그 토지의 지목을 변경해 개발할 수 없다. 지구단위계획구역으로 지정이 되었다면 도시기반시설이나 도시계획도로 편입 여부 등에 대한 자세한 사항을 해당 도시과에서 반드시 확인해야 한다. 다음은 지구단위계획의 법규와 필자의 수강생이 필자에게 보낸 내용을 독자 여러분들도 이해할 수 있도록 수록했다. 또한 지구단위계획에 의한 종교용지의 개발에 관한 실전 사례도 첨부했다. 타 법률에 의하지 아니하고 주민들의 지구단위계획은 수립 후 5년 이내에 착공하지 않으면 실효된다. 따라서 독자 여러분들이 지구단위구역에 투자할 때는 타 법률에 의한 지구단위계획인지, 아니면 확실한 시행자의 지구단위계획인지를 확인한 후 투자를 결정해야 한다.

관련 법규

국토의 계획 및 이용에 관한 법률

제51조 지구단위계획구역의 지정 등

① 국토교통부장관, 시·도지사, 시장 또는 군수는 다음 각 호의 어느 하나에 해당하는 지역의 전부 또는 일부에 대하여 지구단위계획구역을 지정할 수 있다.

1. 제37조에 따라 지정된 용도지구
2. '도시개발법' 제3조에 따라 지정된 도시개발구역
3. '도시 및 주거환경정비법' 제8조에 따라 지정된 정비구역
4. '택지개발촉진법' 제3조에 따라 지정된 택지개발지구
5. '주택법' 제15조에 따른 대지조성사업지구
6. '산업입지 및 개발에 관한 법률' 제2조 제8호의 산업단지와 같은 조 제12호의 준산업단지
7. '관광진흥법' 제52조에 따라 지정된 관광단지와 같은 법 제70조에 따라 지정된 관광특구
8. 개발제한구역·도시자연공원구역·시가화조정구역 또는 공원에서 해제되는 구역, 녹지지역에서 주거·상업·공업지역으로 변경되는 구역과 새로 도시지역으로 편입되는 구역 중 계획적인 개발 또는 관리가 필요한 지역

8의 2. 도시지역 내 주거·상업·업무 등의 기능을 결합하는 등 복합적인 토지 이용을 증진시킬 필요가 있는 지역으로서 대통령령으로 정하는 요건에 해당하는 지역

8의 3. 도시지역 내 유휴 토지를 효율적으로 개발하거나 교정시설, 군사시설, 그 밖에 대통령령으로 정하는 시설을 이전 또는 재배치하여 토지 이용을 합리화하고, 그 기능을 증진시키기 위하여 집중적으로 정비가 필요한 지역으로서 대통령령으로 정하는 요건에 해당하는 지역

9. 도시지역의 체계적·계획적인 관리 또는 개발이 필요한 지역

10. 그 밖에 양호한 환경의 확보나 기능 및 미관의 증진 등을 위하여 필요한 지역으로서 대통령령으로 정하는 지역

② 국토교통부장관, 시·도지사, 시장 또는 군수는 다음 각 호의 어느 하나에 해당하는 지역은 지구단위계획구역으로 지정하여야 한다. 다만, 관계 법률에 따라 그 지역에 토지 이용과 건축에 관한 계획이 수립되어 있는 경우에는 그러하지 아니하다.

1. 제1항 제3호 및 제4호의 지역에서 시행되는 사업이 끝난 후 10년이 지난 지역

2. 제1항 각 호 중 체계적·계획적인 개발 또는 관리가 필요한 지역으로서 대통령령으로 정하는 지역

③ 도시지역 외의 지역을 지구단위계획구역으로 지정하려는 경우 다음 각 호의 어느 하나에 해당하여야 한다. <개정 2011. 4. 14>

1. 지정하려는 구역 면적의 100분의 50 이상이 제36조에 따라 지정된 계획관리지역으로서 대통령령으로 정하는 요건에 해당하는 지역

2. 제37조에 따라 지정된 개발진흥지구로서 대통령령으로 정하는 요건에 해당하는 지역

3. 제37조에 따라 지정된 용도지구를 폐지하고 그 용도지구에서의 행위 제한 등을 지구단위계획으로 대체하려는 지역

국토의 계획 및 이용에 관한 법률

제53조 지구단위계획구역의 지정 및 지구단위계획에 관한 도시·군관리계획결정의 실효 등

① 지구단위계획구역의 지정에 관한 도시·군관리계획결정의 고시일부터 3년 이내에 그 지구단위계획구역에 관한 지구단위계획이 결정·고시되지 아니하면 그 3년이 되는 날의 다음 날에 그 지구단위계획구역의 지정에 관한 도시·군관리계획결정은 효력을 잃는다. 다만, 다른 법률에서 지구단위계획의 결정(결정된 것으로 보는 경우를 포함한다)에 관하여 따로 정한 경우에는 그 법률에 따라 지구단위계획을 결정할 때까지 지구단위계획구역의 지정은 그 효력을 유지한다.

② 지구단위계획(제26조 제1항에 따라 주민이 입안을 제안한 것에 한정한다)에 관한 도시·군관리계획결정의 고시일부터 5년 이내에 이 법 또는 다른 법률에 따라 허가·인가·승인 등을 받아 사업이나 공사에 착수하지 아니하면 그 5년이 된 날의 다음 날에 그 지구단위계획에 관한 도시·군관리계획결정은 효력을 잃는다. 이 경우 지구단위계획과 관련한 도시·군관리계획결정에 관한 사항은 해당 지구단위계획구역 지정 당시의 도시·군관리계획으로 환원된 것으로 본다. <신설 2015. 8. 11>

③ 국토교통부장관, 시·도지사, 시장 또는 군수는 제1항 및 제2항에 따른 지구단위계획구역 지정 및 지구단위계획 결정이 효력을 잃으면 대통령령으로 정하는 바에 따라 지체 없이 그 사실을 고시하여야 한다.

이 사건은 건설업자가 지구단위계획에 의해 개발허가 당시 다음의 토지를 공원용지로 기부채납 하기로 하고 건설하다 기부채납 하지 못하고 부도가 나자 건설업자 이름으로 되어 있는 토지가 경매로 나온 것이다. 용도지역은 3종 일반주거지역이나 지구 단위에 의해 공원으로 결정되었기에 용도변경이 되지 않는 토지다.

2013 타경 21583 (임의)	물번4 [배당종결] ⌄		매각기일 : 2014-10-17 10:00~ (금)		경매6계 052-228-8266
소재지	경상남도 양산시 소주동 ▒▒-▒▒				
용도	답	채권자	경○○○	감정가	371,570,000원
토지면적	1560㎡ (471.9평)	채무자	진○○	최저가	(64%) 237,805,000원
건물면적		소유자	주○○○○○○○○○○○○○	보증금	(10%)23,780,500원
제시외	제외 : 17㎡ (5.14평)	매각대상	토지만매각	청구금액	1,000,000,000원
입찰방법	기일입찰	배당종기일	2014-02-17	개시결정	2013-11-26

기일현황. ▾간략보기

회차	매각기일	최저매각금액	결과
	2014-06-18	380,350,000원	변경
신건	2014-08-21	371,570,000원	유찰
2차	2014-09-25	297,256,000원	유찰
3차	2014-10-17	237,805,000원	매각
이○○○/입찰1명/낙찰271,500,000원(73%)			
	2014-10-24	매각결정기일	허가
	2014-11-21	대금지급기한 납부 (2014.11.18)	납부
	2015-01-26	배당기일	완료
배당종결된 사건입니다.			

? 물건현황/토지이용계획	? 면적(단위:㎡)	? 임차인/대항력여부	? 등기사항/소멸여부
▒▒리버타운아파트 동측 및 북동측 인근에 위치 주위는 아파트단지, 소규모 공장, 창고시설, 나대지 등 본건 토지의 인근에 시내버스정류장이 소재하며, 동측으로 직선거리 500M 정도의 거리에 7번국도(황복4차선 : 부산 노포동-울산 무거동 구간)이 지나고 있음 남동하향의 완경사지대의 사다리꼴 토지 남서측으로 폭 약 8M 정도의 아스팔트포장도로에 접함 제3종일반주거지역(소주동 ▒▒▒-▒▒▒) 🔲 개정농지법 🔲 부동산 통합정보 이용 🔲 감정평가서	[토지] 소주동 ▒▒▒-▒▒▒ 답 제3종일반주거지역 1560㎡ (471.9평) 현황"도로부지" [제시외] 소주동 ▒▒▒-▒▒▒ 단층 파고라 제외 8.5㎡ (2.57평) 목재기둥목재지붕 소주동 ▒▒▒-▒▒▒ 단층 파고라 제외 8.5㎡ (2.57평) 목재기둥목재지붕	배당종기일: 2014-02-17 - 매각물건명세서상 조사된 임차내역이 없습니다 🔲 매각물건명세서 🔲 예상배당표	소유권 이전 1996-10-21 토지 장○○ 매매 (근)저당 토지소멸기준 1998-09-17 토지 경○○ 5,200,000,000원 (근)저당 소멸 1998-09-17 토지 경○○ 6,000,000,000원 가압류 소멸 2000-07-07 토지 신○○ 500,000,000원 압류 소멸 2000-10-31 토지 근○○○ (징수6508-26304) 압류 소멸 2001-09-24 토지 울○○○○ (지방세13410-3049) 압류 소멸 2007-02-07 토지 양○ (세무과-070205) 임의경매 소멸 2013-11-26 토지 경○○ 청구 : 1,000,000,000원

? 감정평가현황 ▒▒▒▒감정

가격시점	2014-06-27
감정가	371,570,000원
토지	(100%) 371,570,000원
제시외제외	(1.6%) 5,950,000원

수신 : 이종실교수님
발신 : 부산교육대학 부동산개발 최고경영자과정

토지소재지 : 경남 양산시
지목 : 답
면적 : 1560㎡

상기 토지를 2014년 11월 18일 임의경매를 통하여 취득을 하였는데 현재 이 토지는 토지이용계획상 어린이공원으로 지정되어 있는 상황입니다.
상기 토지는 현재 경남 양산시   소재 ■■■리버타원 아파트의 아파트공원으로 사용되고 있어 관할청인 양산시에 대책방안을 마련해주길 요청하였으나 양산시에서는 개인사유재산에 대한 권리주장도 못하게 하면서 다른 어떠한 대책도 내주지 않고 있는 실정입니다.
양산시는 해당토지가 기부채납이 되었어야 하나 시행자의 부도로 완료가 되지 않았고 그에 따른 도시계획시설 인가기간의 경과에 따른 법적효력 등을 검토해야 한다는 답변만을 해왔습니다.

위 사항에 대하여 질의사항이 있어 질의드립니다.

1. 사유지인 어린이공원의 경우 토지이용계획상 어린이공원을 해제할 수 있는 방법이 있는지?

2. 토지이용계획상 어린이공원 해제가 안될 경우 다른 좋은 방법이 있는지?

첨부 : 1. 관련공문일체
       2. 토지이용계획확인원

문서번호 : 신해 제16 -♂호   2016. 06. 30
수   신 : 양산시장

경   유 :
창   조 : 도시계획과
제   목 : 소주동   어린이공원 부지 관련 대책마련 요청건

1. 귀 시의 무궁한 발전을 기원합니다.

2. 당사는 경남 양산시 소주동   !지 토지를 공유자 이동직과 각 지분 2분의1로 하여 2014년 11월 18일 임의경매를 통하여 취득을 하였으며, 현재 이 토지는 어린이공원으로 지정되어 있습니다.

3. 경남 양산시 소주동   지 토지는 현재 ████리버타운 아파트에서 ████리버공원이라는 이름까지 붙여놓고 아파트공원으로 사용하고 있는 바, 개인소유의 토지를 어린이공원으로 지정해놓고 아파트공원으로 사용하도록 하는 것은 사유재산 침해에 해당된다고 볼 수 있을 것입니다.

4. 귀 시에서는 해당토지를 ████리버타운 아파트의 아파트공원으로 계속 사용하도록 해야한다면 당사와 토지공유자가 개인사유재산의 피해를 입지 않도록 방안을 마련하여 주시길 간곡히 요청드리오니 검토 후 빠른 회신부탁드립니다.

5. 만약 귀 시에서 어떠한 대책도 나오지 않을 경우 당사와 토지공동소유자 이동직은 개인사유재산 보호를 위한 조치를 취할 수 밖에 없음을 알려드립니다.

─ '회사 대표이사

양 산 시

수신   귀하

(경유)

제목 소주동 █████ 어린이공원 부지 관련 대책마련 요청에 대한 회신

　　1. 귀 사의 무궁한 발전을 기원합니다.

　　2. 신해 제16-8(2016.6.30.)호와 관련하여 우리 시 소주동 1███ 번지 어린이
공원 부지 관련 대책 마련 요청 건에 대하여 다음과 같이 회신합니다.

　　　○ 해당 어린이공원은 1997년 주택건설사업승인 시 주택건설사업에 포함된
공원조성사업으로 개발사업 시행자 ████ ?████ 금으로 매입 및 조성 후 양산시에
인계하여야하나 시행자의 부도로 완료되지 못한 상황입니다.

　　　○ 기부채납 되어야 할 공원의 매입(조성)에 대해서는 시행자 부도로 인한
도시계획시설 인가 기간의 경과에 따른 법적효력 등 장기적으로 검토할 사항임을 알려
드리며, 인근 주민이 휴식 공간으로 사용할 수 있도록 협조바랍니다. 끝.

양 산 시

주무관 ████　　　공원조성담당 ████　　　과장 ████████　　전결 2016. 7. 19.

협조자

시행　공원과-6677　　　(2016. 7. 19.)　　　접수

우 50624　　경상남도 양산시 중앙로 39, 양산시청　　　/ http://www.yangsan.go.kr

전화번호 055-392-████　　팩스번호 055-392-████　　/ ████@korea.kr　　　/ 비공개(5)

문서번호 : 신해 제16 -/0 호   2016. 08. 02

수   신 : 양산시장

경   유 :

참   조 : 공원과

제   목 : 양산시 공원과-6677 공문에 대한 회신

1. 귀 시의 무궁한 발전을 기원합니다.

2. 해당 어린이 공원이 기부채납이 되었어야 하나 시행자의 부도로 인계되지 못한 것은 안타까운 일이지만 당사가 이 토지를 경매로 낙찰받기 전의 일이므로 당사와는 무관한 일이라 할 것이며 귀 시에서 기부채납 문제 등에 대하여 문제제기를 하려면 해당토지의 경매낙찰이 이루어지기전에 이러한 사항을 검토하여 처리를 하였어야 할 사항으로 사료됩니다.

3. 당사는 적법한 경매절차를 통하여 정당하게 이 토지를 취득을 하였고 토지소유에 대한 세금도 모두 납부를 하고 있는바, 사유재산을 ▒▒▒리버타운 아파트의 아파트공원으로 사용하도록 협조하라는 귀 시의 답변에 당사의 실망감은 이루말할 수 없습니다.

4. 당사는 다시 한번 당사와 토지공유자가 개인사유재산의 피해를 입지 않도록 방안을 마련해 주시길 간곡히 요청드리오니 검토 부탁드립니다.

5. 만약 귀 시에서 계속하여 어떠한 대책도 나오지 않을 경우 당사와 토지공동소유자 이동직은 개인사유재산 보호를 위하여 조치를 취할 수 밖에 없음을 알려드립니다.

''▒▒▒가건설 주식회사 대표이사 이 상 ▒▒

양 산 시

수신   주식회사 귀하

(경유)

제목 「양산시 공원과-6677 공문에 대한 회신」건에 대한 회신

　　1. 귀 사의 무궁한 발전을 기원합니다.

　　2. 신해 제16-10(2016.8.2.)호와 관련하여 우리 시 소주동 ▨▨▨▨번지 어린이 공원 부지 관련 대책 마련 요청 건에 대하여 다음과 같이 회신합니다.

　　　　○ 기 회신한 공원과-6677(2016.7.19.)호와 같이 해당 어린이공원은 1997년 주택건설사업승인 시 주택건설사업을 통해 조성완료 후 기부채납 되어야 하나 시행자 의 부도로 완료되지 못하였습니다. 그에 따른 공원의 매입(조성)에 대해서는 관련법에 따른 법적효력 등 장기적으로 검토할 사항임을 알려드립니다. 끝.

양 산 시

주무관 ▨▨▨　　공원조성담당 ▨▨▨　　과장 ▨▨▨　　전결 2016. 8. 22.

협조자

시행 공원과-8008　　　(2016. 8. 22.)　　　접수

우 50624　경상남도 양산시 중앙로 39, 양산시청　　　　/ http://www.yangsan.go.kr

전화번호 055-392-▨▨▨　팩스번호 055-392-▨▨▨　/ ▨▨@korea.kr　　/ 비공개(5)

다음은 양산시와 비슷하지만 조금 다르다. 평택시에서 원래 있던 곳은 수용하며, 집단 이주시키기 위해 지구단위구역을 만들어 수용당하는 주민들에게 특별 분양했다. 수용 당시 교회가 있었으므로 종교용지로 사용 용도를 제한해 종교용 건물밖에 건축할 수 없게 되어 토지의 효율성이 떨어져 경매가 진행되어도 낙찰자가 없는 것이었다. 이때는 수용당하는 교회에서 지구단위계획 때 종교용지로 하지 말고, 일반택지로 지정해달라고 했다면 결과는 달라질 수 있었다.

2012 타경 18593 (임의)		매각기일 : 2013-12-02 10:00~ (월)		경매5계 031-650-3154	
소재지	(451-803) 경기도 평택시 팽성읍 남산리 ▓▓▓				사건접수 2012-12-05
물건종별	기타	채권자	부천농업협동조합	감정가	613,134,000원
토지면적	1332,9㎡ (403,2평)	채무자	○○○	최저가	(41%) 251,140,000원
건물면적		소유자	○○○	보증금	(10%)25,114,000원
제시외면적		매각대상	토지매각	청구금액	349,942,779원
입찰방법	기일입찰	배당종기일	2013-02-25	개시결정	2012-12-06

기일현황

회차	매각기일	최저매각금액	결과
신건	2013-07-08	613,134,000원	유찰
2차	2013-08-19	490,507,000원	유찰
3차	2013-09-23	392,406,000원	유찰
4차	2013-10-28	313,925,000원	유찰
5차	2013-12-02	251,140,000원	취하

최종기일 결과 이후 취하된 사건입니다.

▶ 건물현황	▶ 토지현황	▶ 임차인/대항력여부	▶ 등기부/소멸여부
[건물목록] **[건물기타현황]** -	**[토지목록]** 남산리 ▦▦▦▦ [종교용지] 계획관리지역 : 1,332.9㎡㎡(403.2평) 표준지가 : 220,000원 단가㎡ : 460,000원 금액 : 613,134,000원 🔍 **토지이용계획/공시지가** 🔍 **부동산정보 통합열람** **[토지기타현황]** - 남산이주단지 내에 위치 - 일대는 비교적 신축된 단독주택 및 나대지 등이 혼재 근교 주거지대임 - 45번국도 남동측 직선거리 약250미터 지점에 위치한 지역 본건까지 차량출입용이 인근에 버스정류장이 소재 제반 교통여건은 보통임 - 제형에 유사한 토지 나대지 상태임 - 동측 폭8미터의 포장도로에 접합 **[비고]** 🔍 **감정평가서** **[감정평가]**	배당종기일 : 2013-02-25 - 매각물건명세서상 조사된 임차내역이 없습니다 🔍 **매각물건명세서**	**소유권** 2009-10-09 토지 국 보존 **소유권** 2010-09-29 토지 대한예수교장로회▦▦▦▦ (거래가) 381,209,400원 매매 **(근)저당** 2010-09-29 토지 부천농업협동조합 406,000,000원 **지상권** 2010-09-29 토지 부천농업협동조합 **(근)저당** 2011-09-19 토지 부천농업협동조합 63,000,000원 **임의경매** 2012-12-06 토지 부천농업협동조합 청구 : 349,942,779원 2012타경18593(허위) ▷ 채권총액 : 469,000,000원 🔍 **등기부등본열람** 토지열람 : 2012-12-17

감정평가현황	▦▦ 감정
가격시점	2012-12-19
감정가	613,134,000원
토지	(100%) 613,134,000원

소재지	경기도 평택시 팽성읍 남산리 ▮▮▮번지			
지목	종교용지 ❓		면적	1,332.9 ㎡
개별공시지가(㎡당)	469,100원 (2022/01) 연도별보기			
지역지구등 지정여부	「국토의 계획 및 이용에 관한 법률」에 따른 지역·지구등	계획관리지역 , 주거개발진흥지구 , 지구단위계획구역(지구내 시설변경 : 2009.4.20) , 소로2류(폭 8m~10m)(접합)		
	다른 법령 등에 따른 지역·지구등	가축사육제한구역(2022-01-26)(일부제한 300m 이내 - 전 축종 제한)<가축분뇨의 관리 및 이용에 관한 법률>, 비행안전제5구역(전술)<군사기지 및 군사시설 보호법>		
	「토지이용규제 기본법 시행령」 제9조 제4항 각 호에 해당되는 사항			

도면 범례:
- 계획관리지역
- 농림지역
- 주거개발진흥지구
- 지구단위계획구역
- 농업진흥구역
- 완충녹지
- 법정동
- 보행자전용도로
- 소로2류(폭 8m~10m)

□ 작은글씨확대   축척 1 / 1200   변경   도면크게보기

도시개발구역

계획적인 도시개발이 필요한 지역에 도시개발구역을 지정할 수 있다. 이러한 도시개발구역 내에서 주거·상업·산업·유통·정보통신·생태·문화·보건 및 복지 등의 기능이 있는 새로운 단지 또는 신시가지를 조성하기 위해 시행하는 사업을 '도시개발사업'이라고 한다. 국토의 계획 및 이용에 관한 법률에 의하면, 도시개발사업은 도시계획시설사업, 정비사업과 함께 도시계획 사업의 하나라고 정의하고 있다.

소재지	경기도 평택시 동삭동 ▓▓▓ ▓▓번지		
지목	대 ❓	면적	284 ㎡
개별공시지가(㎡당)	382,000원 (2016/01) 연도별보기		
지역지구등 지정여부	「국토의 계획 및 이용에 관한 법률」에 따른 지역·지구등	제1종일반주거지역 , 지구단위계획구역(모산영신지구(도시개발과:8024-4031)) , 소로1류(폭 10m~12m)(저촉) , 소로2류(폭 8m~10m)(저촉)		
	다른 법령 등에 따른 지역·지구등	가축사육제한구역(2022-01-26)(전부제한구역)<가축분뇨의 관리 및 이용에 관한 법률> , 상대보호구역(모산영신지구유치원3(교육지원청 문의))<교육환경 보호에 관한 법률> , 도시개발구역(2010.5.24)<도시개발법>		
「토지이용규제 기본법 시행령」 제9조 제4항 각 호에 해당되는 사항			

도시개발사업은 도시개발법에 근거를 두고 시행된다. 도시개발구역은 특별시장·광역시장·도지사·특별자치도지사·자치구가 아닌 구가 설치된 시의 시장(대도시 시장)이 지정하며, 도시개발구역의 면적이 1,000,000㎡ 이상일 경우 국토교통부장관의 승인을 받아야 한다. 또한 규정에 의해 필요한 경우에는 국토교통부장관이 직접 지정할 수도 있다.

도시개발구역이 지정·고시된 경우 해당 도시개발구역은 '국토의 계획 및 이용에 관한 법률'에 따른 도시지역과 지구단위계획구역으로 결정되어 고시된 것으로 본다. 도시개발사업은 시행자가 도시개발구역의 토지 등을 수용 또는 사용하는 방식, 환지방식 또는 이를 혼용하는 방식으로 시행할 수 있다.

도시개발사업을 촉진하고 도시계획시설사업의 설치지원 등을 위해 지방자치단체는 일반회계 전입금, 정부보조금, 도시개발채권 발행 자금, 시·도에 귀속되는 과밀부담금 일부 등의 재원으로 도시개발특별회계를 설치할 수 있다. 또한, 도시개발사업 시행에 드는 비용은 규정에 따라 일부를 국고에서 보조하거나 융자할 수 있고, 시행자가 행정청일 경우 전액을 보조하거나 융자할 수 있다.

■ 단일목적의 택지조성을 위한 일단의 주택지조성사업, 공업용지 조성사업, 대지조성사업과 '토지구획정리사업법'에 의한 토지구획정리사업의 상호 간 조성목적의 중복 및 시행절차의 미비 등의 문제를 해결하기 위해 2000년 7월, '도시계획법'의 전면 개정과 함께 '도시계획법'상 도시개발사업부문(주택지조성사업, 공업용지 조성사업, 대지조성사업)과 '토지구획정리사업법'을 통합해 '도시개발법'(도시개발사업)이 제정되었다.

■ 도시개발구역의 지정 가능 대상지역 및 규모 기준
　1. 도시지역 안
　　(가) 주거지역 및 상업지역 : 10,000㎡ 이상
　　(나) 공업지역 : 30,000㎡ 이상
　　(다) 자연녹지지역 : 10,000㎡ 이상
　　(라) 생산녹지지역 : 10,000㎡ 이상(생산녹지지역이 도시개발구역 지정면적의 30/100 이하인 경우만)
　2. 도시지역 외의 지역은 300,000㎡ 이상(공동주택 중 아파트 또는 연립주택의 건설계획이 포함되는 경우로서 도시개발법 시행령 제2조 제3항 각 호의 요건을 모두 갖춘 경우에는 200,000㎡ 이상)
　3. 광역도시계획 또는 도시기본계획에 의하여 개발이 가능한 용도로 지정 자연녹지지역, 생산녹지지역 및 도시지역 외의 지역에 한하여 국토교통부장관이 정하는 기준에 따라 지정 가능
　4. 광역도시계획 및 도시기본계획이 수립되지 아니한 지역의 경우에는 자연녹지지역 및 계획관리지역에 한하여 지정 가능
　5. 지정권자가 계획적인 도시개발이 필요하다고 인정하는 다음의

경우에는 규모 제한을 적용하지 않고 지정 가능

(가) 취락지구 또는 개발진흥지구로 지정된 지역

(나) 지구단위계획구역으로 지정된 지역

(다) 국토교통부장관이 국가균형발전을 위하여 관계 중앙행정
기관의 장과 협의하여 도시개발구역으로 지정하고자 하
는 지역(자연환경보전지역은 제외)

정비구역

노후 지역을 재개발·재건축을 통해 계획적으로 정비하기 위해 '도시
및 주거환경정비법'에 따라 지방자치단체가 지정 고시한 구역을 말한
다. 정비구역으로 지정되어야 추진위원회 구성, 조합 설립 등 재개발·
재건축을 시작할 수 있다. 정비사업을 계획적으로 시행하기 위해 '도시
및 주거환경정비법'에 따라 지정, 고시한 구역을 말한다. 정비사업은
도시기능을 회복시키기 위해 구역 안에서 정비기반시설을 정비하고,
주택 등 건축물을 개량하거나 건설하는 주거환경개선사업, 주택재개발
사업, 주택재건축사업 및 도시환경정비사업이 있다.

정비사업은 산업화, 도시화 과정에서 대량 공급한 노후, 불량주택을
체계적, 효율적으로 정비하기 위해 도시개발법, 도시저소득주민의 주
거환경개선을 위한 임시조치법 및 주택건설촉진법 중 재건축 관련 규
정을 통합한 도시 및 주거환경정비법을 제정(2002. 12. 30)하면서 도입한
제도다.

정비구역은 도시, 주거환경정비기본계획에 적합한 범위 안에서 노

후, 불량건축물이 밀집하는 등 일정한 요건에 해당하는 구역을 대상으로 시·도지사 또는 대도시 시장(서울특별시와 광역시를 제외한 인구 50만 이상 대도시의 시장)이 지정하며, 정비구역의 지정에 관한 고시가 있으면 그 정비계획과 정비구역은 제1종 지구단위계획과 제1종 지구단위계획구역으로 결정, 고시된 것으로 본다.

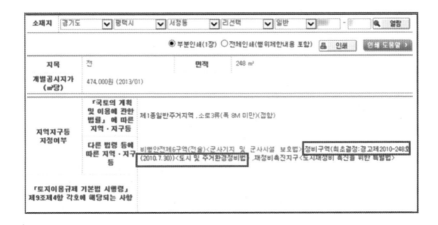

관련 법규

도시 및 주거환경정비법

제4조 도시·주거환경정비기본계획의 수립

① 특별시장·광역시장·특별자치시장·특별자치도지사 또는 시장은 관할 구역에 대하여 도시·주거환경정비기본계획을 10년 단위로 수립하여야 한다. 다만, 도지사가 대도시가 아닌 시로서 기본계획을 수립할 필요가 없다고 인정하는 시에 대하여는 기본계획을 수립하지 아니할 수 있다.

② 특별시장·광역시장·특별자치시장·특별자치도지사 또는 시장은 기본계획에 대하여 5년마다 타당성을 검토하여 그 결과를 기본계획에 반영하여야 한다. <개정 2020. 6. 9.>

제9조 정비계획의 내용

① 정비계획에는 다음 각 호의 사항이 포함되어야 한다. <개정 2021. 4. 13>

  1. 정비사업의 명칭

  2. 정비구역 및 그 면적

  3. 도시·군계획시설의 설치에 관한 계획

  4. 공동이용시설 설치계획

  5. 건축물의 주 용도·건폐율·용적률·높이에 관한 계획

  6. 환경보전 및 재난방지에 관한 계획

  7. 정비구역 주변의 교육환경 보호에 관한 계획

  8. 세입자 주거대책

  9. 정비사업시행 예정시기

  10. 정비사업을 통하여 공공지원민간임대주택을 공급하거나 같은 조 제11호에 따른 주택임대관리업자에게 임대할 목적으로 주택을 위탁하려는 경우에는 다음 각 목의 사항. 다만, 나목과 다목의 사항은 건설하는 주택 전체 세대수에서 공공지원민간임대주택 또는 임대할 목적으로 주택임대관리업자에게 위탁하려는 주택이 차지하는 비율이 100분의 20 이상, 임대기간이 8년 이상의 범위 등에서 대통령령으로 정하는 요건에 해당하는 경우로 한정한다.

    가. 공공지원민간임대주택 또는 임대관리 위탁주택에 관한 획지별 토지이용 계획

    나. 주거·상업·업무 등의 기능을 결합하는 등 복합적인 토지 이용을 증진시키기 위하여 필요한 건축물의 용도에 관한 계획

    다. '국토의 계획 및 이용에 관한 법률' 제36조 제1항 제1호 가목에 따른 주거지역을 세분 또는 변경하는 계획과 용적률에 관한 사항

    라. 그 밖에 공공지원민간임대주택 또는 임대관리 위탁주택의 원활한 공급 등을 위하여 대통령령으로 정하는 사항

  11. '국토의 계획 및 이용에 관한 법률' 제52조 제1항 각 호의 사항에 관한 계획

  12. 그 밖에 정비사업의 시행을 위하여 필요한 사항으로서 대통령령으로 정하는 사항

② 제1항 제10호 다목을 포함하는 정비계획은 기본계획에서 정하는 제5조 제1항 제11호에 따른 건폐율·용적률 등에 관한 건축물의 밀도계획에도 불구하고 달리 입안할 수 있다.

③ 제8조 제4항 및 제5항에 따라 정비계획을 입안하는 특별자치시장, 특별자치도지사, 시장, 군수 또는 구청장 등이 제5조 제2항 각 호의 사항을 포함하여 기본계획을 수립한 지역에서 정비계획을 입안하는 경우에는 그 정비구역을 포함한 해당 생활권에 대하여 같은 항 각 호의 사항에 대한 세부 계획을 입안할 수 있다.

④ 정비계획의 작성기준 및 작성방법은 국토교통부장관이 정하여 고시한다.

재정비 촉진지구

재개발이란 도시의 노후화된 주거밀집지역의 주택을 개량하며, 주거를 위한 기반시설의 설치를 함으로써 생활여건을 개선하는 사업이다. 시장, 도지사는 구역 안의 건축물이 노후 또는 불량해 그 기능을 다할 수 없거나 건축물이 과도하게 밀집되어 있어 그 구역 안 토지의 합리적인 이용과 가치의 증진을 도모하기 곤란할 때 지정하게 된다.

소재지	대구광역시 동구 신암동 ▒▒▒▒▒		
지목	대 ❓	면적	126 m²
개별공시지가(m²당)	901,400원 (2022/01) 연도별보기		
지역지구등 지정여부	「국토의 계획 및 이용에 관한 법률」에 따른 지역·지구등	제3종일반주거지역 , 지구단위계획구역	
	다른 법령 등에 따른 지역·지구등	가축사육제한구역<가축분뇨의 관리 및 이용에 관한 법률>, 상대보호구역<교육환경 보호에 관한 법률>, 비행안전제6구역(전술)<군사기지 및 군사시설 보호법>, 재정비촉진지구<도시재정비 촉진을 위한 특별법>	
「토지이용규제 기본법 시행령」 제9조 제4항 각 호에 해당되는 사항			

관련 법규

도시재정비 촉진을 위한 특별법

제6조 재정비촉진지구 지정의 요건

① 시·도지사 또는 대도시 시장은 제5조에 따라 재정비촉진지구를 지정하거나 변경하려는 경우에는 '국토의 계획 및 이용에 관한 법률' 제18조에 따라 수립된 도시·군기본계획과 '도시 및 주거환경정비법' 제4조에 따라 수립된 도시·주거환경정비기본계획을 고려하여야 한다.

② 제5조에 따른 재정비촉진지구는 다음 각 호의 어느 하나 이상에 해당하는 경우에 지정할 수 있다.

   1. 노후·불량 주택과 건축물이 밀집한 지역으로서 주로 주거환경의 개선과 기반시설의 정비가 필요한 경우
   2. 상업지역, 공업지역 등으로서 토지의 효율적 이용과 도심 또는 부도심 등의 도시기능의 회복이 필요한 경우
   3. 주요 역세권, 간선도로의 교차지 등 양호한 기반시설을 갖추고 있어 대중교통 이용이 용이한 지역으로서 도심 내 소형주택의 공급 확대, 토지의 고도이용과 건축물의 복합개발이 필요한 경우

③ 제5조에 따라 지정되는 재정비촉진지구의 면적은 주거지형의 경우 50만제곱미터 이상, 중심지형의 경우 20만제곱미터 이상, 고밀복합형의 경우 10만제곱미터 이상으로 한다. 다만, 고밀복합형 재정비촉진지구를 지정하는 경우에는 주요 역세권 또는 간선도로 교차지 등으로부터 일정 반경 이내 등 대통령령으로 정하는 지정범위에서 지정하여야 한다.

PART

3

타 법령 :
지목에 의한
특별법의 규제와
토지 주변에
의한 규제

이번 장에서는 '국토의 계획 및 이용에 관한 법률'이 아닌 다른 법령에 의한 토지의 규제를 살펴보자. 토지이용규제안내서를 열람해보면 '국토의 계획 및 이용에 관한 법률'에 의한 용도지역이나 용도지구 등에 의한 규제를 가장 먼저 보여준다. 이어서 보여주는 것이 '다른 법령 등에 따른 지역 지구 등'으로 국토계획법 이외의 다른 법령에 의한 규제 내용이다.

타 법령에는 두 가지로 나누어 볼 수 있다.

첫 번째는 지목에 의한 규제다. 공간정보의 구축 및 관리 등에 관한 법률(예전의 지적법)에 의한 28개의 지목(전, 답, 과수원, 목장용지, 임야, 광천지, 염전, 대지, 공장용지, 학교용지, 주차장, 주유소용지, 창고용지, 도로, 철도용지, 제방, 하천, 구거, 유지, 양어장, 수도용지, 공원, 체육용지, 유원지, 종교용지, 사적지, 묘지, 잡종지) 중 지목에 의한 특별법이 만들어진 것이다.

지목에 의한 가장 강한 규제는 농지법에 의한 '농지'이며, 두 번째가 산지관리법에 의한 '임야', 도시공원 및 녹지 등에 관한 법률에 따른 '공원', 초지법에 의한 '초지', 도로법에 의한 '도로' 등은 지목에 의한 특별법이 정해져 있으며, 이러한 토지는 특별법 적용을 받으며 용도를 변경하려면 특별법 적용을 받는다. 물론 '대지'나 '하천'도 특별법이 만들어져 있으나 대지나 하천은 규제에 대해서는 별도로 설명하고 있다.

두 번째는 주변에 특별한 건물이 있는 경우의 규제다. 예를 들자면 주변에 문화재가 있는 경우 '문화재보호법'을 적용하며, 주변에 군사시설이 있는 경우 '군사시설보호법'에 따른 토지 규제가 대표적이다.

지목에 의한 특별법

산지관리법

이 구분한다.

1. 보전산지

   가. 임업용산지 : 산림자원의 조성과 임업경영기반의 구축 등 임업생산 기능의 증진을 위하여 필요한 산지로서 다음의 산지를 대상으로 산림청장이 지정하는 산지

   나. 공익용산지 : 임업생산과 함께 재해 방지, 수원 보호, 자연생태계 보전, 산지경관 보전, 국민보건휴양 증진 등의 공익 기능을 위하여 필요한 산지로서 다음의 산지를 대상으로 산림청장이 지정하는 산지

2. 준보전산지 : 보전산지 외의 산지

제14조 산지전용허가

① 산지전용을 하려는 자는 그 용도를 정하여 대통령령으로 정하는 산지의 종류 및 면적 등의 구분에 따라 산림청장 등의 허가를 받아야 하며, 허가받은 사항을 변경하려는 경우에도 같다. 다만, 농림축산식품부령으로 정하는 사항으로서 경미한 사항을 변경하려는 경우에는 산림청장등에게 신고로 갈음할 수 있다.

1. 보전산지 및 준보전산지

산지의 구분

산지의 합리적인 보전과 이용을 위하여 '산지관리법' 제4조에서 전국의 산지를 보전산지(임업용산지·공익용산지)와 준보전산지로 구분해 관리하도록 규정하고 있다. 보전산지는 다시 임업용산지와 공익용산지로 나뉘는데, '산지관리법' 및 개별 법령에 따라 개발행위를 엄격하게 제한하고 있다. 이에 비해 준보전산지는 개발행위 제한이 덜 엄격해 허가 기본 조건에 합당하다면 얼마든지 개발이 가능하다.

준보전산지는 보전산지 이외의 산지

소재지	경기도 광주시 탄벌동 산 ■■번지		
지목	임야 ❓	면적	5,851 ㎡
개별공시지가(㎡당)	23,900원 (2022/01) 연도별보기		
지역지구등 지정여부	「국토의 계획 및 이용에 관한 법률」에 따른 지역·지구등	보전관리지역(보전관리)	
	다른 법령 등에 따른 지역·지구등	가축사육제한구역(일부제한구역)<가축분뇨의 관리 및 이용에 관한 법률>, 배출시설설치제한지역<물환경보전법>, 준보전산지<산지관리법>, 자연보전권역<수도권정비계획법>, 공장설립승인지역<수도법>, 특별대책지역<환경정책기본법>	
	「토지이용규제 기본법 시행령」 제9조 제4항 각 호에 해당되는 사항		

범례
- ☐ 공장설립승인지역
- ▨ 계획관리지역
- ▨ 보전관리지역
- ▨ 농림지역
- ☐ 성장관리계획구역
- ☐ 자연보전권역
- ☐ 배출시설설치제한지역
- ☐ 특별대책지역
- ☐ 임업용산지
- ☐ 준보전산지
- ☐ 법정동

확인도면   ☐ 작은글씨확대 축척 1 / 1200 ▾ 변경 도면크게보기

보전산지(공익용산지, 임업용산지)

소재지	광주광역시 동구 운림동 산 ■■번지		
지목	임야 ❓	면적	1,650 ㎡
개별공시지가(㎡당)	22,900원 (2022/01) 연도별보기		
지역지구등 지정여부	「국토의 계획 및 이용에 관한 법률」에 따른 지역·지구등	도시지역 , 보전녹지지역	
	다른 법령 등에 따른 지역·지구등	상대보호구역(광주학강초등학교)<교육환경 보호에 관한 법률>, 현상변경허가 대상구역(2016-07-01)(운림동 석실 고분)<문화재보호법>, 공익용산지<산지관리법>, 보전산지<산지관리법> 내남2지구 지적재조사 완료에 따른 지형도면 고시)<산지관리법>, 보전산지<산지관리법>	
	「토지이용규제 기본법 시행령」 제9조 제4항 각 호에 해당되는 사항		

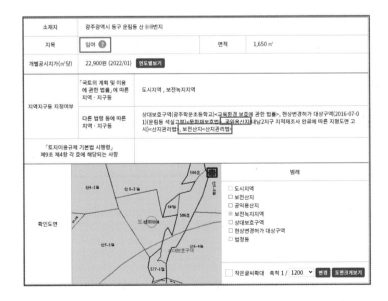

범례
- ☐ 도시지역
- ☐ 보전산지
- ☐ 공익용산지
- ▨ 보전녹지지역
- ☐ 상대보호구역
- ☐ 현상변경허가 대상구역
- ☐ 법정동

확인도면   ☐ 작은글씨확대 축척 1 / 1200 ▾ 변경 도면크게보기

1. 임업용산지 안에서 개발할 수 있는 건축물의 종류

가. 부지면적 1만제곱미터 미만의 임산물 생산시설 또는 집하시설.

나. 부지면적 3천제곱미터 미만의 임산물 가공·건조·보관시설.

다. 부지면적 1천제곱미터 미만의 임업용기자재 보관시설(비료·농약·기계 등을 보관하기 위한 시설을 말한다) 및 임산물 전시·판매시설.

라. 부지면적 200제곱미터 미만의 산림경영관리사 및 대피소.

2. 공익용산지에서 개발할 수 있는 건축물의 종류

1. 농림어업인의 주택 또는 종교시설을 증축하는 경우 : 종전 주택·시설 연면적의 100분의 130 이하.

2. 농림어업인의 주택 또는 종교시설을 개축하는 경우 : 종전 주택·시설 연면적의 100분의 100 이하.

3. 농림어업인의 주택 또는 사찰림의 산지 안에서의 사찰을 신축하는 경우 : 다음 각 목의 구분에 따른 규모 이하.

  가. 법 제12조 제2항 제4호 가목 단서에 따라 농림어업인이 자기 소유의 산지에서 직접 농림어업을 경영하면서 실제로 거주하기 위하여 신축하는 주택 및 그 부대시설 : 부지면적 660제곱미터 이하.

  나. 법 제12조 제2항 제4호 다목에 따라 신축하는 사찰 및 그 부대시설 : 부지면적 1만 5천제곱미터 이하.

관련 법규

산지관리법 시행령
[별표 3] 〈개정 2021. 12. 16〉

산지전용신고의 대상시설·행위의 범위, 설치지역 및 설치조건(제18조 관련)

1. 산림경영을 위한 영구시설과 그 부대시설의 경우

대상시설·행위의 범위	설치지역	설치조건
가. 임산물 생산시설 또는 집하시설	산지전용·일시 사용제한지역 이 아닌 산지	임업인이 설치하는 시설로서 부지면적이 1만제곱미터 미만일 것
나. 임산물 가공·건조·보관시설, 임업용기자재(비료·농약 등) 보관시설, 임산물 전시·판매시설		임업인이 설치하는 시설로서 부지면적이 3천제곱미터 미만일 것

2. '임업 및 산촌진흥 촉진에 관한 법률'에 따른 산촌개발사업으로 설치하는 영구시설과 그 부대시설의 경우

대상시설·행위의 범위	설치지역	설치조건
가. 임산물 생산·저장·판매·가공·이용시설	산지전용·일시 사용제한지역 이 아닌 산지	부지면적이 1만제곱미터 미만일 것
나. 산림의 홍보·전시·교육시설		
다. 산림휴양·치유시설		
라. 산촌주민의 소득증대시설		

3. 임업시험연구를 위한 영구시설과 그 부대시설의 경우

대상시설·행위의 범위	설치지역	설치조건
가. 국가 또는 지방자치단체가 임업시험연구를 위하여 설치하는 시설	제한 없음	부지면적이 1만제곱미터 미만일 것

대상시설·행위의 범위	설치지역	설치조건
나. '고등교육법' 제2조에 따른 학교(산림과 관련된 학과·학부가 설치된 학교만 해당한다)가 임업시험연구 또는 산림과 관련된 교육목적 달성을 위하여 설치하는 시설	제한 없음	부지면적이 1만제곱미터 미만일 것

4. 산림관계 법령에 따라 조성하는 산림공익시설과 그 부대시설의 경우

대상시설·행위의 범위	설치지역	설치조건
가. 자연휴양림	제한 없음	'산림문화·휴양에 관한 법률' 제14조 제4항에 따른 시설의 종류 및 기준 등에 적합할 것
나. 수목원		'수목원 조성 및 진흥에 관한 법률' 제2조 제1호에 따른 기준에 적합할 것
다. 산림생태원		'산림보호법' 제18조 제5항에 따른 기준에 적합할 것

5. 농림어업인의 주택시설과 그 부대시설의 경우

대상시설·행위의 범위	설치지역	설치조건
가. 농림어업인의 주택시설과 그 부대시설	산지전용·일시 사용제한지역 이 아닌 산지	농림어업인이 농림어업을 직접 경영하면서 실제로 거주하기 위하여 자기 소유 산지에 설치하는 시설로서 부지면적이 330제곱미터 미만일 것(이 경우 자기 소유의 기존 임도를 활용하여 설치 가능하며, 부지면적의 산정방법은 제12조 제4항을 준용한다)

6. '건축법'에 따른 건축허가 또는 건축신고 대상이 되는 영구시설과 그 부대시설의
  경우

대상시설·행위의 범위	설치지역	설치조건
가. 농축수산물의 창고·집하장·가공시설	공익용산지가 아닌 산지	농림어업인 등이 농림어업의 경영을 목적으로 설치하는 시설일 것. 이 경우 부지면적은 다음의 구분에 따른다. 1) 5천제곱미터 이상의 농지에 농업경영을 하거나 3만제곱미터 이상의 산지에 산림경영을 하는 경우 : 3천제곱미터 미만 2) 5천제곱미터 미만의 농지에 농업경영을 하거나 3만제곱미터 미만의 산지에 산림경영을 하는 경우 : 1천제곱미터 미만 3) 수산물의 창고·집하장 또는 그 가공시설인 경우 : 1천제곱미터 미만
나. 농기계수리시설 및 농기계 창고		농림어업인 등이 농림어업의 경영을 목적으로 설치하는 시설일 것. 이 경우 부지면적은 다음의 구분에 따른다. 1) 5천제곱미터 이상의 농지에 농업경영을 하거나 3만제곱미터 이상의 산지에 산림경영을 하는 경우 : 3천제곱미터 미만 2) 5천제곱미터 미만의 농지에 농업경영을 하거나 3만제곱미터 미만의 산지에 산림경영을 하는 경우 : 1천제곱미터 미만
다. 누에 등 곤충사육시설 및 관리시설		농림어업인등이 농림어업의 경영을 목적으로 설치하는 시설로서 부지면적이 3천제곱미터 미만일 것

※ 비고
1. 설치지역은 이 법령 또는 다른 법령에 따라 해당 시설·행위가 허용되는 지역이어 야 한다.
2. '수목원·정원의 조성 및 진흥에 관한 법률' 제19조에 따라 지정된 국립수목원 완 충지역에서 할 수 있는 시설 및 행위는 제3호 및 제4호만 해당한다.
3. 제1호에서 '임업인'이란 '임업 및 산촌 진흥촉진에 관한 법률 시행령' 제2조 제1 호의 임업인('산림자원의 조성 및 관리에 관한 법률'에 따라 산림경영계획의 인가를 받아 산림을 경영하고 있는 자를 말한다), 같은 조 제2호·제3호의 임업인을 말하며, 법인 은 제외한다..
4. 제5호에서 '농림어업인'이란 '농지법' 제2조 제2호에 따른 농업인, '임업 및 산촌 진흥촉진에 관한 법률 시행령' 제2조 제1호의 임업인('산림자원의 조성 및 관리에 관 한 법률'에 따라 산림경영계획의 인가를 받아 산림을 경영하고 있는 자를 말한다), 같은 조 제2호·제3호의 임업인 및 '수산업법' 제2조 제12호에 따른 어업인을 말하며, 법 인은 제외한다.
5. 제6호에서 '농림어업인 등'이란 농림어업인, '농업·농촌 및 식품산업 기본법' 제3 조 제4호에 따른 생산자단체, '수산업·어촌 발전 기본법' 제3조 제5호에 따른 생 산자단체, '농어업경영체 육성 및 지원에 관한 법률' 제16조에 따른 영농조합법 인과 영어조합법인 및 같은 법 제19조에 따른 농업회사법인을 말한다.
   5의 2. 제1호부터 제6호까지에 따른 산지전용신고 대상시설을 설치하려는 경우 에는 법 제40조 제4항에 따른 복구설계서의 승인기준에 적합하여야 한다.
6. 산지전용신고 대상시설·행위의 범위, 설치지역 및 설치조건을 적용하는 데 필요 한 세부적인 사항은 산림청장이 정하여 고시한다.

2. 불법 훼손 임야

　개발행위허가를 받지 않고 나무를 무단으로 베거나 형질을 변경해 산지를 무단으로 훼손하는 경우 형사고발 등의 처벌을 받는다. 훼손된 토지는 토지이용계획안내서에 다음과 같이 '불법 임야 훼손 토지'로 기재되어 원상 복구할 때까지 계속 규제를 받게 된다.

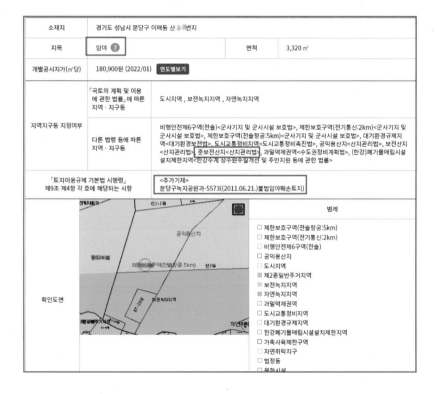

불법 훼손한 임야의 원상복구 절차

관련 법규

서울특별시 도시계획 조례 시행규칙

[별표 2] <개정 2017. 4. 6>

불법 훼손된 입목 등의 사실 명시 해제 방법(제9조 관련)

1. 토지 소유자 등이 원상회복 계획서, 복구 계획도면, 공사비 산출액 등을 작성 제출한 경우, 원상회복 계획의 적합 여부는 관계부서 협의를 거쳐 도시계획위원회에 상정하여 그 결정에 따른다.

   가. 입목 훼손의 경우.

   (1) 복원방법

   (가) 서울특별시 ha당 평균입목축적의 120퍼센트 이상이 되도록 식재하여야 한다.

   (나) 식재 후 3년 이상의 입목의 활착을 위한 유예기간을 주어야 하며, 그 기간 동안 입목을 관리하여야 한다. 수목의 생존율이 저조하여 재식재(보식)한 경우 또한 같다.

   (다) 활착된 입목축적을 측정하여 서울특별시 ha당 평균입목축적의 120퍼센트 이상 되어야 해제할 수 있다.

   (2) 식재한 입목의 관리

   (가) 토지 소유자 등은 식재한 입목에 대하여 매년 생육상태를 조사하여 그 결과를 제출하여야 한다. 이 경우 공인기관의 기술자에게 그 관리를 위임할 수 있다.

   (나) 제출된 생육상태에 대하여는 관리대장에 그 관리상황을 기록하여야 한다.

   (3) 식재할 입목은 산림청에서 정한 조림 권장수종 중 용재수종으로 하되, 도시생태현황도의 현존식생도를 참조하여 주변 경관과 환경에 잘 어울리는 수종으로 한다. 이때 식재한 입목은 판매를 목적으로 재배하는 나무로 보지 아니한다.

나. 무단 형질변경의 경우.
　(1) 복원방법
　　(가) 훼손 전 경사도의 110퍼센트 이상을 성, 절토하여야 하며 재해방지
　　　　를 위하여 최선을 다하여야 한다. 이 경우 훼손 전 경사도의 산정은
　　　　가장 최근에 작성된 지형도에 따른다.
　　(나) 복구 후 3년 이상 토양의 안정화 기간을 주어야 하며 그 기간 동안
　　　　토양의 상태를 지속적으로 관리하여야 한다.
　　(다) 토양의 안정화가 이루어졌을 경우 경사도는 훼손 전 경사도의 105
　　　　퍼센트 이상 되어야 해제할 수 있다. 다만, 훼손된 성, 절토량을 파
　　　　악할 수 있는 경우에는 그 이상을 성, 절토하여 복원할 수 있다.
　(2) 토지 소유자 등은 성, 절토한 토양의 상태, 재해의 우려 등에 대하여 조
　　　사하고 그 결과를 매년 제출하여야 한다. 이 경우 담당자는 현장조사를
　　　통하여 토양의 상태 등을 확인하고 관리대장에 기록하여야 한다.
　(3) 암반 훼손의 경우에는 어떠한 방법으로도 절대 해제할 수 없다.
다. 무단으로 포장 또는 공작물을 설치했을 경우도 원상복구 되었을 경우 해제
　할 수 있다.

2. 복구 완료된 토지에 대하여는 토지이용계획확인서의 명시를 지체 없이 삭제
하여야 한다.

농지법

　전, 답, 과수원 등의 농지에 해당하는 토지는 농지법의 특별법 적용
을 받는다. 농지법은 매입에서 농지취득자격증명과 농지의 관리 및 전
용 등의 특별법의 적용을 받는다. 따라서 농지의 투자는 매입에서부터
관리 매도까지의 전 과정을 법규를 터득 후 투자해야 한다.

농지법

제1조 목적

이 법은 농지의 소유·이용 및 보전 등에 필요한 사항을 정함으로써 농지를 효율적으로 이용하고 관리하여 농업인의 경영 안정과 농업 생산성 향상을 바탕으로 농업 경쟁력 강화와 국민경제의 균형 있는 발전 및 국토 환경보전에 이바지하는 것을 목적으로 한다.

제2조 정의

이 법에서 사용하는 용어의 뜻은 다음과 같다.

1. '농지'란 다음 각 목의 어느 하나에 해당하는 토지를 말한다.

   가. 전·답, 과수원, 그 밖에 법적 지목(地目)을 불문하고 실제로 농작물 경작지 또는 대통령령으로 정하는 다년생식물 재배지로 이용되는 토지. 다만, '초지법'에 따라 조성된 초지 등 대통령령으로 정하는 토지는 제외한다.

제6조 농지 소유 제한

① 농지는 자기의 농업경영에 이용하거나 이용할 자가 아니면 소유하지 못한다.

제28조 농업진흥지역의 지정

① 시·도지사는 농지를 효율적으로 이용하고 보전하기 위하여 농업진흥지역을 지정한다.

제32조 용도구역에서의 행위 제한

① 농업진흥구역에서는 농업 생산 또는 농지 개량과 직접적으로 관련된 행위로서 대통령령으로 정하는 행위 외의 토지이용행위를 할 수 없다.

제34조 농지의 전용허가·협의

① 농지를 전용하려는 자는 다음 각 호의 어느 하나에 해당하는 경우 외에는 대통령령으로 정하는 바에 따라 농림축산식품부장관의 허가를 받아야 한다. 허가받은 농지의 면적 또는 경계 등 대통령령으로 정하는 중요 사항을 변경하려는 경우에도 또한 같다.

1. 농업진흥구역

농업진흥구역은 농업진흥지역과 함께 혼용해서 쓰고 있으나 엄밀하게 따지면 두 용어는 약간 다르다. 둘은 모두 농지법 제28조에 근거를 두고 있는 규제 수단으로 농업진흥지역이 보다 포괄적이다. 농지법 제28조는 '시·도지사는 농지를 효율적으로 이용하고 보전하기 위하여 농업진흥지역을 지정한다'라고 규정하고 있다. 법률은 이어 농업진흥지역을 다시 농업진흥구역과 농업보호구역으로 구분해 지정할 수 있다고 정해놓고 있다.

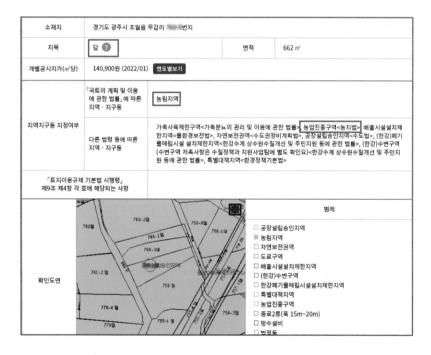

소재지	경기도 광주시 초월읍 무갑리 ▦번지		
지목	답 ❓	면적	662 m²
개별공시지가(m²당)	140,900원 (2022/01) 연도별보기		
지역지구등 지정여부	「국토의 계획 및 이용에 관한 법률」에 따른 지역·지구등	농림지역	
	다른 법령 등에 따른 지역·지구등	가축사육제한구역<가축분뇨의 관리 및 이용에 관한 법률>, 농업진흥구역<농지법>, 배출시설설치제한지역<물환경보전법>, 자연보전권역<수도권정비계획법>, 공장설립승인지역<수도법>, (한강)폐기물매립시설설치제한지역<한강수계 상수원수질개선 및 주민지원 등에 관한 법률>, (한강)수변구역(수변구역 저촉사항은 수질정책과 지원사업팀에 별도 확인요)<한강수계 상수원수질개선 및 주민지원 등에 관한 법률>, 특별대책지역<환경정책기본법>	
	「토지이용규제 기본법 시행령」 제9조 제4항 각 호에 해당되는 사항		

범례

☐ 공장설립승인지역
■ 농림지역
☐ 자연보전권역
☐ 도로구역
☐ 배출시설설치제한지역
☐ (한강)수변구역
☐ 한강폐기물매립시설설치제한지역
☐ 특별대책지역
☐ 농업진흥구역
☐ 중로2류(폭 15m~20m)
☐ 방수설비
☐ 법정동

관련 법규

농업진흥구역은 농지가 집단화되어 농업 목적으로 이용할 필요가 있는 지역을 말하며, 농업보호구역은 농업진흥구역의 용수원 확보, 수질 보전 등 농업환경을 보호하기 위해 필요한 지역을 말한다. 따라서 우리가 농촌지역에서 흔히 볼 수 있는 직사각형 형태의 집단 농지가 농업보호구역인 셈이다. 수식으로 표현하면 '농업진흥지역=농업진흥구역 + 농업보호구역'인 셈이다.

이런 관계를 이해한다면 농업진흥구역과 농업진흥지역을 혼용해서 사용해도 별 무리가 없다. 과거 '농지의 보전과 이용에 관한 법률'의 규정을 받던 시절 '절대농지'로 불리던 농지가 1996년 농지법의 개정으로 만들어진 것이 농업진흥구역이다.

농업진흥구역 안에서 일반 건축물의 건축은 엄격히 규제된다. 그러나 농업진흥구역이라고 하더라도 농업에 필요한 시설이나 마을의 공동생활에 필요한 편의시설 또는 농업인의 주택은 건축이 가능하다.

관련 법규

농지법

제32조 용도구역에서의 행위 제한

① 농업진흥구역에서는 농업 생산 또는 농지 개량과 직접적으로 관련된 행위로서 대통령령으로 정하는 행위 외의 토지이용행위를 할 수 없다. 다만, 다음 각 호의 토지이용행위는 그러하지 아니하다.

1. 대통령령으로 정하는 농수산물의 가공·처리 시설의 설치 및 농수산업 관련 시험·연구 시설의 설치

2. 어린이놀이터, 마을회관, 그 밖에 대통령령으로 정하는 농업인의 공동생활에 필요한 편의 시설 및 이용 시설의 설치

3. 농업인 주택, 어업인 주택, 농업용 시설, 축산업용 시설 또는 어업용 시설의 설치

4. 국방·군사 시설의 설치

5. 하천, 제방, 그 밖에 이에 준하는 국토 보존 시설의 설치

6. 문화재의 보수·복원·이전, 매장 문화재의 발굴, 비석이나 기념탑, 그 밖에 이와 비슷한 공작물의 설치.

7. 도로, 철도, 그 밖에 대통령령으로 정하는 공공시설의 설치.

8. 지하자원 개발을 위한 탐사 또는 지하광물 채광(採鑛)과 광석의 선별 및 적치(積置)를 위한 장소로 사용하는 행위.

9. 농어촌 소득원 개발 등 농어촌 발전에 필요한 시설로서 대통령령으로 정하는 시설의 설치.

2. 영농여건불리농지

영농여건불리농지란 읍·면지역의 농업진흥지역 밖에 있는 평균 경사율이 15% 이상이고, 집단화된 규모가 2ha 미만인 농지 가운데 시장·군수가 영농여건이 불리해 생산성이 낮다고 인정하는 농지를 말한다. 영농여건불리농지로 지정되면 농업경영에 참여하지 않는 일반인도 농업경영계획서를 작성하지 않고, 농지취득자격증명을 발급받아 쉽게 취득할 수 있다. 또한 영농여건불리농지를 전용하고자 할 때는 시장·군수에게 신고로 가능하다.

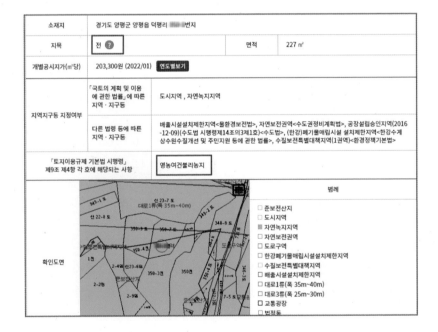

소재지	경기도 양평군 양평읍 덕평리 ■■■번지		
지목	전 ❓	면적	227 m²
개별공시지가(m²당)	203,300원 (2022/01) 연도별보기		
지역지구등 지정여부	「국토의 계획 및 이용에 관한 법률」에 따른 지역·지구등	도시지역 , 자연녹지지역	
	다른 법령 등에 따른 지역·지구등	배출시설설치제한지역<물환경보전법>, 자연보전권역<수도권정비계획법>, 공장설립승인지역(2016-12-09)(수도법 시행령제14조의3제1호)<수도법>, (한강)폐기물매립시설 설치제한지역<한강수계 상수원수질개선 및 주민지원 등에 관한 법률>, 수질보전특별대책지역(1권역)<환경정책기본법>	
「토지이용규제 기본법 시행령」 제9조 제4항 각 호에 해당되는 사항	영농여건불리농지		
확인도면	(지적도) 범례: ☐ 준보전산지 ☐ 도시지역 ■ 자연녹지지역 ☐ 자연보전권역 ☐ 도로구역 ☐ 한강폐기물매립시설설치제한지역 ☐ 수질보전특별대책지역 ☐ 배출시설설치제한지역 ☐ 대로1류(폭 35m~40m) ☐ 대로3류(폭 25m~30m) ☐ 교통광장 ☐ 법정동		

1) 영농여건불리농지 조건

영농여건불리농지는 생산성이 낮고, 경작여건이 어려운 등 다음 요건을 모두 충족하는 농지로서 시장·군수가 고시한 농지('농지법' 제6조 제1항 제9호의 2, '농지법 시행령' 제5조의 2)

① 농업진흥지역 밖 농지 중에서 최상단부터 최하단부까지의 평균 경사율이 15% 이상인 농지.

② 시·군의 읍·면 지역에 있는 농지.

③ 평균 경사율이 15% 이상인 농지를 포함해 해당 지역의 집단화된 농지의 규모가 2ha 미만인 농지.

④ 농기계의 이용과 접근이 어려운 농지.

⑤ 농업용수·농로 등 농업생산기반의 정비 정도와 농기계의 이용 및 접근 가능성, 통상적인 영농 관행을 참작할 때, 영농여건이 불리하고 생산성이 낮다고 인정되는 농지.

2) 지정 절차

먼저 시·군이 영농여건불리농지 조사 대상지를 선정한다. 조사 대상지는 기존 조사 대상에서 누락된 농지나 민원 또는 이의신청이 있는 농지로 선정한다. 시·군은 선정된 조사 대상지 조사를 한국농어촌공사에 의뢰하고, 한국농어촌공사는 의뢰지역 조사 결과를 시·군에 통보하면 시·군은 조사 결과를 검토해 지정 여부를 검토한 후 이를 지정한다.

영농여건불리농지

▌개념

○ 영농여건불리농지는 다음 요건을 모두 충족하는 농지로서 시장·군수가 고시한 농지 (『농지법』제6조제1항제9호의2, 『농지법 시행령』제5조의2)

① 농업진흥지역 밖 농지 중에서 최상단부부터 최하단부까지의 평균경사율이 15퍼센트(%) 이상인 농지, ② 시·군의 읍·면지역에 있는 농지, ③ 농지의 집단화 규모가 2ha 미만인 농지, ④ 농기계의 이용과 접근이 어려운 농지, ⑤ 농업용수·농로 등 농업 생산기반이 정비되어 있지 아니한 농지

▌지정 배경

○ 농지에 대해서는 원칙적으로 자경목적 이외 소유가 제한되어 있어, 농어촌지역의 경작 여건이 어려운 농지는 처분·이용이 쉽지 않았음

○ 생산성이 낮은 농지를 영농여건불리농지로 지정·고시하고 소유제한 폐지 및 농지전용 절차 간소화 추진(『농지법』개정, '09.11.28. 시행)

- 영농여건불리농지에 대해서는 취득이 자유롭고 임대가 허용되며, 시·군에 신고하고 농지전용이 가능

문 124 도시에서 직장생활을 하고 있는데 시골의 영농여건불리농지를 구입, 다른 용도로 활용할 수 있는지?

답변 구입 및 타용도 활용 가능

○ 농지는 원칙적으로 자기의 농업경영에 이용하거나 이용할 자가 아니면 소유를 할 수 없습니다(『농지법』 제6조).

> 다만, 예외적으로 영농여건불리농지로 지정된 농지에 대해서는 자기의 농업경영에 이용하지 않아도 취득할 수 있고 취득 시에는 농업경영계획서를 작성하지 아니하고 농지취득자격증명을 신청하여, 그 증명을 발급받은 후에 영농여건불리농지 소유가 가능합니다.

○ 영농여건불리농지로 지정된 농지를 전용하고자 할 때에는 시장·군수에게 신고하고 다른 용도로 활용할 수 있습니다.

○ 이때 시장·군수는 인근 농지의 농업경영과 농어촌 생활환경 유지에 피해가 없는지, 피해가 예상된다면 피해방지계획이 적절하게 수립되어 있는지 등을 확인한 후 농지전용신고 수리 여부를 결정하도록 하고 있습니다(『농지법 시행령』 제60조).

도시공원 및 녹지 등에 관한 법률

국가, 시, 도, 시, 군에서는 필요한 경우 공원으로 지정할 수 있다. 공원으로 지정되면 공원법에 의해 토지의 개발이 제한된다.

소재지	경기도 김포시 마산동 ▨▨▨번지		
지목	공원 ❓	면적	96,434.7 ㎡
개별공시지가(㎡당)	353,100원 (2022/01) 연도별보기		
지역지구등 지정여부	「국토의 계획 및 이용에 관한 법률」에 따른 지역·지구등	도시지역 , 자연녹지지역 , 고도지구(공항고도제한해발112.86m~371.43m미만) , 제1종지구단위계획구역(김포한강신도시) , 공원(주제공원) , 대로3류(폭 25m~30m)(2014-11-27)(접합) , 도시철도(도시철도와 문의)(저촉) , 도시철도(저촉) , 중로2류(폭 15m~20m)(2014-11-27)(접합)	
	다른 법령 등에 따른 지역·지구등	가축사육제한구역(모든축종 제한)<가축분뇨의 관리 및 이용에 관한 법률>, 장애물제한표면구역<공항시설법>, 진입표면구역<공항시설법>, 상대보호구역(김포은솔유치원)<교육환경 보호에 관한 법률>, 상대보호구역(김포호수초등학교)<교육환경 보호에 관한 법률>, 절대보호구역(김포은솔유치원)<교육환경 보호에 관한 법률>, 성장관리지역<산업집적활성화 및 공장설립에 관한 법률>, 성장관리권역<수도권정비계획법>, 철도보호지구(2019-07-26)(철도과)<철도안전법>, 택지개발지구(김포신도시택지개발)<택지개발촉진법>, 하수처리구역(구래처리분구)<하수도법>, 하수처리구역(장기처리분구)<하수도법>, 하천구역(가마지천)<하천법>	
「토지이용규제 기본법 시행령」 제9조 제4항 각 호에 해당되는 사항			
확인도면		범례 ☐ 성장관리지역 ☐ 도시지역 ■ 자연녹지지역 ☐ 제1종지구단위계획구역 ☐ 성장관리권역 ☐ 택지개발지구 ☐ 가축사육제한구역 ☐ 공원 ☐ 법정동	

도시공원 및 녹지 등에 관한 법률

제1조 목적

이 법은 도시에서의 공원녹지의 확충·관리·이용 및 도시녹화 등에 필요한 사항을 규정함으로써 쾌적한 도시환경을 조성하여 건전하고 문화적인 도시생활을 확보하고 공공의 복리를 증진시키는 데에 이바지함을 목적으로 한다.

제14조 도시공원 또는 녹지의 확보

① 특별시장·광역시장·특별자치시장·특별자치도지사·시장 또는 군수는 쾌적한

도시환경을 조성하기 위하여 국토교통부령으로 정하는 도시공원 또는 녹지의 확보기준에 따라 도시공원 또는 녹지를 확보하도록 노력하여야 한다.

제15조 도시공원의 세분 및 규모
① 도시공원은 그 기능 및 주제에 따라 다음 각 호와 같이 세분한다.
  1. 국가도시공원 : 제19조에 따라 설치·관리하는 도시공원 중 국가가 지정하는 공원
  2. 생활권공원 : 도시생활권의 기반이 되는 공원의 성격으로 설치·관리하는 공원으로서 다음 각 목의 공원
    가. 소공원 : 소규모 토지를 이용해 도시민의 휴식 및 정서 함양을 도모하기 위하여 설치하는 공원
    나. 어린이공원 : 어린이의 보건 및 정서생활의 향상에 이바지하기 위하여 설치하는 공원
    다. 근린공원 : 근린거주자 또는 근린생활권으로 구성된 지역생활권 거주자의 보건·휴양 및 정서생활의 향상에 이바지하기 위하여 설치하는 공원
  3. 주제공원 : 생활권공원 외에 다양한 목적으로 설치하는 다음 각 목의 공원
    가. 역사공원 : 도시의 역사적 장소나 시설물, 유적·유물 등을 활용하여 도시민의 휴식·교육을 목적으로 설치하는 공원
    나. 문화공원 : 도시의 각종 문화적 특징을 활용하여 도시민의 휴식·교육을 목적으로 설치하는 공원
    다. 수변공원 : 도시의 하천가·호숫가 등 수변공간을 활용하여 도시민의 여가·휴식을 목적으로 설치하는 공원
    라. 묘지공원 : 묘지 이용자에게 휴식 등을 제공하기 위하여 일정한 구역에 '장사 등에 관한 법률' 제2조 제7호에 따른 묘지와 공원시설을 혼합하여 설치하는 공원
    마. 체육공원 : 주로 운동경기나 야외활동 등 체육활동을 통하여 건전한 신체와 정신을 배양함을 목적으로 설치하는 공원
    바. 도시농업공원 : 도시민의 정서순화 및 공동체의식 함양을 위하여 도시농업을 주된 목적으로 설치하는 공원
    사. 방재공원 : 지진 등 재난발생 시 도시민 대피 및 구호 거점으로 활용될

초지법

초지는 농지법이 아닌 초지법 적용을 받는 토지다. 초지는 목장용지
에 지정된다. 목장용지는 초지법의 적용을 받는 목장용지와 초지법의
적용을 받지 않는 목장용지가 있다. 같은 목장용지라도 가축의 사료를
재배하는 초지는 초지법 적용을 받게 되나 가축을 사육하는 축사인 경
우에는 초지법 적용을 받지 않는다.

목장용지를 구입할 때는 초지법 적용을 받는 목장용지인지 여부를
반드시 확인해야 한다. 초지법 적용을 받는 초지는 전용 허가 시 초지
전용허가를 받아야 하며, 대체초지조성비를 납부해야 한다. 초지법 적
용을 받는 초지는 농업진흥구역보다 전용이 더 엄격히 제한된다.

또한, 초지법 제5조의 규정에 의한 허가를 받아 조성된 초지 안에서는
시장·군수의 허가를 받지 아니하고는 다음 각 호의 행위를 할 수 없다.

① 토지의 형질변경 및 공작물의 설치.

② 분묘의 설치.

③ 토석의 채취 및 반출.

④ 기타 초지의 이용에 지장을 주는 행위로서 농림수산식품부령이
정하는 행위.

목장용지(초지)

소재지	강원도 평창군 대관령면 횡계리 ██-████번지		
지목	목장용지 ❼	면적	23,750 ㎡
개별공시지가(㎡당)	6,800원 (2022/01) 연도별보기		
지역지구등 지정여부	「국토의 계획 및 이용에 관한 법률」에 따른 지역·지구등	보전관리지역	
	다른 법령 등에 따른 지역·지구등	완충구역<백두대간 보호에 관한 법률> 초지<초지법>	
「토지이용규제 기본법 시행령」 제9조 제4항 각 호에 해당되는 사항			

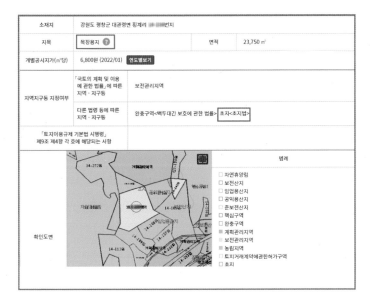

범례
- ☐ 자연휴양림
- ☐ 보전산지
- ☐ 임업용산지
- ☐ 공익용산지
- ☐ 준보전산지
- ☐ 핵심구역
- ☐ 완충구역
- ■ 계획관리지역
- ■ 보전관리지역
- ■ 농림지역
- ☐ 토지거래계약에관한허가구역
- ☐ 초지

확인도면

임야

소재지	충청남도 태안군 근흥면 용신리 ███-███번지		
지목	임야 ❼	면적	2,651 ㎡
개별공시지가(㎡당)	37,600원 (2022/01) 연도별보기		
지역지구등 지정여부	「국토의 계획 및 이용에 관한 법률」에 따른 지역·지구등	계획관리지역	
	다른 법령 등에 따른 지역·지구등	가축사육제한구역(130m일부제한(소/말 사육불가))<가축분뇨의 관리 및 이용에 관한 법률>, 가축사육제한구역(1500m일부제한(돼지/개/닭/오리/메추리 사육불가))<가축분뇨의 관리 및 이용에 관한 법률>, 가축사육제한구역(300m일부제한(젖소/양/사슴 사육불가))<가축분뇨의 관리 및 이용에 관한 법률>, 준보전산지<산지관리법>, 초지<초지법>	
「토지이용규제 기본법 시행령」 제9조 제4항 각 호에 해당되는 사항			

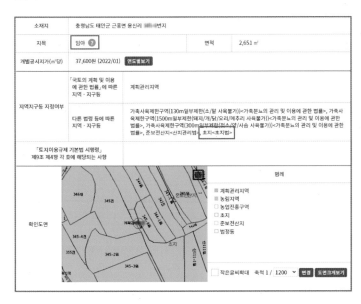

범례
- ■ 계획관리지역
- ■ 농림지역
- ☐ 농업진흥구역
- ☐ 초지
- ☐ 준보전산지
- ☐ 법정동

확인도면

☐ 작은글씨확대 축척 1/ 1200 ∨ 변경 도면크게보기

관련 법규

초지법

제23조 초지의 전용 등

① 이 법에 따라 조성된 초지의 전용은 다음 각 호의 어느 하나에 해당하는 경우에 한한다. <개정 2015. 7. 24, 2021. 12. 28>

1. 중요산업시설·공익시설·주거시설 또는 관광시설의 용지로 전용하는 경우.
2. '농지법' 제2조 제2호의 규정에 따른 농업인이 건축하는 주택의 용지로 전용하는 경우.
3. 농수산물의 처리·가공·보관시설 및 농수산시설의 용지로 전용하는 경우.
4. 농작물재배용지로 전용하는 경우. 다만, 과수 용지 이외의 용지로 전용하는 경우에는 경사도 15도 이내의 초지에 한한다.
9. 그 밖에 시장·군수·구청장이 특별시장·광역시장·도지사와의 협의를 거쳐 특히 필요하다고 인정하는 시설의 용지로 전용하는 경우 또는 특별자치시장·특별자치도지사가 특히 필요하다고 인정하는 시설의 용지로 전용하는 경우.

초지조성비용 기준 및 대체초지조성비 납입 기준액.

1. 초지조성비용 기준(1만㎡당 초지조성비용)
   ○ 경운초지 : 4,797천 원
   ○ 불경운초지 : 3,605천 원
   ○ 임간초지 : 2,810천 원
나. 대체초지조성비 납입기준액(1만㎡당 기준) : 9,261천 원

주변 환경에 의한 특별법

군사기지 및 군사시설 보호법

통제보호구역 & 제한보호구역

예전에는 군사시설보호법, 해군기지법, 군용항공기지법 등이 별도로 있었으나, 2007년에 '군사기지 및 군사시설보호법'으로 통합, 제정되어 지금에 이르고 있다. 군사기지 및 군사시설 보호구역은 통제보호구역과 제한보호구역으로 나누어 지정한다. 여기서 군사기지란 군사시설이 소재하고 있는 군부대, 해군기지, 항공작전기지, 방공기지, 군용전기통신기지 및 그 밖의 군사작전을 수행하기 위한 근거지를 말하며, 군사시설이란 전투진지, 사격장, 훈련장 등의 군사 목적에 필요한 시설을 말한다.

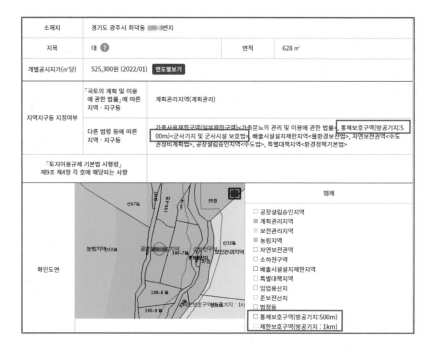

소재지	경기도 광주시 회덕동 ▓▓ 번지		
지목	대 ?	면적	628 m²
개별공시지가(㎡당)	525,300원 (2022/01) [연도별보기]		
지역지구등 지정여부	「국토의 계획 및 이용에 관한 법률」에 따른 지역·지구등	계획관리지역(계획관리)	
	다른 법령 등에 따른 지역·지구등	가축사육제한구역(일부제한구역)<가축분뇨의 관리 및 이용에 관한 법률>, 통제보호구역(방공기지:500m)<군사기지 및 군사시설 보호법>, 배출시설설치제한지역<물환경보전법>, 자연보전권역<수도권정비계획법>, 공장설립승인지역<수도법>, 특별대책지역<환경정책기본법>	
	「토지이용규제 기본법 시행령」제9조 제4항 각 호에 해당되는 사항		

범례
- ☐ 공장설립승인지역
- ■ 계획관리지역
- ■ 보전관리지역
- ■ 농림지역
- ☐ 자연보전권역
- ☐ 소하천구역
- ☐ 배출시설설치제한지역
- ☐ 특별대책지역
- ☐ 임업용산지
- ☐ 준보전산지
- ☐ 법정동
- ☐ 통제보호구역(방공기지:500m)
- ☐ 제한보호구역(방공기지 : 1km)

관련 법규

제5조 보호구역 및 민간인통제선의 지정범위 등

① 보호구역의 지정범위는 다음 각 호와 같다.

1. 통제보호구역

가. 민간인통제선 이북(以北)지역. 다만, 통일정책의 추진에 필요한 지역, 취락지역 또는 안보관광지역 등으로서 대통령령으로 정하는 기준에 해당하는 지역은 제한보호구역으로 지정할 수 있다.

나. 가목 외의 지역에 위치한 중요한 군사기지 및 군사시설의 최외곽 경계선으로부터 300미터 범위 이내의 지역. 다만, 방공기지[대공(對空) 방어임무를 수행하기 위하여 지대공(地對空) 무기 등을 운용하는 기지를 말한다. 이하 이 조에서 같다]의 경우에는 최외곽 경계선으로부터 500미터 범위 이내의 지역으로 한다.

2. 제한보호구역

　가. 군사분계선의 이남(以南) 25킬로미터 범위 이내의 지역 중 민간인통제선 이남지역. 다만, 중요한 군사기지 및 군사시설이 없거나 군사작전상 장애가 되지 아니하는 지역으로서 대통령령으로 정하는 기준에 해당하는 지역은 제한보호구역의 지정에서 제외하여야 한다.

　나. 가목 외의 지역에 위치한 군사기지 및 군사시설의 최외곽 경계선으로부터 500미터 범위 이내의 지역. 다만, 취락지역에 위치한 군사기지 및 군사시설의 경우에는 당해 군사기지 및 군사시설의 최외곽경계선으로부터 300미터 범위 이내의 지역으로 한다.

　다. 폭발물 관련 시설, 방공기지, 사격장 및 훈련장은 당해 군사기지 및 군사시설의 최외곽 경계선으로터 1킬로미터 범위 이내의 지역

　라. 전술항공작전기지는 당해 군사기지 최외곽 경계선으로부터 5킬로미터 범위 이내의 지역, 지원항공작전기지 및 헬기 전용작전기지는 당해 군사기지 최외곽 경계선으로부터 2킬로미터 범위 이내의 지역

　마. 군용전기통신기지는 군용전기통신설비 설치장소의 중심으로부터 반지름 2킬로미터 범위 이내의 지역

비행안전구역

소재지	강원도 횡성군 횡성읍 곡교리 ▒▒번지		
지목	대 ⑦	면적	301 ㎡
개별공시지가(㎡당)	107,100원 (2022/01) 연도별보기		
지역지구등 지정여부	「국토의 계획 및 이용에 관한 법률」에 따른 지역·지구등	계획관리지역	
	다른 법령 등에 따른 지역·지구등	가축사육제한구역(2017-05-01)(일부제한구역(소,말,사슴,양,염소,산양:110m이하))<가축분뇨의 관리 및 이용에 관한 법률>, 제1종 구역<공항소음 방지 및 소음대책지역 지원에 관한 법률>, 제1종 구역(원주비행장(k-46)_1종구역)<공항소음 방지 및 소음대책지역 지원에 관한 법률>, 비행안전제2구역(전술)(제2구역)<군사기지 및 군사시설 보호법>, 군용비행장 소음대책구역 제1종구역(원주비행장(K-46)_1종구역)<군용비행장·군사격장 소음 방지 및 피해보상에 관한 법률>, 공장설립제한지역<수도법>, (한강)폐기물매립시설 설치제한지역(한강수계제한지역)<한강수계 상수원수질개선 및 주민지원 등에 관한 법률>	
	「토지이용규제 기본법 시행령」 제9조 제4항 각 호에 해당되는 사항		
확인도면			

관련 법규

군사기지 및 군사시설 보호법

제10조 비행안전구역에서의 금지 또는 제한

① 누구든지 비행안전구역(예비항공작전기지 중 민간비행장의 비행안전구역을 제외한다) 안에서는 다음 각 호의 어느 하나에 해당하는 행위를 하여서는 아니 된다. 다만, 제3호의 경우 미리 관할부대장 등의 허가를 받은 자에 대하여는 그러하지 아니하다.

　1. 제1구역에서 군사시설(민간항공기의 항행을 지원하기 위한 항행안전시설을 포함한다)을 제외한 건축물의 건축, 공작물·식물이나 그 밖의 장애물의 설치·재배 또는 방치. 다만, 가장 높은 표면의 높이가 제1구역의 기본표면 표고를

초과하지 않고 군용항공기(민간항공기도 포함한다)의 이륙·착륙 및 비행에 방해 또는 장애가 되지 아니하는 범위에서 설치되는 다음 각 목의 어느 하나에 해당하는 시설물 등에 대하여는 관할부대장과 협의하여 제외한다.

2. 제2구역부터 제6구역까지에서 그 구역의 표면높이(이들의 투영면이 일치되는 부분에 관하여는 이들 중 가장 낮은 표면으로 한다) 이상인 건축물의 건축, 공작물·식물이나 그 밖의 장애물의 설치·재배 또는 방치

3. 군용항공기를 제외한 항공기의 비행안전구역 상공의 비행

4. 항공등화의 명료한 인지를 방해하거나 항공등화로 오인할 우려가 있는 유사등화의 설치

5. 비행장애를 일으킬 우려가 있는 연막·증기의 발산 또는 색채유리나 그 밖의 반사물체의 진열

② 제1항 제2호에도 불구하고 비행안전구역 중 전술항공작전기지의 제3구역, 제5구역 또는 제6구역과 지원항공작전기지의 제4구역 또는 제5구역 안에서는 각 구역별로 최고장애물 지표면 중 가장 높은 지표면의 높이를 초과하지 아니하는 범위 안에서 일정 구역의 지표면으로부터 45미터 높이 이내에서 그 구역의 표면높이 이상인 건축물의 건축, 공작물·식물이나 그 밖의 장애물을 설치 또는 재배할 수 있다. 다만, 지원항공작전기지의 제4구역·제5구역의 경계부분이 연속적으로 상승하거나 하강하는 능선형태로 되어 있어서 그 경계부분의 높이가 최고장애물의 지표면 높이의 기준이 됨으로써 본문에 따른 높이까지 건축물의 건축 또는 공작물의 설치를 할 수 없게 되는 경우에는 최고장애물의 지표면 높이가 높은 구역의 최고장애물을 기준으로 하여 적용한다.

전원개발사업구역

전원개발사업구역은 전원설비를 설치·운용하기 위한 사업구역으로서 '전원개발촉진법'에 따라 전원개발사업 실시계획으로 지정·고시된 구역을 말한다. 정부가 전기와 전원의 시설과 설비를 설치하고 운용하기 위해 '전원개발촉진법'에 근거해 지정한 사업구역을 말한다. 전기시설은 발전소(화력, 원자력 등)를 말하며, 변전소나 철탑 등도 포함된다. 여기서, 전원설비, 전원개발사업 및 전원개발사업 실시계획은 다음과 같다.

① 전원설비 : 발전·송전 및 변전을 위한 전기사업용 전기설비와 그 부대시설을 말한다.
② 전원개발사업 : 전원설비를 설치·개량하는 사업 또는 설치 중이거나 설치된 전원설비의 토지 등을 취득하거나 사용권원(使用權原)을 확보하는 사업을 말한다.
③ 전원개발사업 실시계획 : 정부의 전력수급기본계획에 따른 전원개발사업의 실시에 관한 세부계획을 말한다. 전원개발사업구역은 전원설비를 설치·운용하기 위한 사업구역으로서 지속적인 경제성장과 국민소득증대에 따른 전력수요 증가에 대처하기 위해 전원설비를 안정적으로 확충해 전력수급의 안정을 도모하고자 시행하는 사업으로 지정된 토지다.

관련 법규

전원개발촉진법

제5조 전원개발사업 실시계획의 승인

① 전원개발사업자는 전원개발사업 실시계획을 수립하여 산업통상자원부장관의
승인을 받아야 한다.

제6조의 2 토지 수용

① 전원개발사업자는 전원개발사업에 필요한 토지 등을 수용하거나 사용할 수
있다.

제6조의 4 구분지상권의 설정등기 등

① 전원개발사업자는 다른 자의 토지의 지상 또는 지하 공간의 사용에 관하여 구
분지상권의 설정 또는 이전을 전제로 그 토지의 소유자 및 '공익사업을 위한
토지 등의 취득 및 보상에 관한 법률' 제2조 제5호에 따른 관계인과 협의하여
그 협의가 성립된 경우에는 구분지상권을 설정 또는 이전한다.

② 전원개발사업자는 이 법 및 '공익사업을 위한 토지 등의 취득 및 보상에 관한
법률'에 따라 토지의 지상 또는 지하 공간의 사용에 관한 구분지상권의 설정
또는 이전을 내용으로 하는 수용·사용의 재결을 받은 경우에는 '부동산등기
법' 제99조를 준용하여 단독으로 해당 구분지상권의 설정 또는 이전 등기를
신청할 수 있다.

토지 안에 철탑이 설치된 경우

소재지	경기도 양평군 양평읍 덕평리 ████번지		
지목	전 ❓	면적	1,315 ㎡
개별공시지가(㎡당)	203,300원 (2022/01) 연도별보기		
지역지구등 지정여부	「국토의 계획 및 이용에 관한 법률」에 따른 지역·지구등	도시지역 , 자연녹지지역 , 대로1류(폭 35m~40m)(2019-07-23)(양평 대로 1-2)(저촉)		
	다른 법령 등에 따른 지역·지구등	배출시설설치제한지역<물환경보전법>, 자연보전권역<수도권정비계획법>, 공장설립승인지역(2016-12-09)(수도법 시행령제14조의3제1호)<수도법>, (한강)폐기물매립시설 설치제한지역<한강수계 상수원수질개선 및 주민지원 등에 관한 법률>, 수질보전특별대책지역(1권역)<환경정책기본법>		
「토지이용규제 기본법 시행령」 제9조 제4항 각 호에 해당되는 사항	영농여건불리농지 <추가기재> 해당지번 중 150㎡ 전원개발사업구역(전원개발촉진법) 국가지리정보 보완관리규정」 제10조 제11조에 의거 전력·통신·가스 등 공공의 이익 및 안전과 밀접한 관계가 있는 국가기간시설이 포함된 지도는 공개제한 대상으로 분류되어 있어 도면에 표기하지 않습니다.		

확인도면

범례
- ☐ 준보전산지
- ☐ 도시지역
- ■ 자연녹지지역
- ☐ 자연보전권역
- ☐ 도로구역
- ☐ 한강폐기물매립시설설치제한지역
- ☐ 수질보전특별대책지역
- ☐ 배출시설설치제한지역
- ☐ 대로1류(폭 35m~40m)
- ☐ 대로3류(폭 25m~30m)
- ☐ 교통광장

접도구역

접도구역은 원칙적으로 도시지역에는 지정되지 않으며, 비도시지역(관리지역, 농림지역, 자연환경보전지역)에만 지정된다. 비도시지역은 도로와 주변 토지 사이에 완충지대인 보도가 없는 경우가 많다. 자동차가 운행하는 도로에 바로 인접해 건축물이 지어질 경우 보행자와 운전자 간에 시야가 확보되지 않아 사고 위험이 높아지므로 일반 도로에서 5미터, 고속도로는 10미터까지의 접도구역을 설치해 시야 확보에 장애를 주는 시설의 설치를 제한한다. 접도구역으로 지정되면 토지의 형질을 변경하는 행위, 건축물이나 공작물을 신축, 개축하는 행위가 금지된다.

　도시지역의 경우 시속 60킬로미터 이상 주행이 가능한 도로는 보도가 있어도 사고의 확률이 높아 접도구역 대신 완충녹지를 만들어 보행자와 운전자의 위험을 예방한다.

접도구역

소재지	경상남도 고성군 마암면 화산리 ▓▓▓번지			
지목	대 ❓		면적	301 m²
개별공시지가(m²당)	170,400원 (2022/01)　연도별보기			
지역지구등 지정여부	「국토의 계획 및 이용에 관한 법률」에 따른 지역·지구등	계획관리지역, 중로1류(폭 20m~25m)(접합)		
	다른 법령 등에 따른 지역·지구등	가축사육제한구역(모든축종 사육제한)<가축분뇨의 관리 및 이용에 관한 법률> 접도구역<도로법>		
「토지이용규제 기본법 시행령」 제9조 제4항 각 호에 해당되는 사항				

확인도면

범례
☐ 준보전산지
■ 계획관리지역
☐ 도로구역
☐ 접도구역
☐ 하천구역
☐ 가축사육제한구역
☐ 중로1류(폭 20m~25m)
☐ 소로2류(폭 8m~10m)
■ 배수시설
☐ 법정동

☐ 작은글씨확대　축척 1 / 1200 ▾　변경　도면크게보기

관련 법규

도로법

제40조 접도구역의 지정 및 관리

③ 누구든지 접도구역에서는 다음 각 호의 행위를 하여서는 아니 된다. 다만, 도로 구조의 파손, 미관의 훼손 또는 교통에 대한 위험을 가져오지 아니하는 범위에서 하는 행위로서 대통령령으로 정하는 행위는 그러하지 아니하다.

1. 토지의 형질을 변경하는 행위.

2. 건축물, 그 밖의 공작물을 신축·개축 또는 증축하는 행위.

④ 도로관리청은 도로 구조나 교통안전에 대한 위험을 예방하기 위하여 필요하면 접도구역에 있는 토지, 나무, 시설, 건축물, 그 밖의 공작물(이하 '시설 등'이라 한다)의 소유자나 점유자에게 상당한 기간을 정하여 다음 각 호의 조치를 하게 할 수 있다.

1. 시설 등이 시야에 장애를 주는 경우에는 그 장애물을 제거할 것.

2. 시설 등이 붕괴하여 도로에 위해를 끼치거나 끼칠 우려가 있으면 그 위해를 제거하거나 위해 방지시설을 설치할 것.

3. 도로에 토사 등이 쌓이거나 쌓일 우려가 있으면 그 토사 등을 제거하거나 토사가 쌓이는 것을 방지할 수 있는 시설을 설치할 것.

4. 시설 등으로 인하여 도로의 배수시설에 장애가 발생하거나 발생할 우려가 있으면 그 장애를 제거하거나 장애의 발생을 방지할 수 있는 시설을 설치할 것.

제41조 접도구역에 있는 토지의 매수청구

① 접도구역에 있는 토지가 다음 각 호의 어느 하나에 해당하는 경우 해당 토지의 소유자는 도로관리청에 해당 토지의 매수를 청구할 수 있다.

1. 접도구역에 있는 토지를 종래의 용도대로 사용할 수 없어 그 효용이 현저하게 감소한 경우

2. 접도구역의 지정으로 해당 토지의 사용 및 수익이 사실상 불가능한 경우

② 제1항 각 호의 어느 하나에 해당하는 토지(이하 '매수대상 토지'라 한다)의 매수를 청구할 수 있는 소유자는 다음 각 호의 어느 하나에 해당하는 자이어야 한다.

1. 접도구역이 지정될 당시부터 해당 토지를 계속 소유한 자

2. 토지의 사용·수익이 불가능하게 되기 전에 해당 토지를 취득하여 계속 소유한 자
3. 제1호 또는 제2호에 해당하는 자로부터 해당 토지를 상속받아 계속 소유한 자

완충녹지

도시지역 안에서 도시의 자연환경을 보전하거나 개선하고 공해나 재해를 방지해 양호한 도시경관의 향상을 도모하기 위해 '국토의 계획 및 이용에 관한 법률'에 의해 도시관리계획으로 결정된 토지를 말하며, 용도지역인 녹지지역과는 다른 개념이다. 녹지는 도시공원 및 녹지 등에 관한 법률에 따라 완충녹지, 경관녹지, 연결녹지 등 세 가지로 구분되며, 모두 개발을 방지하기 위한 것으로 어떤 녹지라도 건축은 불가능하다.

경관녹지는 경관 보호, 연결녹지는 주민의 여가나 산책을 위해 지정된다. 완충녹지(Buffer Zone Green)는 일반적으로 신도시 등 택지개발지역에서 또는 간선도로나 철도 주변에서 자주 볼 수 있는데, 자동차 전용도로와 주거지역 등을 분리시킬 목적으로 두 지역 사이에 설치되거나, 서로 기능상의 마찰을 일으킬 수 있는 지역 사이 등에 주로 설치된다. 도로에 인접한 토지라 하더라도 완충녹지에 의해 차단되어 진입로의 개설이 불가능한 토지는 이른바 맹지가 되어 개발이 불가능할 수도 있다.

완충녹지

소재지	경기도 남양주시 평내동 ████번지		
지목	공원 ❓	면적	688.4 ㎡
개별공시지가(㎡당)	210,300원 (2022/01) 연도별보기		
지역지구등 지정여부	「국토의 계획 및 이용에 관한 법률」에 따른 지역·지구등	도시지역 , 자연녹지지역 , 지구단위계획구역(평내택지지구) , 대로2류(폭 30m~35m)(2014-10-06)(접합) , 소로3류(폭 8m 미만)(접합) , 완충녹지 , 중로1류(폭 20m~25m)(보조간선도로)(접합)	
	다른 법령 등에 따른 지역·지구등	배출시설설치제한지역<물환경보전법>, 과밀억제권역<수도권정비계획법>	
「토지이용규제 기본법 시행령」 제9조 제4항 각 호에 해당되는 사항			

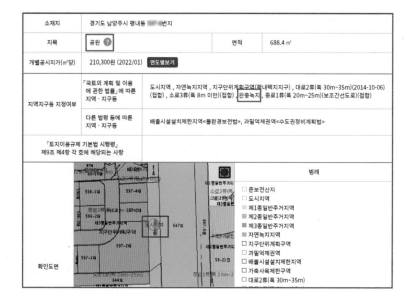

범례
- □ 준보전산지
- □ 도시지역
- ■ 제1종일반주거지역
- ■ 제2종일반주거지역
- ■ 제3종일반주거지역
- ■ 자연녹지지역
- □ 지구단위계획구역
- □ 과밀억제권역
- □ 배출시설설치제한지역
- □ 가축사육제한구역
- □ 대로2류(폭 30m~35m)

경관녹지

소재지	충청남도 당진시 송악읍 고대리 ████-████번지		
지목	전 ❓	면적	793 ㎡
개별공시지가(㎡당)	195,000원 (2015/01) 연도별보기		
지역지구등 지정여부	「국토의 계획 및 이용에 관한 법률」에 따른 지역·지구등	일반공업지역 , 제1종지구단위계획구역 , 경관녹지	
	다른 법령 등에 따른 지역·지구등	가축사육제한구역(전부제한)<가축분뇨의 관리 및 이용에 관한 법률>, 일반산업단지(당진1철강산업단지)<산업입지 및 개발에 관한 법률>	
「토지이용규제 기본법 시행령」 제9조 제4항 각 호에 해당되는 사항			

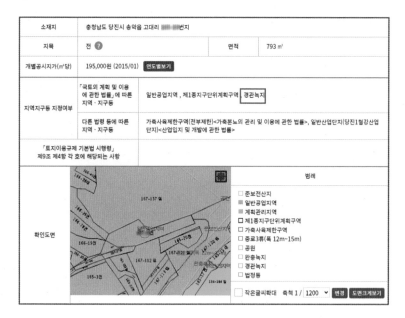

범례
- □ 준보전산지
- ■ 일반공업지역
- ■ 계획관리지역
- □ 제1종지구단위계획구역
- □ 가축사육제한구역
- □ 중로3류(폭 12m~15m)
- □ 공원
- □ 완충녹지
- □ 경관녹지
- □ 법정동

□ 작은글씨확대 축척 1 / 1200 ▾ 변경 도면크게보기

관련 법규

도시공원 및 녹지 등에 관한 법률

제35조 녹지의 세분

녹지는 그 기능에 따라 다음 각 호와 같이 세분한다.

1. 완충녹지 : 대기오염, 소음, 진동, 악취, 그 밖에 이에 준하는 공해와 각종 사고나 자연재해, 그 밖에 이에 준하는 재해 등의 방지를 위하여 설치하는 녹지.
2. 경관녹지 : 도시의 자연적 환경을 보전하거나 이를 개선하고 이미 자연이 훼손된 지역을 복원·개선함으로써 도시경관을 향상시키기 위하여 설치하는 녹지.
3. 연결녹지 : 도시 안의 공원, 하천, 산지 등을 유기적으로 연결하고 도시민에게 산책공간의 역할을 하는 등 여가·휴식을 제공하는 선형(線型)의 녹지.

제36조 녹지의 설치 및 관리

① 녹지는 특별시장·광역시장·특별자치시장·특별자치도지사·시장 또는 군수가 설치·관리한다.

제37조 특정 원인에 의한 녹지의 설치

특별시장·광역시장·특별자치시장·특별자치도지사·시장 또는 군수는 공장 설치 등의 특정 원인으로 인한 공해나 사고의 방지를 위하여 녹지를 설치할 필요가 있어 도시·군관리계획으로 녹지를 결정하였을 때에는 대통령령으로 정하는 바에 따라 그 원인 제공자에게 녹지의 전부 또는 일부를 설치·관리하게 할 수 있다.

비오톱

비오톱은 토지 관련 용어 중 비교적 최근에 생겨난 생소한 개념이다. 비오톱(biotope)이라는 말은 그리스어로 생명을 뜻하는 비오스(bios)와 땅을 의미하는 토포스(topos)를 합해 만든 용어로, 서울시가 생태계 보전을 위해 도입한 일종의 도시계획구역이다. 서울시 도시계획조례는 비오톱을 특정한 식물과 동물이 하나의 생활공동체를 이루어 지표상에서 다른 곳과 명확히 구분되는 생물서식지로 규정하고 있다.

서울시는 비오톱유형평가 등급을 5등급으로 평가해 지정하고 있다. 1등급은 대상지 전체에 대해 절대적으로 보전이 필요한 비오톱유형, 2등급은 대상지 전체에 대해 절대적으로 보전을 우선해야 하는 비오톱유형, 3등급은 대상지 일부에 대해 보전을 우선하고 잔여지역은 토지 이용제한이 필요한 비오톱유형, 4등급은 대상지 일부 토지에 대한 토지 이용제한이 필요한 비오톱유형, 5등급은 부분적으로 개선이 필요한 비오톱유형 등급이다. 서울시는 또 개별 비오톱 평가 등급을 3등급으로 나누어, 1등급은 특별한 보호 가치가 있는 비오톱(보전), 2등급은 보호할 가치가 있는 비오톱(보호 및 복원), 3등급은 현재로서는 한정적인 가치를 가지는 비오톱(복원)으로 구분해 지정하고 있다.

등급이 높을수록(숫자가 낮을수록) 개발행위가 더 엄격해진다는 것을 알 수 있다. 비오톱 1등급은 절대적으로 보존해야 할 동식물 생태계인 만큼 우리가 흔히 알고 있는 그린벨트보다 더 엄격해 토지 투자의 관점에서는 개발 자체가 불가능한 토지라고 보면 된다. 비오톱 1등급의 경우 토지이용계획안내서에도 기재하게끔 되어 있어 확인서 열람을 통해 비오톱 지정 여부를 알 수 있다.

비오톱

소재지	서울특별시 서초구 내곡동 ■■■번지		
지목	전 ❓	면적	291 ㎡
개별공시지가(㎡당)	500,100원 (2022/01) [연도별보기]		
지역지구등 지정여부	「국토의 계획 및 이용에 관한 법률」에 따른 지역·지구등	도시지역 , 자연녹지지역(2016-06-15)	
	다른 법령 등에 따른 지역·지구등	개발제한구역(2016-06-15)<개발제한구역의 지정 및 관리에 관한 특별조치법>, 대공방어협조구역(위탁고도:77-257m)<군사기지 및 군사시설 보호법>, 비행안전제6구역(전술)<군사기지 및 군사시설 보호법>, 제한보호구역(전술항공:5km)<군사기지 및 군사시설 보호법>, 과밀억제권역<수도권정비계획법>	
	「토지이용규제 기본법 시행령」 제9조 제4항 각 호에 해당되는 사항	토지거래계약에관한허가구역,비오톱1등급(저촉) <추가기재> 농지법 제8조 규정이 적용되는 농지	

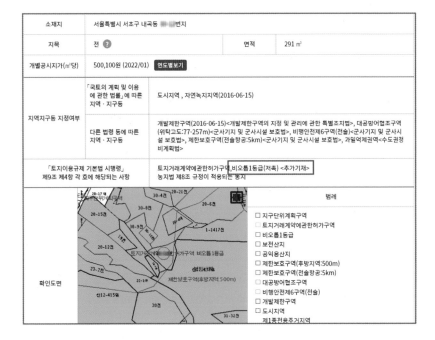

범례
- □ 지구단위계획구역
- □ 토지거래계약에관한허가구역
- □ 비오톱1등급
- □ 보전산지
- □ 공익용산지
- □ 제한보호구역(후방지역:500m)
- □ 제한보호구역(전술항공:5km)
- □ 대공방어협조구역
- □ 비행안전제6구역(전술)
- □ 개발제한구역
- □ 도시지역
  - 제1종전용주거지역

확인도면

관련 법규

서울특별시 도시계획 조례

[별표 1] <개정 2020. 12. 31>

개발행위허가 기준(제24조 관련)

⑷ 제4조 제4항의 도시생태현황 조사결과 비오톱유형평가 1등급이고 개별비오톱평가 1등급으로 지정된 부분은 보전하여야 한다.

　⑺ '비오톱'이란 특정한 식물과 동물이 하나의 생활공동체를 이루어 지표상에서 다른 곳과 명확히 구분되는 생물서식지를 말한다.

　⑷ 비오톱유형평가는 5개의 등급으로 구분하여 서식지기능, 생물서식의 잠재성, 식물의 층위구조, 면적 및 희귀도를 종합하여 평가한다.

　⑷ 개별비오톱평가는 자연형 비오톱유형과 근자연형 비오톱유형을 대상으로

평가하여 3개의 등급으로 구분하며 자연성, 생물서식지기능, 면적, 위치 등을 평가항목으로 고려한다.

○ 비오톱유형평가등급 및 개별비오톱평가등급

1. 비오톱유형평가등급

    가. 1등급 : 대상지 전체에 대해 절대적으로 보전이 필요한 비오톱 유형.

    나. 2등급 : 대상지 전체에 대해 절대적으로 보전을 우선해야 하는 비오톱 유형.

    다. 3등급 : 대상지 일부에 대해 보전을 우선하고 잔여지역은 토지 이용제한이 필요한 비오톱 유형.

    라. 4등급 : 대상지 일부 토지에 대한 토지 이용제한이 필요한 비오톱 유형.

    마. 5등급 : 부분적으로 개선이 필요한 비오톱 유형.

2. 개별비오톱평가등급

    가. 1등급 : 특별히 보호 가치가 있는 비오톱(보전).

    나. 2등급 : 보호할 가치가 있는 비오톱(보호 및 복원).

    다. 3등급 : 현재로서는 한정적인 가치를 가지는 비오톱(복원).

    (근거 : 서울특별시도시계획조례 제3조 제3항).

○ 비오톱유형평가 1등급 및 개별비오톱평가 1등급의 개발행위제한

- 도시생태현황 조사 결과 비오톱유형평가 1등급이고, 개별비오톱평가 1등급인 토지는 대상지 전체에 대하여 절대적으로 보전하여야 함.

(근거 : 서울특별시도시계획조례 제24조 별표 1, 2009. 11. 11 개정, 2010. 6. 1 시행)

역사문화환경보호구역과 현상변경허가대상구역

　문화재는 동산 문화재와 부동산 문화재로 크게 구분된다. 지상에 세워진 문화재는 해당 문화재의 점유 면적을 제외한 지역으로서 문화재로부터 대개 500미터까지를 문화재보호구역이나 현상변경허가 대상구역으로 지정해 문화재를 보호한다. 문화재보호구역은 주로 건축물의 공사로 문화재에 직접적인 훼손을 방지하기 위하여 만든 규제이며, 현상변경허가대상구역은 문화재의 경관을 훼손하는 행위, 즉 나무를 심거나 간판 등을 설치하는 경우와 가축을 기르거나 수로 또는 오물 등을 적치하는 것을 방지하기 위해 지정된다.

　문화재 보호구역이나 현상변경허가 대상구역으로 지정된 곳에서는 문화재에 영향을 끼치지 않는 한도 내에서 문화재청장의 동의를 받으면 행위허가가 가능하다. 규제 내용을 보다 정확히 찾아보려면 문화재청에서 운영하는 문화재 정보규제 홈페이지를 방문해 확인하면 된다.

관련 법규

문화재보호법

제12조 건설공사 시의 문화재 보호

건설공사로 인하여 문화재가 훼손, 멸실 또는 수몰(水沒)될 우려가 있거나 그 밖에 문화재의 역사문화환경 보호를 위하여 필요한 때에는 그 건설공사의 시행자는 문화재청장의 지시에 따라 필요한 조치를 하여야 한다. 이 경우 그 조치에 필요한 경비는 그 건설공사의 시행자가 부담한다.

제13조 역사문화 환경 보존지역의 보호

① 시·도지사는 지정문화재(동산에 속하는 문화재와 무형문화재를 제외한다. 이하 이 조에서 같다)의 역사 문화환경 보호를 위하여 문화재청장과 협의하여 조례로 역사 문화환경 보존지역을 정하여야 한다.

② 건설공사의 인가·허가 등을 담당하는 행정기관은 지정문화재의 외곽경계(보호구역이 지정되어 있는 경우에는 보호구역의 경계를 말한다. 이하 이 조에서 같다)의 외부 지역에서 시행하려는 건설공사로서 제1항에 따라 시·도지사가 정한 역사 문화환경 보존지역에서 시행하는 건설공사에 관하여는 그 공사에 관한 인가·허가 등을 하기 전에 해당 건설공사의 시행이 지정문화재의 보존에 영향을 미칠 우려가 있는 행위에 해당하는지 여부를 검토하여야 한다. 이 경우 해당 행정기관은 대통령령으로 정하는 바에 따라 관계 전문가의 의견을 들어야 한다.

③ 역사 문화환경 보존지역의 범위는 해당 지정문화재의 역사적·예술적·학문적·경관적 가치와 그 주변 환경 및 그 밖에 문화재 보호에 필요한 사항 등을 고려하여 그 외곽경계로부터 500미터 안으로 한다. 다만, 문화재의 특성 및 입지여건 등으로 인하여 지정문화재의 외곽경계로부터 500미터 밖에서 건설공사를 하게 되는 경우에 해당 공사가 문화재에 영향을 미칠 것이 확실하다고 인정되면 500미터를 초과하여 범위를 정할 수 있다.

제35조 허가사항

① 국가지정문화재에 대하여 다음 각 호의 어느 하나에 해당하는 행위를 하려는 자는 대통령령으로 정하는 바에 따라 문화재청장의 허가를 받아야 하며, 허가사항을 변경하려는 경우에도 문화재청장의 허가를 받아야 한다. 다만, 국가지

정문화재 보호구역에 안내판 및 경고판을 설치하는 행위 등 대통령령으로 정하는 경미한 행위에 대해서는 특별자치시장, 특별자치도지사, 시장·군수 또는 구청장의 허가(변경허가를 포함한다)를 받아야 한다.

1. 국가지정문화재의 현상을 변경하는 행위로서 대통령령으로 정하는 행위

2012 타경 20658 (임의)		매각기일 : 2013-03-13 10:30~ (수)		경매1계 031-210-1261	
소재지	경기도 화성시 안녕동 ■■■-■■■ 외1필지				
용도	전	채권자	논○○○○○○○○○○	감정가	3,150,414,000원
토지면적	24100㎡ (7290.22평)	채무자	유○	최저가	(51%) 1,613,012,000원
건물면적		소유자	김○	보증금	(10%)161,301,200원
제시외		매각대상	토지일괄매각	청구금액	2,047,773,597원
입찰방법	기일입찰	배당종기일	2012-07-05	개시결정	2012-04-24

기일현황 ▼전체보기

회차	매각기일	최저매각금액	결과
신건	2012-08-30	3,150,414,000원	유찰
2차	2012-09-27	2,520,331,000원	유찰
3차	2012-11-01	2,016,265,000원	유찰
	2012-11-29	1,613,012,000원	변경
	2013-01-02	1,613,012,000원	변경
	2013-02-06	1,613,012,000원	변경
4차	2013-03-13	1,613,012,000원	취하

최종기일 결과 이후 취하된 사건입니다.

역사문화환경보전지구

소재지	경기도 화성시 안녕동 ███-███번지		
지목	전 ❓	면적	10,885 ㎡
개별공시지가(㎡당)	153,700원 (2022/01) 연도별보기		
지역지구등 지정여부	「국토의 계획 및 이용에 관한 법률」에 따른 지역·지구등	자연녹지지역(2017-06-22) , 경관지구(안녕전통경관지구)	
	다른 법령 등에 따른 지역·지구등	가축사육제한구역(일부제한 모든축종 제한)<가축분뇨의 관리 및 이용에 관한 법률>, 비행안전제6구역(전술)<군사기지 및 군사시설 보호법>, 역사문화환경보존지역<문화재보호법>, 시도지정문화재구역(외곽으로부터 300미터이내의 지역 도협의)<문화재보호법>, 성장관리권역<수도권정비계획법>	
	「토지이용규제 기본법 시행령」제9조 제4항 각 호에 해당되는 사항		

범례
- ☐ 공익용산지
- ☐ 비행안전제6구역(전술)
- ▨ 자연녹지지역
- ☐ 성장관리계획구역
- ☐ 대로3류(폭 25m~30m)
- ☐ 문화재보호구역
- ☐ 문화재
- ☐ 국가지정문화재구역
- ☐ 시도지정문화재구역
- ☐ 역사문화환경보존지역
- ☐ 경관지구

확인도면

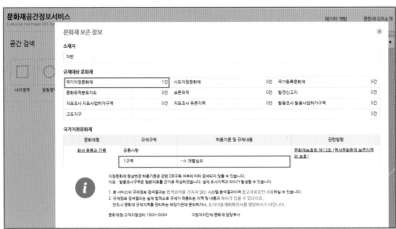

문화재보호법 시행령

제21조의 2 국가지정문화재 등의 현상변경 등의 행위

① 법 제35조 제1항 제1호에서 '대통령령으로 정하는 행위'란 다음 각 호의 행위를 말한다.

3. 국가지정문화재, 보호물 또는 보호구역 안에서 하는 다음 각 목의 행위

　가. 건축물 또는 도로·관로·전선·공작물·지하구조물 등 각종 시설물을 신축, 증축, 개축, 이축(移築) 또는 용도 변경(지목변경의 경우는 제외한다)하는 행위

　나. 수목을 심거나 제거하는 행위

　다. 토지 및 수면의 매립·간척·땅파기·구멍뚫기, 땅깎기, 흙쌓기 등 지형이나 지질의 변경을 가져오는 행위

　라. 수로, 수질 및 수량에 변경을 가져오는 행위

　마. 소음·진동 등을 유발하거나 대기오염물질·화학물질·먼지 또는 열 등을 방출하는 행위

　바. 오수(汚水)·분뇨·폐수 등을 살포, 배출, 투기하는 행위

　사. 동물을 사육하거나 번식하는 등의 행위

　아. 토석, 골재 및 광물과 그 부산물 또는 가공물을 채취, 반입, 반출, 제거하는 행위

　자. 광고물 등을 설치, 부착하거나 각종 물건을 쌓는 행위

현상변경허가대상구역

소재지	부산광역시 사하구 다대동 ▓▓▓번지		
지목	대 ❓	면적	127 ㎡
개별공시지가(㎡당)	1,715,000원 (2022/01) 연도별보기		
지역지구등 지정여부	「국토의 계획 및 이용에 관한 법률」에 따른 지역·지구등	일반상업지역 , 방화지구 , 소로2류(폭 8m-10m)(접합)	
	다른 법령 등에 따른 지역·지구등	가로구역별 최고높이 제한지역(54m이하)<건축법>, 상대보호구역(2015-01-14)<교육환경 보호에 관한 법률>, 비행안전구역<군사기지 및 군사시설 보호법>, 현상변경허가 대상구역(2016-01-13)<문화재보호법>	
「토지이용규제 기본법 시행령」 제9조 제4항 각 호에 해당되는 사항			

범례

■ 제2종일반주거지역
■ 일반상업지역
□ 가로구역별 최고높이 제한지역
□ 지구단위계획구역
□ 택지개발지구
□ 상대보호구역
□ 현상변경허가 대상구역
□ 방화지구
□ 도로
□ 대로2류(폭 30m-35m)
□ 중로2류(폭 15m-20m)
□ 소로2류(폭 8m-10m)

가축사육제한구역

　지역주민의 생활환경보전 또는 상수원의 수질보전을 위해 가축사육의 제한이 필요하다고 인정되는 지역에 대해 시장·군수·구청장이 '가축분뇨의 관리 및 이용에 관한 법률' 및 해당 지방자치단체의 조례가 정하는 바에 따라 지정한 구역을 말한다. 대상지역은 주거밀집지역으로, 생활환경의 보호가 필요한 지역과 수질환경보전이 필요한 지역, 그리고 기타 환경 정책에 따라 지정이 필요한 지역이다.

　법률이 정한 가축은 소, 돼지, 말, 닭, 젖소, 오리, 양, 사슴 및 개를 말한다. 가축사육제한은 규제가 필요한 가축의 종류를 나열해 일부만 규제하기도 하며, 특정 가축의 나열이 없는 경우는 앞의 모든 가축 사육이 금지된다. 시장·군수·구청장은 가축사육제한구역에서 금지된 가축을 사육하는 자에 대해 축사의 이전과 제거 등 필요한 조치를 명할 수 있으며, 축사의 이전을 명할 때는 1년 이상의 유예기간을 주어야 하고, 이전에 따른 재정적 지원, 부지알선 등의 조치를 통해 정당하게 보상해야 한다.

가축사육 전부 제한구역

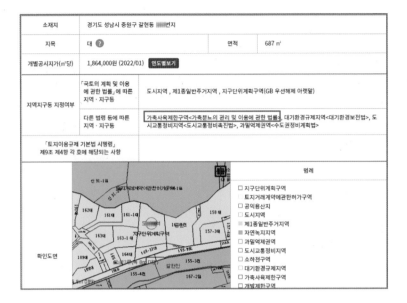

소재지	경기도 성남시 중원구 갈현동 ▇▇▇▇번지		
지목	대 ❓	면적	687 ㎡
개별공시지가(㎡당)	1,864,000원 (2022/01) 연도별보기		
지역지구등 지정여부	「국토의 계획 및 이용에 관한 법률」에 따른 지역·지구등	도시지역 , 제1종일반주거지역 , 지구단위계획구역(GB 우선해제 아랫말)	
	다른 법령 등에 따른 지역·지구등	가축사육제한구역<가축분뇨의 관리 및 이용에 관한 법률>, 대기환경규제지역<대기환경보전법>, 도시교통정비지역<도시교통정비촉진법>, 과밀억제권역<수도권정비계획법>	
「토지이용규제 기본법 시행령」제9조 제4항 각 호에 해당되는 사항			
확인도면			범례 □ 지구단위계획구역 ■ 토지거래계약에관한허가구역 □ 공익용산지 □ 도시지역 ■ 제1종일반주거지역 ■ 자연녹지지역 □ 과밀억제권역 □ 도시교통정비지역 □ 소하천구역 □ 대기환경규제지역 ■ 가축사육제한구역 □ 개발제한구역

가축사육 일부 제한구역

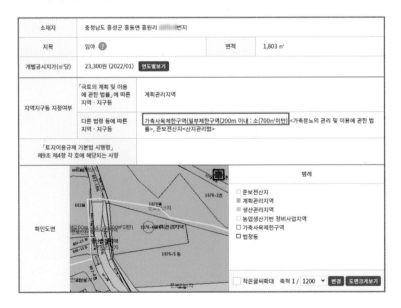

소재지	충청남도 홍성군 홍동면 홍원리 ▇▇▇▇번지		
지목	임야 ❓	면적	1,803 ㎡
개별공시지가(㎡당)	23,300원 (2022/01) 연도별보기		
지역지구등 지정여부	「국토의 계획 및 이용에 관한 법률」에 따른 지역·지구등	계획관리지역	
	다른 법령 등에 따른 지역·지구등	가축사육제한구역(일부제한구역(200m 이내 : 소(700㎡미만))<가축분뇨의 관리 및 이용에 관한 법률>, 준보전산지<산지관리법>	
「토지이용규제 기본법 시행령」제9조 제4항 각 호에 해당되는 사항			
확인도면			범례 □ 준보전산지 ■ 계획관리지역 ■ 생산관리지역 □ 농업생산기반 정비사업지역 □ 가축사육제한구역 □ 법정동

작은글씨확대 축척 1/ 1200 ∨ 변경 도면크게보기

관련 법규

가축분뇨의 관리 및 이용에 관한 법률

제8조 가축사육의 제한 등

① 시장·군수·구청장은 지역주민의 생활환경보전 또는 상수원의 수질보전을 위하여 다음 각 호의 어느 하나에 해당하는 지역 중 가축사육의 제한이 필요하다고 인정되는 지역에 대하여는 해당 지방자치단체의 조례로 정하는 바에 따라 일정한 구역을 지정·고시하여 가축의 사육을 제한할 수 있다. 다만, 지방자치단체 간 경계지역에서 인접 지방자치단체의 요청이 있으면 환경부령으로 정하는 바에 따라 해당 지방자치단체와 협의를 거쳐 일정한 구역을 지정·고시하여 가축의 사육을 제한할 수 있다.

  1. 주거 밀집지역으로 생활환경의 보호가 필요한 지역

  2. '수도법' 제7조에 따른 상수원보호구역, '환경정책기본법' 제38조에 따른 특별대책지역, 그 밖에 이에 준하는 수질환경보전이 필요한 지역

② 환경부장관 또는 시·도지사는 제7조 제1항에 따라 가축분뇨실태조사를 한 지역과 제1항 제2호부터 제4호까지의 지역 중 가축분뇨 등으로 인하여 수질 및 수생태계의 보전에 위해가 발생되거나 발생될 우려가 있는 지역의 경우 해당 시장·군수·구청장에게 해당 지역을 가축의 사육을 제한할 수 있는 구역으로 지정·고시하도록 요청할 수 있다.

③ 시장·군수·구청장은 제1항에 따라 지정·고시한 구역(이하 '가축사육제한구역'이라 한다)에서 가축을 사육하는 자에게 축사의 이전, 그 밖에 위해 제거 등 필요한 조치를 명할 수 있다.

④ 시장·군수·구청장은 제3항에 따라 축사의 이전을 명할 때에는 1년 이상의 유예기간을 주어야 하며, 대통령령으로 정하는 기준 및 절차에 따라 이전에 따른 재정적 지원, 부지 알선 등 정당한 보상을 하여야 한다.

> **가축분뇨의 관리 및 이용에 관한 법률 시행령**
>
> **제5조 축사의 이전명령에 따른 재정적 지원 등**
>
> ① 시장·군수·구청장은 법 제8조 제3항에 따라 축사의 이전명령을 하는 경우 이전대상 시설 중 축사·처리시설 및 그 밖에 축사와 관련된 공작물 등(이하 '축사 등'이라 한다) 토지에 정착한 물건에 대하여는 그 이전조치에 드는 비용(이하 '이전비용'이라 한다)을 보상하여야 한다. 다만, 다음 각 호의 어느 하나에 해당하는 경우에는 그 물건의 가격으로 보상하여야 한다.
> 1. 축사 등의 이전이 어렵거나 그 이전으로 인하여 축사 등을 당초 목적으로 사용할 수 없는 경우
> 2. 축사 등의 이전비용이 그 물건의 가격을 넘는 경우

교육환경보호구역

학교 주변의 환경을 위해 교육감이 지정하며, 정문에서 50m까지는 절대정화구역, 200m까지는 상대보호구역으로 지정되며, 청소년의 위해가 되는 영업행위를 할 수 없다.

절대보호구역 & 상대보호구역

소재지	경기도 광주시 중대동 ■■■■번지		
지목	대 ❓	면적	506 ㎡
개별공시지가(㎡당)	926,600원 (2022/01) 연도별보기		
지역지구등 지정여부	「국토의 계획 및 이용에 관한 법률」에 따른 지역·지구등	도시지역 , 제1종일반주거지역 , 소로2류(폭 8m~10m)(접합)		
	다른 법령 등에 따른 지역·지구등	가축사육제한구역<가축분뇨의 관리 및 이용에 관한 법률>, 상대보호구역 학교환경위생정화구역 세부내용은 교육청에 별도 확인요[광남초교]<교육환경 보호에 관한 법률>, 절대보호구역(2014-11-11)<교육환경 보호에 관한 법률>, 배출시설설치제한지역<물환경보전법>, 자연보전권역<수도권정비계획법>, 공장설립승인지역<수도법>, 특별대책지역<환경정책기본법>		
「토지이용규제 기본법 시행령」 제9조 제4항 각 호에 해당되는 사항				
확인도면				

범례
- □ 도시지역
- □ 공장설립승인지역
- ▨ 제1종일반주거지역
- ▨ 생산녹지지역
- ▨ 자연녹지지역
- □ 자연보전권역
- ▨ 배출시설설치제한지역
- □ 특별대책지역
- □ 절대보호구역
- □ 상대보호구역
- □ 소로2류(폭 8m~10m)

관련 법규

교육환경 보호에 관한 법률

제8조 교육환경보호구역의 설정 등

① 교육감은 학교경계 또는 학교설립예정지 경계(이하 '학교 경계 등'이라 한다)로부터 직선거리 200미터의 범위 안의 지역을 다음 각 호의 구분에 따라 교육환경보호구역으로 설정·고시하여야 한다.

1. 절대보호구역 : 학교출입문으로부터 직선거리로 50미터까지인 지역(학교설립예정지의 경우 학교경계로부터 직선거리 50미터까지인 지역)

2. 상대보호구역 : 학교경계 등으로부터 직선거리로 200미터까지인 지역 중 절대보호구역을 제외한 지역

제9조 교육환경보호구역에서의 금지행위 등

누구든지 학생의 보건·위생, 안전, 학습과 교육환경 보호를 위하여 교육환경보호구역에서는 다음 각 호의 어느 하나에 해당하는 행위 및 시설을 하여서는 아니 된다.

제10조 금지행위 등에 대한 조치

① 시·도지사 및 시장·군수·구청장(자치구의 구청장을 말한다. 이하 같다) 또는 관계행정기관의 장(이하 '관계행정기관 등의 장'이라 한다)은 제9조 각 호의 행위 및 시설(제9조 단서에 따라 심의를 받은 행위 및 시설은 제외한다. 이하 같다)을 방지하기 위하여 공사의 중지·제한, 영업의 정지 및 허가·인가·등록·신고의 거부·취소 등의 조치(이하 '처분'이라 한다)를 하여야 하며, 교육환경을 위해하여 철거가 불가피하다고 판단하면 사업시행자에게 해당 시설물의 철거를 명할 수 있다.

소재지	전라북도 전주시 완산구 교동 ■■■■번지		
지목	대 ❓	면적	228.1 ㎡
개별공시지가(㎡당)	1,606,000원 (2022/01) [연도별보기]		
지역지구등 지정여부	「국토의 계획 및 이용에 관한 법률」에 따른 지역·지구등	제1종일반주거지역(2015-08-28) , 지구단위계획구역(전통문화구역)	
	다른 법령 등에 따른 지역·지구등	가축사육제한구역(2019-12-27)<가축분뇨의 관리 및 이용에 관한 법률>, 상대보호구역(성심여자중고등학교)<교육환경 보호에 관한 법률>, 상대보호구역(성심유치원)<교육환경 보호에 관한 법률>, 상대보호구역(중앙초등학교)<교육환경 보호에 관한 법률>, 절대보호구역(성심여자중고등학교)<교육환경 보호에 관한 법률>, 역사문화환경보존지역<문화재보호법>, 문화재보존영향 검토대상구역<전라북도지정문화재보호조례>	
	「토지이용규제 기본법 시행령」 제9조 제4항 각 호에 해당되는 사항	<추가기재> 산림 하천 전원개발 항목은 관련부서 확인협의	
확인도면			

범례
- ☐ 문화재보존영향 검토대상구역
- ☐ 지구단위계획구역
- ☐ 가축제한구역
- ☐ 방화지구
- ☐ 법정동
- ■ 제1종일반주거지역
- ■ 일반상업지역
- ☐ 소로2류(폭 8m~10m)
- ☐ 소로3류(폭 8m 미만)
- ☐ 학교

☐ 작은글씨확대   축척 1/ 1200 ∨ [변경] [도면크게보기]

과밀억제권역, 성장관리권역 및 자연보전권역

과밀억제권역, 성장관리권역 및 자연보전권역은 수도권정비계획법에 근거한 용도권역으로 서울과 수도권(인천, 경기도)의 인구와 산업의 적절한 배치와 정비를 통해 수도권을 균형 있게 발전시키기 위해 지정한 지역이다. 수도권의 지방자체단체 입장에서는 개발이 억제되어 불리할 수도 있으나 충청, 강원 등 수도권에 인접한 지방에서는 대학, 공장 등 대규모 시설을 유치할 수 있어 국토의 균형 발전에 기여하기도 한다. 과밀억제권역으로 지정되면 공장, 학교, 주택 등의 개발과 신축이 제한된다. 2018년 현재 과밀억제권역은 서울시 전체, 강화, 옹진과 인천경제자유구역 등을 제외한 인천 전 지역, 의정부, 구리, 남양주, 하남, 고양, 수원, 성남, 안양, 부천 등 경기도 14개 시에 지정되어 있다. 성장관리권역은 인구와 산업의 유치가 필요한 지역, 자연보전권역은 한강수계의 수질과 녹지 등 자연환경의 보전이 필요한 지역을 말한다.

관련 법규

수도권정비계획법

제6조 권역의 구분과 지정

① 수도권의 인구와 산업을 적정하게 배치하기 위하여 수도권을 다음과 같이 구분한다.

1. 과밀억제권역 : 인구와 산업이 지나치게 집중되었거나 집중될 우려가 있어 이전하거나 정비할 필요가 있는 지역.
2. 성장관리권역 : 과밀억제권역으로부터 이전하는 인구와 산업을 계획적으로 유치하고 산업의 입지와 도시의 개발을 적정하게 관리할 필요가 있는 지역.
3. 자연보전권역 : 한강 수계의 수질과 녹지 등 자연환경을 보전할 필요가 있는 지역.

과밀억제권역

소재지	경기도 구리시 교문동 ▨▨번지		
지목	전 ?	면적	2,258 ㎡
개별공시지가(㎡당)	1,807,000원 (2022/01) 연도별보기		
지역지구등 지정여부	「국토의 계획 및 이용에 관한 법률」에 따른 지역·지구등	도시지역 , 제1종일반주거지역(2014-09-02) , 제1종지구단위계획구역(2015-09-19)(교문3지구)	
	다른 법령 등에 따른 지역·지구등	가축사육제한구역<가축분뇨의 관리 및 이용에 관한 법률>, 상대보호구역(서울삼육학교/학생환경위생정화구역은 반드시 구리남양주교육청에 재)<교육환경 보호에 관한 법률>, 비행안전제3구역(전술)<군사기지 및 군사시설 보호법>, 배출시설설치제한지역<물환경보전법>, 과밀억제권역<수도권정비계획법>, 공장설립승인지역(공장설립승인지역(수도법시행령 제14조의3 제1호))<수도법>	
「토지이용규제 기본법 시행령」 제9조 제4항 각 호에 해당되는 사항			

수도권정비계획법

제7조 과밀억제권역의 행위 제한

① 관계 행정기관의 장은 과밀억제권역에서 다음 각 호의 행위나 그 허가·인가·승인 또는 협의 등(이하 '허가 등'이라 한다)을 하여서는 아니 된다.

1. 대통령령으로 정하는 학교, 공공 청사, 연수 시설, 그 밖의 인구집중유발시설의 신설 또는 증설(용도변경을 포함하며, 학교의 증설은 입학 정원의 증원을 말한다. 이하 같다).

2. 공업지역의 지정

② 관계 행정기관의 장은 국민경제의 발전과 공공복리의 증진을 위하여 필요하다고 인정하면 제1항에도 불구하고 다음 각 호의 행위나 그 허가 등을 할 수 있다.

1. 대통령령으로 정하는 학교 또는 공공 청사의 신설 또는 증설.

2. 서울특별시·광역시·도(이하 '시·도'라 한다)별 기존 공업지역의 총면적을 증가시키지 아니하는 범위에서의 공업지역 지정. 다만, 국토교통부장관이 수도권정비위원회의 심의를 거쳐 지정하거나 허가 등을 하는 경우에만 해당한다.

성장관리권역

소재지	경기도 용인시 기흥구 공세동 ■번지		
지목	답 ?	면적	3,583 ㎡
개별공시지가(㎡당)	148,400원 (2022/01) 연도별보기		
지역지구등 지정여부	「국토의 계획 및 이용에 관한 법률」에 따른 지역·지구등	도시지역 , 자연녹지지역 , 체육시설	
	다른 법령 등에 따른 지역·지구등	가축사육제한구역<가축분뇨의 관리 및 이용에 관한 법률> 성장관리권역<수도권정비계획법>	
	「토지이용규제 기본법 시행령」 제9조 제4항 각 호에 해당되는 사항		

수도권정비계획법

제8조 성장관리권역의 행위 제한

① 관계 행정기관의 장은 성장관리권역이 적정하게 성장하도록 하되, 지나친 인구집중을 초래하지 않도록 대통령령으로 정하는 학교, 공공 청사, 연수 시설, 그 밖의 인구집중유발시설의 신설·증설이나 그 허가 등을 하여서는 아니 된다.

자연보전권역

소재지	경기도 광주시 회덕동 ▓▓▓번지		
지목	대 ❓	면적	628 m²
개별공시지가(m²당)	525,300원 (2022/01) 연도별보기		
지역지구등 지정여부	「국토의 계획 및 이용에 관한 법률」에 따른 지역·지구등	계획관리지역(계획관리)	
	다른 법령 등에 따른 지역·지구등	가축사육제한구역(일부제한구역)<가축분뇨의 관리 및 이용에 관한 법률>, 통제보호구역(방공기지:500m)<군사기지 및 군사시설 보호법>, 배출시설설치제한지역<물환경보전법> 자연보전권역<수도권정비계획법>, 공장설립승인지역<수도법>, 특별대책지역<환경정책기본법>	
「토지이용규제 기본법 시행령」 제9조 제4항 각 호에 해당되는 사항			

확인도면

범례
- ☐ 공장설립승인지역
- ■ 계획관리지역
- ☐ 보전관리지역
- ■ 농림지역
- ☐ 자연보전권역
- ☐ 소하천구역
- ☐ 배출시설설치제한지역
- ☐ 특별대책지역
- ☐ 임업용산지
- ☐ 준보전산지
- ☐ 법정동

수도권정비계획법

제9조 자연보전권역의 행위 제한

관계 행정기관의 장은 자연보전권역에서는 다음 각 호의 행위나 그 허가 등을 하여서는 아니 된다. 다만, 국민경제의 발전과 공공복리의 증진을 위하여 필요하다고 인정되는 경우로서 대통령령으로 정하는 경우에는 그러하지 아니하다.

1. 택지, 공업 용지, 관광지 등의 조성을 목적으로 하는 사업으로서 대통령령으로 정하는 종류 및 규모 이상의 개발사업.

2. 대통령령으로 정하는 학교, 공공 청사, 업무용 건축물, 판매용 건축물, 연수 시설, 그 밖의 인구집중유발시설의 신설 또는 증설.

[별표 1] 〈개정 2017. 6. 20〉

과밀억제권역, 성장관리권역 및 자연보전권역의 범위(제9조 관련)

과밀억제권역	성장관리권역	자연보전권역
1. 서울특별시 2. 인천광역시[강화군, 옹진군, 서구 대곡동·불로동·마전동·금곡동·오류동·왕길동·당하동·원당동, 인천경제 자유구역(경제자유구역에서 해제된 지역을 포함한다) 및 남동 국가산업단지는 제외한다] 3. 의정부시 4. 구리시 5. 남양주시(호평동, 평내동, 금곡동, 일패동, 이패동, 삼패동, 가운동, 수석동, 지금동 및 도농동만 해당한다) 6. 하남시 7. 고양시 8. 수원시 9. 성남시 10. 안양시 11. 부천시 12. 광명시 13. 과천시 14. 의왕시 15. 군포시 16. 시흥시[반월특수지역(반월특수지역에서 해제된 지역을 포함한다)은 제외한다]	1. 인천광역시[강화군, 옹진군, 서구 대곡동·불로동·마전동·금곡동·오류동·왕길동·당하동·원당동, 인천경제자유구역(경제자유구역에서 해제된 지역을 포함한다) 및 남동 국가산업단지만 해당한다] 2. 동두천시 3. 안산시 4. 오산시 5. 평택시 6. 파주시 7. 남양주시(별내동, 와부읍, 진전읍, 별내면, 퇴계원면, 진건읍 및 오남읍만 해당한다) 8. 용인시(신갈동, 하갈동, 영덕동, 구갈동, 상갈동, 보라동, 지곡동, 공세동, 고매동, 농서동, 서천동, 언남동, 청덕동, 마북동, 동백동, 중동, 상하동, 보정동, 풍덕천동, 신봉동, 죽전동, 동천동, 고기동, 상현동, 성복동, 남사면, 이동면 및 원삼면 목신리·죽릉리·학일리·독성리·고당리·문촌리만 해당한다) 9. 연천군 10. 포천시 11. 양주시 12. 김포시 13. 화성시 14. 안성시(가사동, 가현동, 명륜동, 숭인동, 봉남동, 구포동, 동본동, 영동, 봉산동, 성남동, 창전동, 낙원동, 옥천동, 현수동, 발화동, 옥산동, 석정동, 서인동, 인지동, 아양동, 신흥동, 도기동, 계동, 중리동, 사곡동, 금석동, 당왕동, 신모산동, 신소현동, 신건지동, 금산동, 연지동, 대천동, 대덕면, 미양면, 공도읍, 원곡면, 보개면, 금광면, 서운면, 양성면, 고삼면, 죽산면 두교리·당목리·칠장리 및 삼죽면 마전리·미장리·진촌리·기솔리·내강리만 해당한다) 15. 시흥시 중 반월특수지역(반월특수지역에서 해제된 지역을 포함한다)	1. 이천시 2. 남양주시(화도읍, 수동면 및 조안면만 해당한다) 3. 용인시(김량장동, 남동, 역북동, 삼가동, 유방동, 고림동, 마평동, 운학동, 호동, 해곡동, 포곡읍, 모현면, 백암면, 양지면 및 원삼면 가재월리·사암리·미평리·좌항리·맹리·두창리만 해당한다) 4. 가평군 5. 양평군 6. 여주시 7. 광주시 8. 안성시(일죽면, 죽산면 죽산리·용설리·장계리·매산리·장릉리·장원리·두현리 및 삼죽면 용월리·덕산리·율곡리·내장리·배태리만 해당한다)

상수원보호구역

상수원보호구역이란 상수원의 수질보호와 주변 환경의 보전을 위해 각종 개발행위의 규제가 필요한 지역이다. 상수원 보호구역 안에 토지를 소유한 자는 배출시설의 설치를 원칙적으로 할 수 없을 뿐만 아니라 토지의 형질변경 및 수목의 벌채 등도 엄격히 제한된다. 상수원보호구역에서는 공익을 위한 건축물을 제외한 모든 건축물의 건축이 제한받기 때문에 토지 소유주는 이에 따른 재산상의 손해를 볼 수 있다. 이에 대한 보상으로 상수원보호구역에 거주하는 주민을 위한 별도의 지원사업이 진행되기도 한다.

상수원보호구역은 '수도법'에 의한 구역과 금강, 낙동강, 영산강, 섬진강 수계의 물관리 법령에 따라 지정된 구역으로 구분된다. 상수원보호구역의 규제를 벗어날 수 있는 예외적인 방법은 모든 오폐수 처리를 공공하수처리시설(하수종말처리장)의 시설을 이용해 배출하는 경우 보호구역의 적용을 받지 않는다.

환경정비법, 수질보전특별대책지역, 수변구역, 상수원보호기타지역, 하수처리구역, 배출시설 설치제한지역 등은 상수원보호구역에서 파생되는 문제점과 규제를 보완하기 위해 제정된 법률로서 상수원보호구역과 연계하여 살펴봐야 한다. 상수원보호구역 내 행위허가에 대해 보다 자세히 알려면 '환경부령 제398호 2011. 02. 16. 상수원 관리규칙'을 참고하기 바란다.

상수원보호구역

소재지	경기도 광주시 남종면 귀여리 ▒▒번지		
지목	답 ❓	면적	1,924 m²
개별공시지가(m²당)	49,000원 (2022/01) [연도별보기]		
지역지구등 지정여부	「국토의 계획 및 이용에 관한 법률」에 따른 지역·지구등	도시지역 , 자연녹지지역	
	다른 법령 등에 따른 지역·지구등	가축사육제한구역<가축분뇨의 관리 및 이용에 관한 법률>, 개발제한구역<개발제한구역의 지정 및 관리에 관한 특별조치법>, 배출시설설치제한지역<물환경보전법>, 자연보전권역<수도권정비계획법>, 상수원보호구역(상수원보호구역 저촉사항은 수질정책과 지원사업팀에 별도 확인요)<수도법>, (한강)폐기물매립시설 설치제한지역<한강수계 상수원수질개선 및 주민지원 등에 관한 법률>, 특별대책지역<환경정책기본법>	
「토지이용규제 기본법 시행령」 제9조 제4항 각 호에 해당되는 사항			
확인도면			

범례
☐ 도시지역
■ 자연녹지지역
☐ 토지거래계약에관한허가구역
☐ 자연보전권역
☐ 상수원보호구역
■ 배출시설설치제한지역
☐ 한강폐기물매립시설설치제한지역
■ 특별대책지역
☐ 개발제한구역
☐ 공익용산지
☐ 법정동

관련 법규

수도법

제7조 상수원보호구역 지정 등

① 환경부장관은 상수원의 확보와 수질 보전을 위하여 필요하다고 인정되는 지역을 상수원 보호를 위한 구역(이하 '상수원보호구역'이라 한다)으로 지정하거나 변경할 수 있다.

② 환경부장관은 제1항에 따라 상수원보호구역을 지정하거나 변경하면 지체 없이 공고하여야 한다.

③ 제1항과 제2항에 따라 지정·공고된 상수원보호구역에서는 다음 각 호의 행위를 할 수 없다. <개정 2022. 1. 11>

1. '물환경보전법' 제2조 제7호 및 제8호에 따른 수질오염물질·특정수질유해
   물질, '화학물질관리법' 제2조 제7호에 따른 유해화학물질, '농약관리법' 제
   2조 제1호에 따른 농약, '폐기물관리법' 제2조 제1호에 따른 폐기물, '하수
   도법' 제2조 제1호·제2호에 따른 오수·분뇨 또는 '가축분뇨의 관리 및 이용
   에 관한 법률' 제2조 제2호에 따른 가축분뇨를 사용하거나 버리는 행위.
2. 그 밖에 상수원을 오염시킬 명백한 위험이 있는 행위로서 대통령령으로 정
   하는 금지행위.
④ 제1항과 제2항에 따라 지정·공고된 상수원보호구역에서 다음 각 호의 어느
   하나에 해당하는 행위를 하려는 자는 관할 특별자치시장·특별자치도지사·시
   장·군수·구청장의 허가를 받아야 한다. 다만, 대통령령으로 정하는 경미한 행
   위인 경우에는 신고하여야 한다.
1. 건축물, 그 밖의 공작물의 신축·증축·개축·재축(再築)·이전·용도변경 또는
   제거
2. 입목(立木) 및 대나무의 재배 또는 벌채
3. 토지의 굴착·성토(盛土), 그 밖에 토지의 형질변경

수도법 시행령
[별표 1]

주민지원사업의 종류(제18조 관련)

사업구분	세부 사업 내용
소득증대사업	농기구수리시설·생산품공동저장소·농로·농업용수로·농업용양수장 및 농작물재배시설 등 농림수산업 관련 시설의 지원과 그 밖에 환경부장관이 수질 보전과 조화되도록 영농방법을 개선하기 위하여 필요하다고 인정하는 사업
복지증진사업	1. 상수도시설의 지원 2. 수세식 화장실, 마을 단위 오수처리시설과 개별농가의 분뇨 또는 생활오수 처리시설의 지원 3. 진료소(주민건강진단 포함), 의료기구 및 구급차의 지원과 주민의 생활수준 향상을 위한 부조사업 4. 도서관·유치원·통학차 및 문화시설의 지원 5. 그 밖에 환경부장관이 주민의 복지 증진을 위하여 필요하다고 인정하는 사업
육영사업	교육기자재, 도서의 공급, 학자금·장학금 지급, 장학기금 적립, 학교급식시설 지원 등 육영 관련 사업과 그 밖에 환경부장관이 필요하다고 인정하는 사업
그 밖의 사업	1. 상수원보호구역의 지정으로 환경규제기준이 강화되어 다른 지역보다 오염물질 정화비용이 추가로 드는 경우의 비용에 대한 지원사업 2. 상수원보호구역 지정으로 인한 행위금지 또는 제한으로 인하여 그 구역에서 생업을 유지하는 것이 곤란하다고 인정되는 자의 이주나 전업에 대한 지원사업

환경정비구역

환경정비구역은 수도법에 의한 상수원보호구역을 보완하기 위해 상수원관리규칙에 의해 지정된 지역을 말한다. 환경정비구역이 만들어진 이유는 상수원보호구역으로 지정되기 전부터 마을이 형성되어 주민이 집단적으로 거주하는 지역에 오폐수 처리시설을 만들어 상수원보호구역의 엄격한 법 적용을 완화해주기 위해서다. 이 구역으로 지정되면 일정 범위 안에서 주택과 생활편의시설의 신축과 증개축이 허용된다. 상수원보호구역 안에서 유일하게 건축할 수 있는 곳이다.

환경정비구역

소재지	경기도 광주시 남종면 검천리 ████번지			
지목	대 ❓		면적	275 m²
개별공시지가(m²당)	319,900원 (2022/01) 연도별보기			
지역지구등 지정여부	「국토의 계획 및 이용에 관한 법률」에 따른 지역·지구등	도시지역 , 제1종일반주거지역(검천리 농곡) , 제1종지구단위계획구역(지구단위계획구역 세부수립 내용은 도시계획과에 별도 확인요(검천리 농곡))		
	다른 법령 등에 따른 지역·지구등	가축사육제한구역<가축분뇨의 관리 및 이용에 관한 법률>, 배출시설설치제한지역<물환경보전법>, 환경정비구역(검천리 농곡)<상수원관리규칙>, 자연보전권역<수도권정비계획법>, 상수원보호구역(상수원보호구역 저촉사항은 수질정책과 지원사업팀에 별도 확인요)<수도법>, (한강)폐기물매립시설 설치제한지역<한강수계 상수원수질개선 및 주민지원 등에 관한 법률>, 특별대책지역<환경정책기본법>		
「토지이용규제 기본법 시행령」 제9조 제4항 각 호에 해당되는 사항				

범례

- □ 도시지역
- ▨ 제1종일반주거지역
- ▨ 자연녹지지역
- □ 제1종지구단위계획구역
- □ 토지거래계약에관한허가구역
- □ 자연보전권역
- □ 상수원보호구역
- □ 배출시설설치제한지역
- □ 환경정비구역
- □ 한강폐기물매립시설설치제한지역
- □ 특별대책지역
- □ 개발제한구역

관련 법규

상수원관리규칙

제14조 환경정비구역의 지정 등

① 관할 시장·군수·구청장은 보호구역지정 전에 형성되어 있는 자연마을로서 하수도의 정비 및 하수처리시설의 설치가 쉬운 보호구역의 일정 지역에 대하여 다음 각 호의 사항을 포함한 계획(이하 '환경정비계획'이라 한다)을 세워 시행할 수 있다. 이 경우 환경정비계획에 관하여 미리 시·도지사의 승인을 받아야 한다.
  1. 공공하수도의 정비에 관한 사항.
  2. 공공하수처리시설 등 오수·폐수를 처리하기 위한 시설의 설치 및 유지관리에 관한 사항.
  3. 그 밖에 오염원관리에 관한 사항.
② 제1항 제1호에 따른 공공하수도의 정비에 관한 사항에 관하여는 '하수도법'으로 정하는 바에 따른다.
③ 제1항 제2호에 따른 공공하수처리시설 등 오수·폐수를 처리하기 위한 시설은 '하수도법 시행규칙' 별표 1의 방류수수질기준에 맞게 처리할 수 있는 시설이어야 한다.
④ 관할 시장·군수·구청장은 제1항에 따른 환경정비계획의 시행을 끝내면 그 계획의 시행이 끝난 지역의 지적조사서 등 관련 서류를 첨부하여 시·도지사에게 보고하여야 한다.
⑤ 시·도지사는 제4항에 따른 환경정비계획의 시행완료에 대하여 보고를 받으면 제1항 제2호에 따른 시설에 의하여 오수 및 폐수를 처리할 수 있는 지역을 환경정비구역으로 지정할 수 있다.

제15조 행위제한의 완화

제14조에 따라 지정·공고된 환경정비구역에서는 다음 각 호의 행위를 허가할 수 있다.

1. 생활기반시설의 신축·증축 또는 용도변경 : 원거주민 또는 보호구역에 6개월 이상 실제 거주하는 주민이 하는 다음 각 목의 건축물의 신축이나 보호구역에

거주하는 주민이 하는 다음 각 목의 건축물의 증축 또는 용도변경

가. 연면적 200제곱미터 이하의 주택 및 연면적 66제곱미터 이하의 부속건축물의 신축

나. 기존 건축물의 면적을 포함한 연면적 200제곱미터 이하의 주택 및 기존 면적을 포함한 연면적 66제곱미터 이하의 부속건축물의 증축. 다만, 혼인한 자녀가 분가하지 아니하고 부모와 동거하는 경우에는 주택 및 부속건축물의 기존 면적을 포함한 연면적 300제곱미터의 범위에서 주택 또는 부속건물을 증축할 수 있다.

다. 식품, 잡화, 의류, 완구, 서적, 건축자재, 의약품류 등 일용품의 소매점 용도로 쓰이는 연면적 200제곱미터 이하의 건축물의 신축·증축이나 기존 공장·주택의 일용품 소매점으로의 용도변경. 다만, 증축의 경우에는 기존 건축물의 면적을 포함하여 연면적 200제곱미터 이하인 경우로 한정한다.

2. 그 밖의 건축물 또는 공작물의 신축·증축 또는 용도변경 : 원거주민 또는 보호구역에 6개월 이상 실제 거주하는 주민이 하는 다음 각 목의 건축물 또는 그 밖의 공작물의 신축이나 보호구역에 거주하는 주민, 지방자치단체(가목에 따른 신축·증축 또는 용도변경의 경우만 해당한다) 또는 종교법인(나목에 따른 용도변경의 경우만 해당한다)이 하는 다음 각 목의 건축물 또는 그 밖의 공작물의 증축 또는 용도변경

가. 목욕장시설의 신축·증축 또는 기존공장·주택의 목욕장시설로의 용도변경. 이 경우 목욕장시설은 지역주민을 위한 시설로 한정한다.

나. 종교집회장(기도원은 제외한다)의 신축·증축 또는 기존 공장·주택의 종교집회장으로의 용도변경. 다만, 용도변경의 경우에는 기존 건축물의 면적을 포함하여 연면적 300제곱미터를 초과할 수 없다.

다. 이용원·미용원·탁구장·체육도장·기원·사무소·사진관·표구점·독서실·장의사·당구장·마을회관·창고(이하 이 목에서 '이용원 등'이라 한다)의 용도로 쓰이는 연면적 200제곱미터 이하의 건축물의 신축·증축 또는 기존 공장·주택의 이용원 등으로의 용도변경. 다만, 증축의 경우에는 기존 건축물의 면적을 포함하여 연 면적 200제곱미터 이하인 경우로 한정한다.

라. 휴게음식점이나 일반음식점의 증축 또는 용도변경
　　1) 환경정비구역에서 기존 공장·주택의 휴게음식점 또는 일반음식점으로

의 용도변경(원거주민이 용도변경을 하는 경우로 한정한다). 이 경우 휴게음식점이나 일반음식점 용도로 사용되는 층의 바닥면적 합계는 100제곱미터 이하이어야 하고, 해당 환경정비구역의 휴게음식점과 일반음식점의 총 수는 다음의 범위를 초과하여서는 아니 된다.

가) 시·도지사가 해당 환경정비구역에서 발생하는 하수를 처리하는 공공하수처리시설의 방류수수질을 6개월 동안 매주 1회 측정하여 방류수수질이 '하수도법 시행규칙' 별표 1 제1호의 방류수수질기준 중 특정지역기준에 적용되는 각 수질기준 항목의 50퍼센트 이하인 것으로 고시한 환경정비구역은 총 호수(戶數)의 10퍼센트

나) 하류지역에 상수원이 없으며 분류식 하수도시설을 적절하게 설치하여 하수의 전량을 공공하수처리시설에 모아서 처리하는 환경정비구역은 총 호수의 20퍼센트

다) 가) 및 나) 외의 환경정비구역은 총 호수의 5퍼센트

2) 휴게음식점이나 일반음식점 용도의 건축물(주택을 용도변경한 경우는 제외한다)로서 기존 면적을 포함하여 연면적 100제곱미터 이하의 증축.

수질보전특별대책지역

수질보전특별대책지역은 환경의 오염이나 훼손, 또는 자연생태계의 변화가 현저한 지역과 환경기준을 자주 초과하는 지역의 환경보전을 위해 '환경정책기본법'에 따라 지정한 지역을 말한다. 수질보전 특별대책지역은 Ⅰ권역과 Ⅱ권역으로 나뉘어 관리되며, 오수배출시설, 폐수배출시설, 가축분뇨배출시설, 폐기물처리시설 등의 입지를 허용하지 않는다. 하지만 오폐수를 전량 공공하수처리시설로 유입하는 경우에는 예외로 한다.

건축 행위는 상수원보호구역이나 수변구역보다는 덜 엄격한 편이다.

Ⅱ권역은 특별한 제한이 없지만 Ⅰ권역의 규제가 심하다. 수도권에서는 경기도 남양주시, 여주군, 광주시, 가평군, 양평군, 용인시의 토지가 Ⅰ권역에 해당할 수 있기 때문에 이 지역의 토지를 사려면 해당 여부를 미리 확인해야 한다. Ⅰ권역에서는 필지분할이 제한되고, 단독주택을 건축할 경우에도 6개월 이상 거주해야 한다. 건폐율과 용적률도 규제 대상이다. 토지를 대규모로 개발하려는 경우 수질보전특별대책지역Ⅰ권역은 가능한 한 피하는 것이 좋다.

Ⅱ권역에는 오수 전량을 공공하수처리시설에 유입·처리하거나 생물화학적산소요구량(BOD) 및 부유물질(SS)을 각각 20mg/L(수변구역은 10mg/L) 이하로 처리해 방류하는 오수배출시설은 입지를 허용한다. 공공하수처리장이 설치된 지역은 하수처리구역으로 표기된다.

수질보전특별대책지역에서의 규제사항을 자세히 알고 싶으면 '환경부고시 제2010-18호 팔당·대청호 상수원 수질보전 특별대책지역 지정 및 특별종합대책'을 참고하면 된다.

특별대책지역 I 권역

소재지	경기도 가평군 청평면 대성리 ▒▒▒번지		
지목	임야 ❓	면적	574 ㎡
개별공시지가(㎡당)	11,800원 (2022/01) 연도별보기		
지역지구등 지정여부	「국토의 계획 및 이용에 관한 법률」에 따른 지역·지구등	도시지역 , 자연녹지지역	
	다른 법령 등에 따른 지역·지구등	가축사육제한구역(2021-07-21)(모든축종 사육제한)<가축분뇨의 관리 및 이용에 관한 법률>, 배출시설설치제한지역<물환경보전법>, 준보전산지<산지관리법>, 자연보전권역<수도권정비계획법>, 공장설립승인지역(수도법시행령 제14조의31호)<수도법>, 수질보전특별대책지역(1권역)<환경정책기본법>	
「토지이용규제 기본법 시행령」 제9조 제4항 각 호에 해당되는 사항	<추가기재> 건축법 제2조제1항제11호나목에 따른 도로(도로일부포함)		
확인도면			

I 권역에서는 다음과 같은 규제가 기다리고 있다.

[별표 3]

특별대책지역 I 권역 내 하수처리구역 외 지역에서의 필지분할 등에 따른 입지제한기준(제5조 제2항 관련)

1. 필지분할시점의 적용은 다음과 같다.

　가. 공동명의 토지가 각 지분별로 나누어져 분할등기된 경우에는 분할등기된 날부터 각 소유자별로 필지가 분할된 것으로 본다.

　나. 상속된 토지에 대해서는 각 상속인들에게 분할등기가 된 날부터 각 소유자별로 필지가 분할된 것으로 본다.

　다. 분할등기된 필지 중 일부만 건축허가를 신청하거나 분할등기된 필지 중 일부만 건축허가를 위한 농지전용허가 등의 사전 인허가를 신청하는 경우에는 이 건축허가 또는 건축허가를 위한 농지전용허가 등의 사전 인허가된 날부터 필지가 분할된 것으로 본다.

2. Ⅰ권역 중 하수처리구역 외 지역에서 필지를 분할(합병을 포함한다. 이하 같다)하여 오수배출시설을 설치하는 경우에는 다음 기준을 따른다.

  가. 특별대책지역 지정(1990. 7. 19) 이전부터 원필지(지적공부상 분할된 적이 없는 토지) 또는 별개의 필지로 되어 있는 토지의 경우

    (1) 각 필지별로 제5조 제1항에 따른 규제규모 미만의 오수배출시설의 설치를 허용한다.

    (2) 해당 토지가 다음의 경우에 해당되는 경우에는 각 필지별 건축연면적을 모두 합산한 총면적이 제5조 제1항에 따른 규제 규모 미만일 경우에는 오수배출시설의 설치를 허용한다.

      (가) 토지가 연접되어 있으며 토지 또는 토지상의 건축물의 소유자가 같은 경우(명의신탁자를 포함한다. 이하 같다)

      (나) 토지가 연접되어 있으며 토지 또는 토지상의 건축물의 소유자가 본인의 배우자, 직계 존·비속(혼인한 비속은 제외) 또는 미혼의 형제자매인 경우로서 동일용도의 건축물인 경우

      (다) 토지가 인접되어 있고 토지 또는 토지상의 건축물의 소유자가 같은 동일용도의 건축물인 경우

  나. 특별대책지역 지정 이후부터 1997년 9월 30일 이전까지 필지가 분할된 토지의 경우

    (1) 건축허가 또는 건축허가를 위한 농지전용 등의 사전 인허가를 신청하는 경우 그 신청일 6개월 이전부터 세대주를 포함한 세대원이 특별대책지역 Ⅰ권역에 주민등록이 되어 있고 실제로 거주하고 있는 자에 한하여 각 필지별로 제5조 제1항에 따른 규제규모 미만의 오수배출시설의 설치를 허용한다. 다만, 상속된 토지가 각 상속인들에게 분할등기가 된 경우에는 주민등록상 거주지의 제한을 적용하지 아니한다.

    (2) 가목 중 (2)의 규정을 준용한다.

  다. 1997년 10월 1일 이후 필지를 분할한 토지의 경우

    (1) '국토의 계획 및 이용에 관한 법률' 제6조에 따른 관리지역 중 생산·보전

관리지역에서는 '건축법 시행령' 별표1 제1호 가목에 따른 주거목적의 단독주택(1세대당 1개 동의 주택에 한한다) 또는 지역주민의 공공복리시설만 입지할 수 있으며, 다음의 건폐율 및 용적률 비율의 범위 안에서 각 필지별로 제5조 제1항에 따른 규제 규모 미만의 오수배출시설의 설치를 허용한다.

> (가) 1997년 9월 30일 이전부터 주민등록상 그 지역에 거주하고 있는 자 : 건폐율 100분의 50 이하, 용적률 100% 이하
>
> (나) 1997년 10월 1일 이후 타 지역에 전입한 자 : 건폐율 100분의 30 이하, 용적률 60% 이하
>
> (2) 가목(2) 및 나목(1)을 준용한다.

3. '국토의 계획 및 이용에 관한 법률' 제6조에 따른 농림지역에는 지역주민의 공공복리시설이 아닌 시설로서 다음 각 목의 어느 하나에 해당되는 경우에는 입지를 허용하지 아니한다.

   가. '건축법 시행령' 제3조의 4 별표 1 관련

      (1) 제2호의 공동주택

      (2) 제3호 및 제4호의 근린생활시설(다만, 슈퍼마켓·소매점, 사무소, 세탁소, 이·미용원, 체육장, 현지에서 생산된 농림축산물을 저장·가공·처리하기 위한 제조업소는 제외한다)

      (3) 제6호의 종교집회장 중 기도원

      (4) 제15호의 숙박시설

      (5) 제16호의 위락시설

   나. '물환경보전법' 제2조 제10호에 따른 폐수배출시설(다만, 현지에서 생산된 농림축산물을 저장·가공·처리하기 위한 시설은 제외한다)

   다. '농어촌정비법' 제2조 제16항에 따른 숙박시설·음식·취사시설 등을 제공하는 농어촌관광휴양사업

   라. '청소년기본법' 제3조 제6호에 따른 청소년활동시설

   마. 교육, 연구·시험시설(다만, '학원의 설립·운영 및 과외교습에 관한 법률' 제2조 제1호에 따른 학원 및 농림·환경 연구·시험시설은 제외한다)

   바. '사회복지사업법' 제2조 제4호에 따른 사회복지시설

   사. '의료법' 제3조 제2항에 따른 요양병원

수변구역

수변구역은 환경부가 상수원 수질보전을 위해 지정한 지역으로 한 강, 낙동강, 금강, 영산-섬진강 등 4대강 유역의 상수원 수질 보호를 위 해 지정한 지역이다. 환경부가 1999년 팔당호와 남·북한강 및 경안천 지역에 지정한 것이 시초다. 중복규제를 피하기 위해 수도법에 의한 상 수원보호구역, 도시계획법에 의한 개발제한구역, 군사기밀보호법에 의 한 군사시설보호구역은 수변구역 지정에서 제외한다.

수변구역으로 지정되면 상수원 수질관리에 직접 영향을 미치는 공 장, 축사, 음식점, 숙박시설 등 오염물질을 많이 배출하는 시설의 건축 이 엄격하게 제한된다. 수변구역이라도 용도지역에서 허용하는 건축행 위는 가능하다. 다만 정화조의 폐수를 생물학적 산소요구량 $10mg/l$ 이 하로 만들어 상수원 수질관리에 직접적으로 영향을 미치지 않도록 규 제한다.

개발 행위가 불가능한 수변구역 안에 토지를 소유하고 있는 사람이 땅을 팔려고 하면 정부는 이를 매입해 녹지대를 조성, 오염물질을 정화 하는 완충지대로 활용한다. 수변구역은 상수원 보호를 위해 다음과 같 은 행위제한을 하고 있다.

1. 새로운 설치(용도변경 포함)가 제한되는 시설
① 수질환경보전법 제2조 제5호의 규정에 의한 폐수배출시설.
② '오수·분뇨 및 축산폐수의 처리에 관한 법률' 제2조 제4호의 규정에 의한 축산폐수배출시설.
③ 식품위생법 제21조 제1항 제2호의 규정에 의한 식품접객업.

④ 공중위생관리법 제2조 제1항 제2호, 제3호의 규정에 의한 숙박업, 목욕장업.

⑤ 관광진흥법 제3조 제1항 제2호의 규정에 의한 관광숙박업.

⑥ 주택법 제2조 제2호의 규정에 의한 공동주택.

2. 일부지역 안에서 시장·군수의 허가를 받은 경우 다음의 시설은 설치 가능

① 축산폐수를 '오수·분뇨 및 축산폐수의 처리에 관한 법률' 제2조 제10호의 규정에 의한 축산 폐수공공처리시설에서 모두 처리하거나 퇴비화하는 축산폐수배출시설.

② 오수를 생물화학적 산소요구량(BOD) 및 부유물질량(SS)이 각각 $10mg/l$ 이하가 되도록 처리하는 다음의 시설.

• 식품위생법 제21조 제1항 제2호의 규정에 의한 식품접객업.

• 공중위생관리법 제2조 제1항 제2호, 제3호의 규정에 의한 숙박업, 목욕장업.

• 관광진흥법 제3조 제1항 제2호의 규정에 의한 관광숙박업.

• 주택법 제2조 제2호의 규정에 의한 공동주택.

수변구역

소재지	경기도 광주시 초월읍 무갑리 ▨▨번지		
지목	답 ❓	면적	755 ㎡
개별공시지가(㎡당)	254,700원 (2022/01) 연도별보기		
지역지구등 지정여부	「국토의 계획 및 이용에 관한 법률」에 따른 지역·지구등	계획관리지역	
	다른 법령 등에 따른 지역·지구등	가축사육제한구역<가축분뇨의 관리 및 이용에 관한 법률>, 배출시설설치제한지역<물환경보전법>, 자연보전권역<수도권정비계획법>, 공장설립승인지역<수도법>, (한강)폐기물매립시설 설치제한지역<한강수계 상수원수질개선 및 주민지원 등에 관한 법률>, (한강)수변구역(수변구역 저촉사항은 수질정책과 지원사업팀에 별도 확인요)<한강수계 상수원수질개선 및 주민지원 등에 관한 법률>, 특별대책지역<환경정책기본법>	
	「토지이용규제 기본법 시행령」 제9조 제4항 각 호에 해당되는 사항		
확인도면	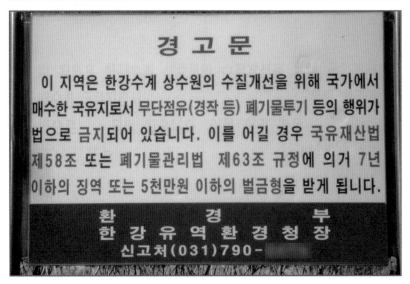	범례 ☐ 공장설립승인지역 ■ 계획관리지역 ☐ 농림지역 ☐ 자연보전권역 ☐ 도로구역 ☐ 배출시설설치제한지역 ☐ (한강)수변구역 ☐ 한강폐기물매립시설설치제한지역 ☐ 특별대책지역 ☐ 농업진흥구역 ☐ 중로2류(폭 15m~20m)	

경 고 문

이 지역은 한강수계 상수원의 수질개선을 위해 국가에서
매수한 국유지로서 무단점유(경작 등) 폐기물투기 등의 행위가
법으로 금지되어 있습니다. 이를 어길 경우 국유재산법
제58조 또는 폐기물관리법 제63조 규정에 의거 7년
이하의 징역 또는 5천만원 이하의 벌금형을 받게 됩니다.

**환　　　경　　　부
한강유역환경청장**
신고처(031)790-▨▨▨▨

구분		상수원 보호구역	특별대책지역		수변구역
			I 권역	II 권역	
면적	팔당	151.726㎢ ('75. 7)	2,096.6㎢('90. 7)		149.682㎢
	대청	101.3㎢ ('91. 11)	700.1㎢('90. 7)		373.2('02. 9 고시)
공장		입지불허	특정수질유해물질 배출 시 입지불허. 다만, 소규 모배출시설로 전량 위탁 시 가능 200㎡/일 이상 폐수배 출시설 입지 불허	특정수질유해물질 배출 시설 입지 불허. 다만, 소규모 배출 시설로 전 량 위탁 시 및 구리 등 3 종 물질은 불검출 수준 으로 처리 시 입지가능 기타시설은 BOD 30ppm 이하 처리 또는 하수처 리장 유입처리 시 입지 허용	입지불허
숙박업		입지불허	연면적 400㎡ 이상 입지 불허 – 하수처리장 유입처리 시 입지 가능	BOD 20ppm 이하 처 리 또는 하수처리장 유 입·처리 시 입지허용	입지불허 단, 특별대책지역외 수 변구역에서는 BOD10 ppm 이하 처리 또는 공 공처리시설에 유입·처리 시 입지허용
식품 접객업		입지불허	연면적 400㎡ 이상 입지 불허 – 하수처리장 유입처리 시 입지 가능	규모와 관계없이 BOD 20ppm 이하 처리 또는 하수처리장 유입·처리 시 입지허용	입지불허 단, 특별대책지역 외 수 변구역에서는 BOD 10ppm 이하 처리 또는 공공처리시설에 유입·처 리 시 입지허용
축산시설		입지불허	허가대상시설 입지불허 (우사 : 450㎡ 이상, 돈사 : 500㎡ 이상) 신고시설은 입지가능 (우사 : 450㎡ 미만, 돈사 : 500㎡ 미만)	입지허용 – 허가대상 : BOD 및 SS 50ppm 이하로 처리 – 신고대상 : BOD 350ppm 이하로 처리	입지불허 단, 특별대책지역 외 수변 구역에서는 오분법 제2 조 제4호 규정에 의한 축 산폐수배출시설의 범위 내에서 BOD 10ppm 이 하 처리하거나 전량 퇴비 화 또는 공공처리시설에 유입·처리 시 입지허용
양식장		입지불허	신규 입지 및 면허기간 연장불허	신규 입지 및 면허기간 연장불허	–

구분	상수원 보호구역	특별대책지역		수변구역
		I권역	II권역	
어업 유·도 선업	무동력선 행위가능 (어업)	신규면허·허가·신고(증설 포함) 불허 단, 주민교통목적 도선 업 가능	입지가능	입지가능
일반 건축물	주택(신축) (100㎡ 이 하, 영농시설 공공시설 제 한적 허용)	연면적 800㎡ 이상 입지 불허 - 하수처리장 유입처리 시 입지가능 공공복리시설은 입지허용 - BOD 20ppm 이하로 처리 시 입지가능	규모와 관계없이 입지허용 - BOD 20ppm 이하 처 리 또는 하수처리장 유 입처리 시 입지 허용	규모와 관계없이 입지허용 - BOD 10ppm 이하 처 리(오수처리시설) ※ 오분법시행규칙 제9조
폐기물 처리시설	입지불허	매립시설, 폐기물처리 업, 재활용신고자 입지 불가. 다만, 생활폐기물, 도자기재생, 폐목재 처 리시설 가능	매립시설, 폐기물처리 업, 재활용신고자 입지 불가. 다만, 생활폐기물, 도자기재생, 폐목재 처 리시설 가능	-
골프장· 골프연습장	입지불허	입지불허('95. 2. 9부터)	2일 용량 저류지 구비 시 골프장 입지가능, 단 천 연잔디 골프연습장은 저 감시설 설치 후 가능	-
광물채굴· 채석	입지불허	입지불허. 단 지자체에 서 공공목적의 석재 채 굴은 사전 협의 후 가능	입지불허. 단 지자체에 서 공공목적의 석재 채 굴은 사전 협의 후 가능	-
집단묘지	입지불허	공설묘지와 법인이 설치 하는 사설묘지의 신규입 지 불허	공설묘지와 법인이 설치 하는 사설묘지의 신규입 지 불허	-

공장설립승인지역

  '공장설립승인지역'은 상수원 보호구역의 상류지역에 수질오염 가능
성이 있는 공장의 설립을 제한하는 지역을 말한다. '공장설립승인지역'
은 법정 용어는 아니며, 수도법' 제7조의 2 '상수원보호구역 외의 지역

에서의 공장설립제한' 조항에 따른 것으로, 상수원보호구역의 상류지역이나 취수시설의 상, 하류지역에 대통령령으로 정한다. 공장만을 규제대상으로 한다.

소재지	강원도 평창군 봉평면 무이리 ▨▨번지		
지목	대 ❓	면적	645 ㎡
개별공시지가(㎡당)	83,300원 (2022/01) 연도별보기		
지역지구등 지정여부	「국토의 계획 및 이용에 관한 법률」에 따른 지역 · 지구등	계획관리지역	
	다른 법령 등에 따른 지역 · 지구등	가축사육제한구역(상대제한지역(축종별 마릿수제한 지역))<가축분뇨의 관리 및 이용에 관한 법률>, 가축사육제한구역(절대제한지역(모든축종제한지역))<가축분뇨의 관리 및 이용에 관한 법률>, 공장설립승인지역<수도법>	
	「토지이용규제 기본법 시행령」제9조 제4항 각 호에 해당되는 사항		

관련 법규

수도법

제7조의 2 상수원보호구역 외의 지역에서의 공장설립의 제한

① 상수원보호구역의 상류지역이나 취수시설(광역상수도 및 지방상수도의 취수시설만을 말한다)의 상류·하류 일정지역으로서 대통령령으로 정하는 지역에서는 '산업집적활성화 및 공장설립에 관한 법률' 제2조 제1호에 따른 공장을 설립할 수 없다.

② 특별자치시장·특별자치도지사·시장·군수·구청장은 관할구역에서 제1항의 취수시설이 설치되거나 변경되는 경우에는 환경부령으로 정하는 바에 따라 지체 없이 공고하여야 한다.

③ 시장·군수·구청장은 제1항에도 불구하고 공장설립이 제한되는 지역 중 상수원에 미치는 영향 등을 고려하여 대통령령으로 정하는 지역에는 환경부령으로 정하는 공장의 설립을 승인할 수 있다. 이 경우 상수원보호구역이 다른 시장·군수·구청장의 관할에 속하는 경우에는 해당 시장·군수·구청장과 미리 협의하여야 한다.

④ 제3항에 따른 승인을 받아 공장을 설립한 자는 상수원 보호를 위하여 환경부령으로 정하는 준수사항을 지켜야 한다.

수도법 시행령

제14조의 2 공장설립이 제한되는 지역의 범위

법 제7조의 2 제1항에서 '대통령령으로 정하는 지역'이란 다음 각 호의 지역을 말한다.

1. 상수원보호구역이 지정·공고된 경우

   가. 취수시설의 용량이 1일 20만세제곱미터 미만인 경우 : 상수원보호구역의 경계구역으로부터 상류로 유하거리(流下距離) 10킬로미터 이내인 지역

   나. 취수시설의 용량이 1일 20만세제곱미터 이상인 경우 : 상수원보호구역의 경계구역으로부터 상류로 유하거리 20킬로미터 이내인 지역. 다만, 환경부령으로 정하는 수원을 취수하여 광역상수원으로 공급하는 경우에는 가목에 따른 지역으로 한다.

2. 상수원보호구역이 지정·공고되지 않은 경우 : 취수시설(환경부령으로 정하는 수원을 취수하여 광역상수원으로 공급하는 경우로서 환경부장관이 고시로 정하는 취수시설은 제외한다)로부터 상류로 유하거리 15킬로미터 이내인 지역 및 하류로 유하거리 1킬로미터 이내인 지역

3. '지하수법' 제2조 제1호에 따른 지하수를 원수로 취수(取水)하는 경우에는 취수시설로부터 1킬로미터 이내인 지역

하수처리구역 및 배수구역

하수처리구역이란 하수를 공공하수처리시설에 유입해 처리할 수 있는 지역으로, '하수도법'에 의해 공고된 구역이다. 하수처리구역으로 지정되었다면 상수원보호구역이나 특별대책지역 등의 규제에서 벗어난 지역이다. 상수원 보호를 위해 건축 행위가 엄격히 제한되는 특별대책지역 1권역의 경우 공공하수처리시설이 지어져 있어 건물을 짓는 것이 쉬운 하수처리구역과 여전히 건축행위가 까다로운 하수처리구역 외 지역으로 나눌 수 있다. 하수처리구역에 지정되었다는 것은 인근에 공공하수처리시설이 있기 때문에 해당 토지에 건축물을 지을 때 정화조와 같은 오수처리시설을 별도로 설치하지 않아도 된다는 뜻이다.

4인 거주기준의 단독주택을 건축할 때 정화조 설치 비용은 대략 200~300만 원 정도 소요된다. 공공하수관까지 하수관을 연결할 수 있다면 정화조를 별도로 설치할 필요가 없어 비용을 아낄 수 있다. 하수관이 타인 소유 토지를 지나야 하거나 공공하수관과의 거리가 멀어 하수관 설치가 어려울 경우에는 자체적으로 오수처리시설(정화조)을 설치해 건축할 수 있다.

배수구역은 공공하수처리시설로 하수를 처리할 수 있는 지역에서 공사시행 등의 이유로 일시적으로 하수처리 사용을 금지할 수 있는 지역을 말한다.

하수처리구역

하수도법

제2조 정의
이 법에서 사용하는 용어의 뜻은 다음과 같다.
15. '하수처리구역'이라 함은 하수를 공공하수처리시설에 유입하여 처리할 수 있는 지역으로서 제15조의 규정에 따라 공고된 구역을 말한다.

제15조 사용의 공고 등

① 공공하수도관리청은 공공하수도의 사용을 개시하려는 경우에는 그 사용개시 시기, 배수구역(공공하수처리시설의 경우에는 그 하수처리구역을 말한다. 이하 같다), 합류식하수관로 및 분류식하수관로의 현황 그 밖의 대통령령이 정하는 사항을 공고하고, 관계도면을 일반에게 공람하여야 한다.

② 공공하수도관리청은 제1항에 따른 하수처리구역을 하수관로로부터 직선거리 300미터의 범위에서 정하되, 하수처리구역의 지정범위에 관한 세부 기준은 지방자치단체의 조례로 정할 수 있다.

제27조 배수설비의 설치 등

① 공공하수도의 사용이 개시된 때에는 배수구역 안의 토지의 소유자·관리자(그 토지 위에 시설물이 있는 경우에는 그 시설물의 소유자 또는 관리자를 말한다) 또는 국·공유시설물의 관리자는 그 배수구역의 하수를 공공하수도에 유입시켜야 하며, 이에 필요한 배수설비를 설치하여야 한다.

② 공공하수도관리청은 배수설비의 부실시공을 방지하기 위하여 필요한 경우에는 제1항의 규정에 따라 배수설비를 설치하여야 하는 자에게 그 배수설비의 시공을 대통령령이 정하는 요건을 갖춘 자로 하여금 대행하게 하도록 명할 수 있다.

③ 제1항의 규정에 따라 배수설비를 설치하고자 하는 자는 배수설비의 종류·규모 등 대통령령이 정하는 사항을 공공하수도관리청에 신고하여야 한다.

④ 제1항의 규정에 따라 배수설비를 설치하여야 하는 자로서 대통령령으로 정하는 수질 또는 수량 이상의 하수를 공공하수도에 유입시키려는 자는 해당 하수의 수질 또는 수량, 배수설비의 사용개시 예정일자 등에 관한 사항을 제3항에 따라 배수설비의 설치 신고를 하는 때에 함께 신고를 하여야 한다. 신고한 하수의 수질 또는 수량을 환경부령으로 정하는 기준 이상으로 변경하려는 경우에도 또한 같다.

배출시설 설치제한지역

수질을 오염시킬 수 있는 배출시설의 설치를 제한하는 지역을 말한다. 상수원보호구역, 특별대책권역, 취수시설이 있는 지역과 그 상류지역에 환경부장관이 지정한다. 배출시설 설치제한지역은 '수질 및 수생태계 보전에 관한 법률'에 따라 상수원 조달지역의 환경기준을 유지하고, 지역주민의 건강과 재산을 보존하며, 동식물 생육의 중대 위해를 방지하기 위해 수질을 오염시키는 배출시설의 설치를 제한할 목적으로 지정한다.

이 지역에서는 수질 보전을 위해 수질오염 총량제와 폐수배출시설의 설치허가제를 시행하고, 수질 오염 우려가 있는 자동차의 통행과 낚시 행위 등을 제한한다. '수질 및 수생태계 보전에 관한 법률'에서 정한 배출시설은 일정량 이상의 수질을 오염시키는 폐수를 배출하는 저장 및 처리창고, 가공 및 제조공장을 말하며, 일반 주택과 축사 등은 제외한다. 따라서 주택이나 축사 건축과 관련해서는 상수원보호구역, 수변구역, 특별대책권역의 규제사항을 살펴봐야 한다. 현재 한강, 임진강, 낙동강, 금강, 영산, 섬진강 주변에 지정 고시되어 있다.

소재지	경기도 남양주시 평내동 ▨▨▨번지			
지목	대 ❓		면적	411 ㎡
개별공시지가(㎡당)	2,514,000원 (2022/01) 연도별보기			
지역지구등 지정여부	「국토의 계획 및 이용에 관한 법률」에 따른 지역·지구등	도시지역 , 제3종일반주거지역 , 지구단위계획구역(평내택지지구) , 중로3류(폭 12m~15m)(집산도로)(접합)		
	다른 법령 등에 따른 지역·지구등	가축사육제한구역<가축분뇨의 관리 및 이용에 관한 법률>, 배출시설설치제한지역<물환경보전법>, 과밀억제권역<수도권정비계획법>		
「토지이용규제 기본법 시행령」 제9조 제4항 각 호에 해당되는 사항				

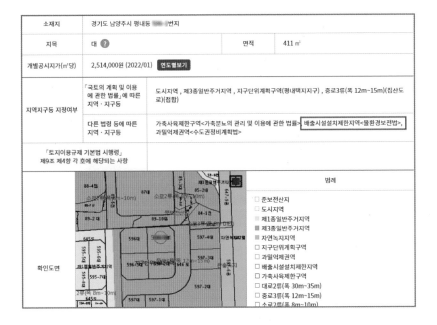

범례

- ☐ 준보전산지
- ☐ 도시지역
- ▨ 제1종일반주거지역
- ▨ 제3종일반주거지역
- ▨ 자연녹지지역
- ☐ 지구단위계획구역
- ☐ 과밀억제권역
- ☐ 배출시설설치제한지역
- ☐ 가축사육제한구역
- ☐ 대로2류(폭 30m~35m)
- ☐ 중로3류(폭 12m~15m)
- ☐ 소로2류(폭 8m~10m)

확인도면

■ 물환경보전법 시행규칙

[별표 1] 〈개정 2021. 12. 10〉

기타수질오염원(제2조 관련)

시설구분	대상	규모
1. 수산물 양식시설	가. '양식산업발전법 시행령' 제9조 제8항 제2호에 따른 가두리 양식업시설	면허대상 모두
	나. '양식산업발전법 시행령' 제29조 제1항 제1호에 따른 육상수조식해수양식업시설	수조면적의 합계가 500제곱미터 이상일 것
	다. '양식산업발전법 시행령' 제29조 제2항 제1호에 따른 육상수조식내수양식업시설	수조면적의 합계가 500제곱미터 이상일 것
2. 골프장	'체육시설의 설치·이용에 관한 법률 시행령' 별표 1에 따른 골프장	면적이 3만 제곱미터 이상이거나 3홀 이상일 것(법 제53조 제1항에 따라 비점오염원으로 설치 신고대상인 골프장은 제외한다)
3. 운수장비 정비 또는 폐차장시설	가. 동력으로 움직이는 모든 기계류·기구류·장비류의 정비를 목적으로 사용하는 시설	면적이 200제곱미터 이상(검사장 면적을 포함한다)일 것
	나. 자동차 폐차장시설	면적이 1천 500제곱미터 이상일 것
4. 농축수산물 단순가공 시설	가. 조류의 알을 물세척만 하는 시설	물사용량이 1일 5세제곱미터 이상 ['하수도법' 제2조 제9호 및 제13호에 따른 공공하수처리시설 및 개인하수처리시설(이하 이 호에서 '공공하수처리시설 및 개인하수처리시설'이라 한다)에 유입하는 경우에는 1일 20세제곱미터 이상]일 것
	나. 1차 농산물을 물세척만 하는 시설	물 사용량이 1일 5세제곱미터 이상(공공하수처리시설 및 개인하수처리시설에 유입하는 경우에는 1일 20세제곱미터 이상)일 것
	다. 농산물의 보관·수송 등을 위하여 소금으로 절임만 하는 시설	용량이 10세제곱미터 이상(공공하수처리시설 및 개인하수처리시설에 유입하는 경우에는 1일 20세제곱미터 이상)일 것

시설구분	대상	규모
4. 농축수산물 단순가공 시설	라. 고정된 배수관을 통하여 바다로 직접 배출하는 시설(양식어민이 직접 양식한 굴의 껍질을 제거하고 물세척을 하는 시설을 포함한다)로서 해조류·갑각류·조개류를 채취한 상태 그대로 물세척만 하거나 삶은 제품을 구입하여 물세척만 하는 시설	물사용량이 1일 5세제곱미터 이상(농축수산물 단순가공시설이 바다에 붙어 있는 경우에는 물사용량이 1일 20세제곱미터 이상)일 것
5. 사진 처리 또는 X-Ray 시설	가. 무인자동식 현상·인화·정착시설	1대 이상일 것
	나. 한국표준산업분류 733사진촬영 및 처리업의 사진처리시설(X-Ray시설을 포함한다) 중에서 폐수를 전량 위탁처리하는 시설	1대 이상일 것
6. 금은판매점의 세공 시설이나 안경원	가. 금은판매점의 세공시설('국토의 계획 및 이용에 관한 법률 시행령' 제30조에 따른 준주거지역 및 상업지역에서 금은을 세공하여 금은판매점에 제공하는 시설을 포함한다)에서 발생되는 폐수를 전량 위탁처리하는 시설	폐수발생량이 1일 0.01세제곱미터 이상일 것
	나. 안경원에서 렌즈를 제작하는 시설	1대 이상일 것
7. 복합물류 터미널시설	화물의 운송, 보관, 하역과 관련된 작업을 하는 시설	면적이 20만제곱미터 이상일 것
8. 거점소독 시설	조류인플루엔자 등의 방역을 위하여 축산 관련 차량의 소독을 실시하는 시설	면적이 15제곱미터 이상일 것

비고
1. 제1호 나목 및 다목에 해당되는 시설 중 증발과 누수로 인하여 줄어드는 물을 보충하여 양식하는 양식장, 전복양식장은 제외한다.
2. 제8호의 거점소독시설은 '가축전염병 예방법' 제3조 제1항에 따른 가축전염병 예방 및 관리대책에 따른 거점소독시설 및 같은 조 제5항에 따라 농림축산식품부장관이 고시한 방역기준에 따른 거점소독시설을 말한다.
3. '환경영향평가법 시행령' 별표 3 제1호 아목에 해당되어 비점오염원 설치신고 대상이 되는 사업은 기타수질오염원 신고대상에서 제외한다.

폐기물매립시설 설치제한지역

한강, 낙동강, 금강, 영산-섬진강 수계의 수질 보전을 위해 강의 본류와 지류의 경계로부터 일정거리 이내 지역에 대해 폐기물처리시설 중 매립시설의 설치와 허가를 제한하는 지역을 말한다. 근거 법률은 '한강수계 상수원수질개선 및 주민지원 등에 관한 법률', '낙동강수계 물관리 및 주민지원 등에 관한 법률', '금강수계 물관리 및 주민지원 등에 관한 법률', '영산강 섬진강수계 물관리 및 주민지원 등에 관한 법률'이다.

한강 수계에서 폐기물매립시설이란 다음의 [별표 3]에서 보듯이 중간처분시설, 최종처분시설, 재활용시설 등으로 대규모 폐기물을 처리하는 시설을 말하는 것이다. [별표 3] 최종처분시설에 의해 처리한 폐기물을 매립할 수 없는 지역을 말한다. 이 법률은 폐기물을 처리하는 사업자를 대상으로 하는 법이며, 일반인들의 일반 건축물 건축 행위와는 관계없다.

폐기물매립시설 설치제한지역

소재지	경기도 광주시 초월읍 무갑리 ███번지		
지목	대 ❓	면적	990 ㎡
개별공시지가(㎡당)	307,100원 (2022/01) 연도별보기		
지역지구등 지정여부	「국토의 계획 및 이용에 관한 법률」에 따른 지역·지구등	농림지역	
	다른 법령 등에 따른 지역·지구등	가축사육제한구역<가축분뇨의 관리 및 이용에 관한 법률>, 농업진흥구역<농지법>, 배출시설설치제한지역<물환경보전법>, 자연보전권역<수도권정비계획법>, 공장설립승인지역<수도법>, 한강)폐기물매립시설 설치제한지역<한강수계 상수원수질개선 및 주민지원 등에 관한 법률>, (한강)수변구역(수변구역 저촉사항은 수질정책과 지원사업팀에 별도 확인요)<한강수계 상수원수질개선 및 주민지원 등에 관한 법률>, 특별대책지역<환경정책기본법>	
「토지이용규제 기본법 시행령」 제9조 제4항 각 호에 해당되는 사항			

확인도면

범례
- ☐ 공장설립승인지역
- ☒ 농림지역
- ☐ 자연보전권역
- ☐ 배출시설설치제한지역
- ☐ (한강)수변구역
- ☐ 한강폐기물매립시설설치제한지역
- ☐ 특별대책지역
- ☐ 농업진흥구역
- ☐ 방수설비

관련 법규

한강수계 상수원수질개선 및 주민지원 등에 관한 법률 시행령

제19조 폐기물매립시설 설치제한지역

① 법 제15조의 4에서 '대통령령으로 정하는 거리'란 다음 각 호의 거리를 말한다.

1. 한강 본류 : 본류의 경계로부터 1킬로미터.
2. 한강 본류에 직접 유입되는 지류 : 지류의 경계로부터 500미터.

② 제1항에 따른 하천의 경계는 '하천법' 제2조 제2호에 따른 하천구역의 경계로 하되, 다음 각 호의 구분에 따라 해당 경계선에 대한 현지 실태조사 등을 거쳐서 정한다.

1. '하천법' 제15조에 따른 하천시설에 대한 관리대장(이하 '관리대장'이라 한다)이 작성·보관되고 있는 하천의 경우 : 그 관리대장에 기록된 하천구역의 경계선.

2. 관리대장이 작성·보관되고 있지 아니한 하천의 경우.

가. 제방이 있는 하천의 경우 : 그 제방의 경계선.

나. 제방이 없는 하천의 경우 : 국토지리정보원에서 제작한 지형도상의 하천구역의 경계선.

폐기물관리법 시행령

[별표 3] <개정 2020. 7. 21>

폐기물 처리시설의 종류(제5조 관련)

1. 중간처분시설

가. 소각시설

1) 일반 소각시설

2) 고온 소각시설

3) 열 분해시설(가스화시설을 포함한다)

4) 고온 용융시설

5) 열처리 조합시설 [1)에서 4)까지의 시설 중 둘 이상의 시설이 조합된 시설]

나. 기계적 처분시설

1) 압축시설(동력 7.5kw 이상인 시설로 한정한다)

2) 파쇄·분쇄시설(동력 15kw 이상인 시설로 한정한다)

3) 절단시설(동력 7.5kw 이상인 시설로 한정한다)

4) 용융시설(동력 7.5kw 이상인 시설로 한정한다)

5) 증발·농축시설

6) 정제시설(분리·증류·추출·여과 등의 시설을 이용하여 폐기물을 처분하는 단위시설을 포함한다)

7) 유수 분리시설

8) 탈수·건조시설

9) 멸균분쇄시설

다. 화학적 처분시설

1) 고형화·고화·안정화시설

2) 반응시설(중화·산화·환원·중합·축합·치환 등의 화학반응을 이용하여 폐기물을 처분하는 단위시설을 포함한다)

3) 응집·침전시설

라. 생물학적 처분시설

1) 소멸화시설(1일 처분능력 100킬로그램 이상인 시설로 한정한다)

2) 호기성(好氣性 : 산소가 있을 때 생육하는 성질)·혐기성(嫌氣性 : 산소가 없을 때 생육하는 성질) 분해시설

마. 그 밖에 환경부장관이 폐기물을 안전하게 중간처분할 수 있다고 인정하여 고시하는 시설

2. 최종 처분시설

가. 매립시설

1) 차단형 매립시설

2) 관리형 매립시설(침출수 처리시설, 가스 소각·발전·연료화시설 등 부대시설을 포함한다)

나. 그 밖에 환경부장관이 폐기물을 안전하게 최종 처분할 수 있다고 인정하여 고시하는 시설

3. 재활용시설

가. 기계적 재활용시설

1) 압축·압출·성형·주조시설(동력 7.5kw 이상인 시설로 한정한다)

2) 파쇄·분쇄·탈피시설(동력 15kw 이상인 시설로 한정한다)

3) 절단시설(동력 7.5kw 이상인 시설로 한정한다)

4) 용융·용해시설(동력 7.5kw 이상인 시설로 한정한다)

5) 연료화시설

6) 증발·농축시설

7) 정제시설(분리·증류·추출·여과 등의 시설을 이용하여 폐기물을 재활용하는 단위시설을 포함한다)

8) 유수 분리시설

9) 탈수·건조시설

10) 세척시설(철도용 폐목재 받침목을 재활용하는 경우로 한정한다)

나. 화학적 재활용시설

1) 고형화·고화시설

2) 반응시설(중화·산화·환원·중합·축합·치환 등의 화학반응을 이용하여 폐기물을 재활용하는 단위시설을 포함한다)

3) 응집·침전시설

다. 생물학적 재활용시설

1) 1일 재활용능력이 100킬로그램 이상인 다음의 시설

가) 부숙(썩혀서 익히는 것) 시설(미생물을 이용하여 유기물질을 발효하는 등의 과정을 거쳐 제품의 원료 등을 만드는 시설을 말하며, 1일 재활용능력이 100킬로그램 이상 200킬로그램 미만인 음식물류 폐기물 부숙시설은 제외한다)

나) 사료화시설(건조에 의한 사료화시설을 포함한다)

다) 퇴비화시설(건조에 의한 퇴비화시설, 지렁이분변토 생산시설 및 생석회 처리시설을 포함한다)

라) 동애등에분변토 생산시설

마) 부숙토(腐熟土 : 썩혀서 익힌 흙) 생산시설

2) 호기성·혐기성 분해시설

3) 버섯재배시설

라. 시멘트 소성로

마. 용해로(폐기물에서 비철금속을 추출하는 경우로 한정한다)

바. 소성(시멘트 소성로는 제외한다)·탄화시설

사. 골재가공시설

아. 의약품 제조시설

자. 소각열회수시설(시간당 재활용능력이 200킬로그램 이상인 시설로서 법 제13조의 2 제1항 제5호에 따라 에너지를 회수하기 위하여 설치하는 시설만 해당한다)

차. 수은회수시설

카. 그 밖에 환경부장관이 폐기물을 안전하게 재활용할 수 있다고 인정하여 고시하는 시설

홍수관리구역

홍수관리구역은 홍수에 대비해 건축물의 최저 높이를 일정 높이 이
상으로 규제해 홍수가 나더라도 집과 가재가 잠기는 것을 예방하기 위
해 하천 주변의 저지대에 지정된다. 홍수관리구역은 하천의 경계로부
터 500미터 이내에 있는 지역에서 홍수가 미치는 지역과 하천 및 하천
시설물의 보전을 위해 필요한 지역에 지정한다. 관리구역 안의 토지에
건축물을 건축하려면 최저층의 높이가 계단을 이용해 출입하도록 높여
서 건축해야 한다. 어느 정도의 높이로 건축해야 하는지는 관할 관청의
지적과에 문의해야 한다. 수도권에서는 양평지역의 한강주변 일부가
홍수관리구역의 규제를 받고 있다.

홍수관리구역

관련 법규

하천법

제38조 홍수관리구역 안에서의 행위제한

① 제12조 제3항에 따라 고시된 홍수관리구역 안에서 다음 각 호의 행위를 하려는 자는 대통령령으로 정하는 바에 따라 하천관리청의 허가를 받아야 한다. 다만, 대통령령으로 정하는 경미한 행위에 대하여는 그러하지 아니하다.

  1. 공작물의 신축 또는 개축

  2. 토지의 굴착·성토·절토, 그 밖에 토지의 형질변경

  3. 삭제

② 제12조 제3항에 따라 고시된 홍수관리구역 안에서는 제1항 각 호의 어느 하나에 해당하는 행위를 하려는 경우에는 하천기본계획상 계획홍수위보다 높게 하여 이를 행할 수 있다.

하천법 시행령

제7조 홍수관리구역의 범위

① 법 제12조 제1항 제2호에서 '대통령령으로 정하는 일정한 범위 안의 지역'이란 다음 각 호의 지역을 말한다.

  1. 하천구역의 경계선으로부터 직선거리로 500미터를 초과하지 아니하는 지역으로서 통상의 홍수가 미치는 지역

  2. 하천구역의 경계선으로부터 직선거리로 500미터를 초과하지 아니하는 지역으로서 하천과 하천시설물을 보전하기 위하여 필요한 최소한도의 지역

  3. 하천구역의 경계선으로부터 직선거리로 500미터를 초과하는 지역으로서 통상의 홍수가 미치는 지역

② 제1항 각 호의 지역을 홍수관리구역으로 지정하려는 경우에는 제6조 제3항을 준용한다.

PART

4

개발행위와
토지의 분할

개발행위는 2003년 1월 1일부터 시행된 '국토의 계획과 이용에 관한 법률'에 의해 시작이 되었으며, 제56조의 개발행위의허가대상, 제57조의 개발행위의 절차, 제58조의 개발행위허가의 기준 등으로 토지의 개발을 엄격히 규제하는 시초가 된다.

토지에 건축물을 건축하거나 공작물 설치, 형질변경, 토석의 채취, 토지 분할, 물건의 적치 등 여섯 가지의 행위를 하고자 할 경우 개발행위허가를 받아야 한다. 그러나 국토교통부에서 발표한 개발행위 운영지침에 따르면, 지목이 대, 공장용지, 학교용지, 주차장, 주유소용지, 창고용지 등 이미 대지화 되어 있는 토지와 도시개발법, 택지개발사업 등 관계 법률에 의해 조성된 토지 또는 적법하게 건축된 건축물이 있는 대지는 개발행위허가 대상에서 제외된다.

따라서 개발행위(건축허가)허가를 받기 해서 민원실에 서류가 접수되면, 개발행위허가를 담당하는 도시개발과(지자체마다 조금씩 명칭이 다르다)에서 개발행위조건에 적합한 토지 여부를 심사한 후 지목이 농지인 경우 농지과에서, 임야인 경우에는 산림과를 거쳐 최종적으로 건축과에서 건축허가를 받아야 한다.

개발행위허가 시 형질변경을 하는 지역의 안정성을 확보하기 위해 훼손지나 절개지를 복구하기 위해 필수적으로 복구 계획을 세워야 하고, 공사 중간이라도 이러한 복구가 완벽히 되었는지 확인이 필요하며, 이러한 절개지 복구의 준공(적지복구)은 별도로 받아야 한다. 또한, 개발을 하다(형질변경)가 중단될 경우를 대비해 원상복구를 하기 위한 예치금 제도가 있으며, 개발행위허가 서류를 받으러 갈 경우 예치금 또는 보증보험 증권을 제출해야 허가서류를 받을 수 있다. 보증보험 증권은 개발행위 당사자 본인이나 위임장을 소지한 대리인에게만 발급해준다.

만약 토지주에게 사용승낙을 받아 홍길동이 개발주체라면 토지주가 아닌 홍길동이 보증보험증권 제출대상자다.

적지복구 준공은 준공검사를 별도로 받아야 하며, 준공되면 복구 하자 이행보증보험 증권을 제출해야 한다. '국토의 계획과 이용에 관한 법률'에 의거, 개발하는 토지는 일정 규모 이상 넘을 수 없으며, 대규모로 개발하는 경우에는 도시개발법 등 다른 법을 따라야 한다. 또한, 개발 완료로 지목이 변경되어 지가가 올라가는 경우 개발이익 환수금도 있다는 점을 생각하고, 개발을 시작하기 전 개발의 규모와 필요경비 등을 사전에 철저히 검토한 후 개발에 착수하는 것이 원칙이다.

개발의 방향은 정확히 판단했으나, 규모가 잘못되었거나 필요경비를 누락하며 무턱대고 개발을 시작해 실패로 끝나는 경우를 여러 번 목격했다.

개발행위의 조건은 산지전용조건의 기본인 경사도 입목본수도 표고도가 기본이고, 건축법에서 요구한 도로 및 하수도의 설치가 개발행위의 기본조건이며, 이러한 기본조건은 각 지방자치단체의 조례로 되어 있기 때문에 개발행위의 조례 및 건축법상 진입도로의 조례를 검토해야 한다.

개발행위

국토교통부의 개발행위허가제도

1. 개발행위허가

가. 제도개요

- 개발행위허가 시 계획의 적정성, 기반시설의 확보 여부, 주변환경과의 조화 등을 고려함으로서 난개발을 방지하기 위한 제도이며, 특별시장·광역시장·시장·군수는 국토의 계획 및 이용에 관한 법령 및 개발행위허가운영지침에서 위임하거나 정한 범위 안에서 도시·군계획조례 등을 마련하여 개발행위허가제도를 운영

- 개발행위허가 대상
  - 건축물의 건축 또는 공작물의 설치
  - 토지의 형질변경
  - 토석채취

- 토지 분할(건축물이 없는 경우에 한함)
- 녹지지역·관리지역 및 자연환경보전지역 안에서의 울타리 안이 아닌 토지에 1월 이상 물건을 쌓아놓는 행위

나. 허가절차

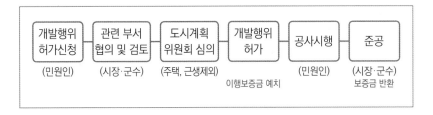

다. 개발행위허가의 규모

- 도시지역
  - 주거지역·상업지역·자연녹지지역·생산녹지지역 : 1만m^2 미만
  - 공업지역 : 3만m^2 미만
  - 보전녹지지역 : 5천m^2 미만
- 관리지역 : 3만m^2 미만
- 농림지역 : 3만m^2 미만
- 자연환경보전지역 : 5천m^2 미만

라. 개발행위허가의 기준

- 개발행위규모에의 적합할 것
- 도시·군관리계획의 내용에 배치되지 아니할 것
- 도시·군계획사업의 시행에 지장이 없을 것
- 주변지역의 토지이용실태, 주변환경 등과 조화를 이룰 것

- 기반시설의 설치 또는 그에 필요한 용지확보 계획이 적절할 것
- 기타 도시계획조례가 정하는 기준에 적합할 것
  ※ 개발행위허가 세부기준은 시행령 별표 1과 개발행위허가운영
  지침 참조

개발행위허가의 대상

다음의 여섯 가지의 행위를 하고자 하는 자는 개발행위허가를 받아야 한다. 필자는 다음의 여섯 가지 중 건축물의 건축 토지의 형질변경, 토지의 분할에 대해서만 설명할 예정이다. 여기서 형질변경이란 토지의 모양을 변화시키는 행위로, 흙을 50센티 이상 돋우거나 파는 행위를 말한다. 독자 여러분들이 알아야 하는 점은 어떤 토지에 건축물을 건축하기 위해서는 형질변경, 토지 분할, 건축 준공을 동시에 진행해야 하는 경우도 많으며, 허가는 같이 받아도 형질변경 준공과 건축 준공은 별도로 받아야 되고, 토지의 분할은 최종 지적공사에서 행해진다는 것이다. 또한, 개발행위허가는 허가조건에 준공 날짜가 명시되고, 건축허가는 착공 날짜가 명시된다.

대부분 경매로 나온 토지 중 개발행위허가가 준공되지 않았다면, 개발행위허가는 취소되어 낙찰자 이름으로 새로이 개발행위허가를 받으면 되지만, 건축허가는 먼저 주인 이름으로 살아 있기에 낙찰자가 건축허가권을 따로 매입해야 하는 경우도 생기게 된다.

개발행위허가는 사업계획서에 의해 관공서에 제출하는 서류에 전문가자격증을 소지한 사람들의 도장이 필수이기에 자격증이 없는 일반

인들은 개발행위허가가 불가능하다. 따라서 토목설계사무소에 의뢰해야 하며, 건축을 동반한 개발행위는 건축설계사무소도 동시에 지정해 허가를 받아야 한다. 다만 건축설계사무소나 토목설계사무소에서 하는 일은 허가를 받는 서류를 대행해주는 것이지, 허가를 받아주는 것은 아니다.

따라서 독자 여러분들은 어떻게 개발허가를 받는지는 중요하지 않으며, 개발이 가능한 조건의 토지인지, 개발 시 경비는 어느 정도 소요되는지, 개발 후 가치가 어느 정도 될 것인지를 확인 후 개발의 허가를 토목설계사무소에 의뢰하면 된다.

관련 법규

국토의 계획 및 이용에 관한 법률 시행령

제51조 개발행위허가의 대상

① 법 제56조 제1항에 따라 개발행위허가를 받아야 하는 행위는 다음 각 호와 같다.

1. 건축물의 건축 : '건축법' 제2조 제1항 제2호에 따른 건축물의 건축
2. 공작물의 설치 : 인공을 가하여 제작한 시설물의 설치
3. 토지의 형질변경 : 절토(땅깎기)·성토(흙쌓기)·정지(땅고르기)·포장 등의 방법으로 토지의 형상을 변경하는 행위와 공유수면의 매립
4. 토석채취 : 흙·모래·자갈·바위 등의 토석을 채취하는 행위.
5. 토지 분할 : 다음 각 목의 어느 하나에 해당하는 토지의 분할
   가. 녹지지역·관리지역·농림지역 및 자연환경보전지역 안에서 관계법령에 따른 허가·인가 등을 받지 아니하고 행하는 토지의 분할
   나. '건축법' 제57조 제1항에 따른 분할제한면적 미만으로의 토지의 분할
   다. 관계 법령에 의한 허가·인가 등을 받지 아니하고 행하는 너비 5미터 이하로의 토지의 분할

6. 물건을 쌓아놓는 행위 : 녹지지역·관리지역 또는 자연환경보전지역 안에서
   건축물의 울타리 안에 위치하지 아니한 토지에 물건을 1월 이상 쌓아놓는
   행위

개발행위허가의 규모

'국토의 계획과 이용에 관한 법률'에서 토지 개발 규모는 다음의 규
모에서 지자체별 조례로 정하는 면적 이내여야 한다.

국토의 계획 및 이용에 관한 법률 시행령

제55조 개발행위허가의 규모

① 법 제58조 제1항 제1호 본문에서 '대통령령으로 정하는 개발행위의 규모'란
다음 각 호에 해당하는 토지의 형질변경면적을 말한다. 다만, 관리지역 및 농
림지역에 대하여는 제2호 및 제3호의 규정에 의한 면적의 범위 안에서 당해
특별시·광역시·특별자치시·특별자치도·시 또는 군의 도시·군계획 조례로 따
로 정할 수 있다.

  1. 도시지역
     가. 주거지역·상업지역·자연녹지지역·생산녹지지역 : 1만제곱미터 미만
     나. 공업지역 : 3만제곱미터 미만
     다. 보전녹지지역 : 5천제곱미터 미만
  2. 관리지역 : 3만제곱미터 미만
  3. 농림지역 : 3만제곱미터 미만
  4. 자연환경보전지역 : 5천제곱미터 미만

개발행위허가의 기준

개발행위허가의 기준은 개발에 따른 주변에 피해가 없어야 되는데, 이를 위해 법규와 조례에 정해 놓았다. 첫째, 용도별 특성을 감안해 대통령이 정하는 개발행위규모에 적합해야 한다. 둘째, 도시관리계획의 내용에 배치되지 않아야 된다. 셋째, 도시계획 사업 시행에 지장이 없어야 한다. 넷째, 주변지역의 토지이용실태 또는 토지이용계획, 건축물의 높이, 토지의 경사도, 수목의 상태, 물의 배수, 하천, 호소, 습지의 배수 등 주변 환경 또는 경관과 조화를 이루어야 한다. 다섯째, 당해 기반시설의 설치 또는 그에 필요한 용지의 확보계획이 적정해야 된다.

따라서 개발행위허가를 담당하는 행정청에서는 다음 여섯 가지에 대해 세부적인 허가심사 기준을 고려해 허가 여부를 결정하고 있다. 독자 여러분들은 공통 분야의 ③규정에 표고, 경사, 임상 및 인근의 높이, 배수 등을 참작해 지방자치단체의 조례에 위임한다는 규정을 명심해야 한다.

개발행위의 법에서 기본은 정해 놓았지만, 법도 정부가 바뀌면 변할 수 있고, 조례 또한 지자체마다 다르며, 지자체 선거 후 조례도 개정될 수 있기 때문에 독자 여러분들은 이 책의 조례를 참고하되 토지 개발 시에는 별도 조례를 확인해야 한다.

1. 공통 분야

① 조수류, 수목 등의 집단서식지가 아니고, 우량농지에 해당하지 않아 보전의 필요가 없을 것.

② 역사적, 문화적, 향토적 가치, 국방상 목적 등에 따른 원형보전

의 필요가 없을 것.

③ 토지의 형질변경이 표고, 경사도, 임상 및 인근 도로의 높이, 배수 등을 참작하여 도시계획조례가 정하는 기준에 적합할 것.

2. 도시관리계획

① 용도지역별 개발행위의 규모 및 건축제한 기준에 적합할 것.

② 개발행위허가제한지역에 해당하지 아니할 것.

3. 도시관리계획사업

① 도시사업 부지에 해당하지 아니할 것.

② 개발시기와 가설시설의 설치 등이 도시계획사업에 지장을 초래하지 아니할 것.

4. 주변지역과의 관계

① 개발행위로 건축 또는 설치하는 건축물 또는 공작물이 주변 자연경관 및 미관을 훼손하지 아니하고 주변과 조화를 이루어야 한다.

② 개발행위로 인하여 당해지역 및 그 주변지역에 환경오염, 생태파괴, 위해발생 등이 발생할 우려가 없어야 할 것.

③ 개발행위로 인하여 녹지축이 절단되지 아니하고, 개발행위로, 배수가 변경되어, 하천, 호소, 습지로의 유수를 막지 아니할 것.

5. 기반시설

① 주변의 교통 소통에 지장을 초래하지 아니할 것.

② 대지와 도로의 관계는 건축법에 적합할 것.

6. 기타

① 공유수면 매립의 경우 매립목적이 도시계획에 적합할 것.

② 토지의 분할 및 물건을 쌓아놓는 행위에 입목의 벌채가 수반되지 아니할 것.

국토의 계획 및 이용에 관한 법률

제58조 개발행위허가의 기준

① 특별시장·광역시장·특별자치시장·특별자치도지사·시장 또는 군수는 개발행위허가의 신청 내용이 다음 각 호의 기준에 맞는 경우에만 개발행위허가를 하여야 한다.

1. 용도지역별 특성을 고려하여 대통령령으로 정하는 개발행위의 규모에 적합할 것. 다만, 개발행위가 '농어촌정비법' 제2조 제4호에 따른 농어촌정비사업으로 이루어지는 경우 등 대통령령으로 정하는 경우에는 개발행위 규모의 제한을 받지 아니한다.

2. 도시·군 관리계획의 내용에 어긋나지 아니할 것.

3. 도시·군 계획사업의 시행에 지장이 없을 것.

4. 주변지역의 토지이용실태 또는 토지이용계획, 건축물의 높이, 토지의 경사도, 수목의 상태, 물의 배수, 하천·호소·습지의 배수 등 주변 환경이나 경관과 조화를 이룰 것.

5. 해당 개발행위에 따른 기반시설의 설치나 그에 필요한 용지의 확보계획이 적절할 것.

② 특별시장·광역시장·특별자치시장·특별자치도지사·시장 또는 군수는 개발행위허가 또는 변경허가를 하려면 그 개발행위가 도시·군 계획사업의 시행에 지

장을 주는지에 관하여 해당 지역에서 시행되는 도시·군 계획사업의 시행자의 의견을 들어야 한다.

③ 제1항에 따라 허가할 수 있는 경우 그 허가의 기준은 지역의 특성, 지역의 개발상황, 기반시설의 현황 등을 고려하여 다음 각 호의 구분에 따라 대통령령으로 정한다.

1. 시가화 용도 : 토지의 이용 및 건축물의 용도·건폐율·용적률·높이 등에 대한 용도지역의 제한에 따라 개발행위허가의 기준을 적용하는 주거지역·상업지역 및 공업지역.

2. 유보용도 : 제59조에 따른 도시계획위원회의 심의를 통하여 개발행위허가의 기준을 강화 또는 완화하여 적용할 수 있는 계획관리지역·생산관리지역 및 녹지지역 중 대통령으로 정하는 지역.

3. 보전용도 : 제59조에 따른 도시계획위원회의 심의를 통하여 개발행위허가의 기준을 강화하여 적용할 수 있는 보전관리지역·농림지역·자연환경보전지역 및 녹지지역 중 대통령령으로 정하는 지역.

[별표 1의 2] 〈개정 2017. 12. 29〉

개발행위허가기준(제56조 관련)

1. 분야별 검토사항

검토분야	허가기준
가. 공통분야	(1) 조수류·수목 등의 집단서식지가 아니고, 우량농지 등에 해당하지 아니하여 보전의 필요가 없을 것 (2) 역사적·문화적·향토적 가치, 국방상 목적 등에 따른 원형보전의 필요가 없을 것 (3) 토지의 형질변경 또는 토석채취의 경우에는 다음의 사항 중 필요한 사항에 대하여 도시·군계획조례(특별시·광역시·특별자치시·특별자치도·시 또는 군의 도시·군계획조례를 말한다. 이하 이 표에서 같다)로 정하는 기준에 적합할 것 　(가) 국토교통부령으로 정하는 방법에 따라 산정한 해당 토지의 경사도 및 임상(林相) 　(나) 삭제 〈2016. 6. 30〉 　(다) 표고, 인근 도로의 높이, 배수(排水) 등 그 밖에 필요한 사항 (4) (3)에도 불구하고 다음의 어느 하나에 해당하는 경우에는 위해 방지, 환경오염 방지, 경관 조성, 조경 등에 관한 조치가 포함된 개발행위내용에 대하여 해당 도시계획위원회(제55조 제3항 제3호의 2 각 목 외의 부분 후단 및 제57조 제4항에 따라 중앙도시계획위원회 또는 시·도 도시계획위원회의 심의를 거치는 경우에는 중앙도시계획위원회 또는 시·도 도시계획위원회를 말한다)의 심의를 거쳐 도시·군계획조례로 정하는 기준을 완화하여 적용할 수 있다. 　(가) 골프장, 스키장, 기존 사찰, 풍력을 이용한 발전시설 등 개발행위의 특성상 도시·군계획조례로 정하는 기준을 그대로 적용하는 것이 불합리하다고 인정되는 경우 　(나) 지형 여건 또는 사업수행상 도시·군계획조례로 정하는 기준을 그대로 적용하는 것이 불합리하다고 인정되는 경우
나. 도시·군관리계획	(1) 용도지역별 개발행위의 규모 및 건축제한 기준에 적합할 것 (2) 개발행위허가제한지역에 해당하지 아니할 것

검토분야	허가기준
다. 도시·군계획사업	(1) 도시·군계획사업부지에 해당하지 아니할 것(제61조의 규정에 의하여 허용되는 개발행위를 제외한다) (2) 개발시기와 가설시설의 설치 등이 도시·군계획사업에 지장을 초래하지 아니할 것
라. 주변지역과의 관계	(1) 개발행위로 건축 또는 설치하는 건축물 또는 공작물이 주변의 자연경관 및 미관을 훼손하지 아니하고, 그 높이·형태 및 색채가 주변건축물과 조화를 이루어야 하며, 도시·군계획으로 경관계획이 수립되어 있는 경우에는 그에 적합할 것 (2) 개발행위로 인하여 당해 지역 및 그 주변지역에 대기오염·수질오염·토질오염·소음·진동·분진 등에 의한 환경오염·생태계파괴·위해발생 등이 발생할 우려가 없을 것. 다만, 환경오염·생태계파괴·위해발생 등의 방지가 가능하여 환경오염의 방지, 위해의 방지, 조경, 녹지의 조성, 완충지대의 설치 등을 허가의 조건으로 붙이는 경우에는 그러하지 아니하다. (3) 개발행위로 인하여 녹지축이 절단되지 아니하고, 개발행위로 배수가 변경되어 하천·호소·습지로의 유수를 막지 아니할 것
마. 기반기설	(1) 주변의 교통소통에 지장을 초래하지 아니할 것 (2) 대지와 도로의 관계는 '건축법'에 적합할 것 (3) 도시·군계획조례로 정하는 건축물의 용도·규모(대지의 규모를 포함한다)·층수 또는 주택호수 등에 따른 도로의 너비 또는 교통소통에 관한 기준에 적합할 것
바. 그 밖의 사항	(1) 공유수면매립의 경우 매립목적이 도시·군계획에 적합할 것 (2) 토지의 분할 및 물건을 쌓아놓는 행위에 입목의 벌채가 수반되지 아니할 것

2. 개발행위별 검토사항

검토분야	허가기준
가. 건축물의 건축 또는 공작물의 설치	(1) '건축법'의 적용을 받는 건축물의 건축 또는 공작물의 설치에 해당하는 경우 그 건축 또는 설치의 기준에 관하여는 '건축법'의 규정과 법 및 이 영이 정하는 바에 의하고, 그 건축 또는 설치의 절차에 관하여는 '건축법'의 규정에 의할 것. 이 경우 건축물의 건축 또는 공작물의 설치를 목적으로 하는 토지의 형질변경, 토지 분할 또는 토석의 채취에 관한 개발행위허가는 '건축법'에 의한 건축 또는 설치의 절차와 동시에 할 수 있다. (2) 도로·수도 및 하수도가 설치되지 아니한 지역에 대하여는 건축물의 건축(건축을 목적으로 하는 토지의 형질변경을 포함한다)을 허가하지 아니할 것. 다만, 무질서한 개발을 초래하지 아니하는 범위 안에서 도시·군계획조례가 정하는 경우에는 그러하지 아니하다. (3) 특정 건축물 또는 공작물에 대한 이격거리, 높이, 배치 등에 대한 구체적인 사항은 도시·군계획조례로 정할 수 있다. 다만, 특정 건축물 또는 공작물에 대한 이격거리, 높이, 배치 등에 대하여 다른 법령에서 달리 정하는 경우에는 그 법령에서 정하는 바에 따른다.
나. 토지의 형질변경	(1) 토지의 지반이 연약한 때에는 그 두께·넓이·지하수위 등의 조사와 지반의 지지력·내려앉음·솟아오름에 관한 시험을 실시하여 흙바꾸기·다지기·배수 등의 방법으로 이를 개량할 것 (2) 토지의 형질변경에 수반되는 성토 및 절토에 의한 비탈면 또는 절개면에 대하여는 옹벽 또는 석축의 설치 등 도시·군계획조례가 정하는 안전조치를 할 것
다. 토석채취	지하자원의 개발을 위한 토석의 채취허가는 시가화대상이 아닌 지역으로서 인근에 피해가 없는 경우에 한하도록 하되, 구체적인 사항은 도시·군계획조례가 정하는 기준에 적합할 것. 다만, 국민경제상 중요한 광물자원의 개발을 위한 경우로서 인근의 토지이용에 대한 피해가 최소한에 그치도록 하는 때에는 그러하지 아니하다.

검토분야	허가기준
라. 토지 분할	(1) 녹지지역·관리지역·농림지역 및 자연환경보전지역 안에서 관계법령에 따른 허가·인가 등을 받지 아니하고 토지를 분할하는 경우에는 다음의 요건을 모두 갖출 것 (가) '건축법' 제57조 제1항에 따른 분할제한면적(이하 이 칸에서 '분할제한면적'이라 한다) 이상으로서 도시·군계획조례가 정하는 면적 이상으로 분할할 것 (나) '소득세법 시행령' 제168조의 3 제1항 각 호의 어느 하나에 해당하는 지역 중 토지에 대한 투기가 성행하거나 성행할 우려가 있다고 판단되는 지역으로서 국토교통부장관이 지정·고시하는 지역 안에서의 토지 분할이 아닐 것. 다만, 다음의 어느 하나에 해당되는 토지의 경우는 예외로 한다. 　1) 다른 토지와의 합병을 위하여 분할하는 토지 　2) 2006년 3월 8일 전에 토지 소유권이 공유로 된 토지를 공유지분에 따라 분할하는 토지 　3) 그 밖에 토지의 분할이 불가피한 경우로서 국토교통부령으로 정하는 경우에 해당되는 토지 (다) 토지 분할의 목적이 건축물의 건축 또는 공작물의 설치, 토지의 형질변경인 경우 그 개발행위가 관계법령에 따라 제한되지 아니할 것 (라) 이 법 또는 다른 법령에 따른 인가·허가 등을 받지 않거나 기반시설이 갖추어지지 않아 토지의 개발이 불가능한 토지의 분할에 관한 사항은 해당 특별시·광역시·특별자치시·특별자치도·시 또는 군의 도시·군계획조례로 정한 기준에 적합할 것 (2) 분할제한면적 미만으로 분할하는 경우에는 다음의 어느 하나에 해당할 것 (가) 녹지지역·관리지역·농림지역 및 자연환경보전지역 안에서의 기존묘지의 분할 (나) 사설도로를 개설하기 위한 분할('사도법'에 의한 사도개설 허가를 받아 분할하는 경우를 제외한다) (다) 사설도로로 사용되고 있는 토지 중 도로로서의 용도가 폐지되는 부분을 인접 토지와 합병하기 위하여 하는 분할 (라) 〈삭제〉

검토분야	허가기준
라. 토지 분할	(마) 토지 이용상 불합리한 토지 경계선을 시정하여 당해 토지의 효용을 증진시키기 위하여 분할 후 인접 토지와 합필하고자 하는 경우에는 다음의 1에 해당할 것. 이 경우 허가신청인은 분할 후 합필되는 토지의 소유권 또는 공유지분을 보유하고 있거나 그 토지를 매수하기 위한 매매계약을 체결하여야 한다. 1) 분할 후 남는 토지의 면적 및 분할된 토지와 인접 토지가 합필된 후의 면적이 분할제한면적에 미달되지 아니할 것 2) 분할 전후의 토지 면적에 증감이 없을 것 3) 분할하고자 하는 기존 토지의 면적이 분할제한면적에 미달되고, 분할된 토지 중 하나를 제외한 나머지 분할된 토지와 인접 토지를 합필한 후의 면적이 분할제한면적에 미달되지 아니할 것 (3) 너비 5미터 이하로 분할하는 경우로서 토지의 합리적인 이용에 지장이 없을 것
마. 물건을 쌓아놓는 행위	당해 행위로 인하여 위해발생, 주변환경오염 및 경관훼손 등의 우려가 없고, 당해 물건을 쉽게 옮길 수 있는 경우로서 도시·군계획조례가 정하는 기준에 적합할 것

3. 용도지역별 검토사항

검토분야	허가기준
가. 시가화 용도	1) 토지의 이용 및 건축물의 용도·건폐율·용적률·높이 등에 대한 용도지역의 제한에 따라 개발행위허가의 기준을 적용하는 주거지역·상업지역 및 공업지역일 것 2) 개발을 유도하는 지역으로서 기반시설의 적정성, 개발이 환경에 미치는 영향, 경관 보호·조성 및 미관훼손의 최소화를 고려할 것
나. 유보 용도	1) 법 제59조에 다른 도시계획위원회의 심의를 통하여 개발행위허가의 기준을 강화 또는 완화하여 적용할 수 있는 계획관리지역·생산관리지역 및 녹지지역 중 자연녹지지역일 것 2) 지역 특성에 따라 개발 수요에 탄력적으로 적용할 지역으로서 입지타당성, 기반시설의 적정성, 개발이 환경에 미치는 영향, 경관 보호·조성 및 미관훼손의 최소화를 고려할 것

검토분야	허가기준
다. 보전 용도	1) 법 제59조에 다른 도시계획위원회의 심의를 통하여 개발행위허가의 기준을 강화하여 적용할 수 있는 보전관리지역·농림지역·자연환경보전지역 및 녹지지역 중 생산녹지지역 및 보전녹지지역일 것 2) 개발보다 보전이 필요한 지역으로서 입지타당성, 기반시설의 적정성, 개발이 환경에 미치는 영향, 경관 보호·조성 및 미관훼손의 최소화를 고려할 것

지방자치단체별 개발행위허가 조건

1. 서울시 도시계획조례 제21조 개발행위허가의 절차 등

① 시장은 법 제57조 제4항에 따라 개발행위허가를 함에 있어서 다음 각 호의 사항을 검토하여 필요한 경우 조건을 부여할 수 있다. 〈개정 2008. 7. 30〉

1. 공익상 적정 여부.

2. 이해관계인의 보호 여부.

3. 주변의 환경·경관·교통 및 미관 등의 훼손 여부.

4. 역사적·문화적·향토적 가치 및 보존 여부.

5. 조경 및 재해예방 등의 조치 필요 여부.

6. 관계 법령에서 규정하고 있는 공공시설의 확보 여부 등.

② 시장은 토지 형질변경, 토석채취 및 대상토지면적 1천제곱미터 이상인 물건적치 행위허가에 대하여는 시도시계획위원회의 심의를 거쳐야 한다.

2. 부산시 도시계획 조례 제22조 개발행위허가의 기준

영 별표 1의 2 제1호에 따른 개발행위허가기준은 다음 각 호와 같다.

1. 등고선, 표고 등이 인근 개발지보다 높은 곳으로 지역여건을 보아 형질변경을 함으로써 주변환경 및 미관을 크게 해칠 우려가 있는 지역은 제외할 것.

2. 형질변경이 이루어지는 훼손 대상 토지의 경사도가 30퍼센트 이상인 토지는 형질변경에서 제외할 것

3. 입목본수도 70퍼센트 이상인 지역은 훼손되지 아니하도록 할 것. 다만, 판매를 목적으로 재배하는 나무는 입목본수도에 산입하지 아니한다.

   3의 2. 경사도 및 입목본수도의 조사·산출 방법은 별표 22와 별표 23에 따른다.

4. '산림자원의 조성 및 관리에 관한 법률' 제47조 및 같은 법 시행규칙 제56조에 따라 지정한 보호수의 보호구역면적은 훼손되지 아니하도록 할 것.

5. 개발행위로 인하여 녹지축 및 하천·해안경관이 단절되는 지역은 훼손되지 아니하도록 할 것.

6. 공원·개발제한구역 등에 인접한 지역으로서 개발행위로 인하여 주변의 경관이 손상될 우려가 없을 것.

7. 역사적·문화적·향토적 가치, 국방상 목적 등에 따른 원형보전의 필요가 없을 것.

8. 토지의 형질변경 등의 행위로 환경의 오염 또는 위해·붕괴 등 재해발생이 예상되지 아니할 것.

9. '야생동·식물보호법' 제33조의 규정에 의한 멸종위기 야생동·

식물, 보호야생 동식물, 국제적 멸종위기종 등이 자생하고 있거나, 생물종 다양성이 풍부한 습지 등과 연결되어 생태 보전이 필요한 지역은 훼손되지 아니하도록 할 것.

10. 녹지지역으로서 조수류 등이 집단적으로 서식하거나, 수목이 집단적으로 생육 되고 있는 경우 또는 우량농지 등으로 보전의 필요가 있는 지역은 훼손되지 아니하도록 할 것.

3. 광주광역시 도시계획조례 제29조 개발행위허가의 기준

① 시장은 법 제56조 제1항의 규정에 의한 개발행위로 인하여 다음 각 호의 1에 해당하는 지역 또는 주변지역에 환경오염·생태계 파괴·위해발생 등이 예상되는 경우에는 개발행위허가를 하여서는 아니 된다.

② 영 제56조 별표 1의 2 제1호의 규정에 의하여 시장은 다음 각 호의 요건을 모두 갖춘 토지에 한하여 개발행위를 허가할 수 있다.

1. 다음 각 목의 입목본수도 요건을 모두 갖춘 토지.

가. 개발행위허가 대상 토지의 경계로부터 50미터 이내에 위치하는 지역까지의 총 입목본수도가 50퍼센트 미만인 경우

2. 경사도가 10도 미만인 토지. 다만, 경사도가 10도 이상인 토지에 대하여는 시 도시계획위원회의 심의를 거쳐 주변지역에 지장이 없다고 인정되는 때에는 개발행위허가를 할 수 있다. 이 경우 경사도 산정방식은 이 조례의 규칙으로 정할 수 있다.

3. 표고가 100미터 미만인 토지.

4. 대구시 제20조 개발행위허가의 기준

영 제56조 제1항 별표 1의 2 제1호 가목(3)에 따라 토지의 형질 변경 또는 토석채취의 경우에는 표고·경사도·임상·인근 도로의 높이 및 배수 등을 참작하여 다음 각 호의 기준에 적합하여야 한다. 다만, 주거지역·상업지역 및 공업지역으로서 도시관리계획으로 결정되어 개설이 완료된 도로로 둘러싸인 가구(街區)의 경우에는 적용하지 아니한다.

1. 경사도가 30퍼센트 이하인 토지(주거지역·상업지역 또는 공업지역 안에서는 45퍼센트 이하)

2. 입목본수도가 50퍼센트 이하인 토지(주거지역·상업지역 또는 공업지역 안에서는 60퍼센트 이하) 다만, 판매를 목적으로 재배하는 나무는 입목본수도 산정 시 이를 산입하지 아니한다.

3. 경사도 및 입목본수도의 조사·산출은 별표 1의 방법에 따른다.

5. 대전시 도시계획 조례 제29조 개발행위허가의 기준

① 영 별표 1의 2 제1호의 규정에 의하여 개발행위허가를 할 수 있는 기준은 다음 각 호와 같다.

1. 영 별표 1의 2 제1호 가목(3)의 규정에 의하여 개발행위허가를 할 수 있는 경우는 다음 각 목에 해당되는 경우로 한다.

다만, 법 제60조 제1항 각 호의 규정에 의한 국가·지방자치단체 및 공공기관과 제36조의 규정에 의한 공공단체가 공익상 필요하여 개발행위를 시행하고자 하는 경우에는 구 도시계획위원회의 심의를 받아 다음 각 목의 규정에 의한 입목본수도 및 지표면의 경사에 대하여 10퍼센트 범위 안에서 가산하여 적용할 수 있다.

가. 입목본수도가 50퍼센트 미만인 토지. 다만, 녹지지역의 경우 40퍼센트 미만인 토지로 한다.

나. 지표면의 경사가 30퍼센트 미만인 토지

2. 당해 행위가 도로·급수시설 또는 배수시설의 설치를 포함하는 경우에는 각각 '수도법' 제18조, '하수도법' 제12조 및 '도로의 구조·시설기준에 관한 규칙'이 정하는 기준에 적합할 것

6. 성남시 도시계획조례 제21조 개발행위허가의 기준

① 영 제56조 별표 1의 2 제1호의 규정에 의하여 시장은 다음 각 호의 요건을 모두 갖춘 토지에 한하여 개발행위를 허가할 수 있으며, 입목본수도 조사방법 및 경사도 산정방식은 규칙으로 정한다.

1. 개발행위허가 대상 토지 및 당해 토지의 경계로부터 30미터 이내에 위치하는 주변토지의 총 입목본수도가 50퍼센트 미만인 토지. 다만, 주변 토지는 지목상 '임야'만을 입목 본수도 대상 부지로 하고 기개발(허가)된 부지는 제외하며, 판매를 목적으로 재배하는 나무는 입목본수도 산정 시 이를 삽입하지 아니한다. 〈개정 2012. 06. 27〉

2. 경사도가 15도 미만인 토지. 다만, 녹지지역은 12도 미만(녹지지역 중 지목이 '대'인 토지는 15도 미만)

3. 고의 또는 불법으로 임목이 훼손되었거나 지형이 변경된 후 원상회복이 이루어지지 않아 토지이용계획확인서에 그 사

실이 명시된 토지가 아닌 경우.

② 자연취락구역 내는 다음 요건을 모두 충족 시 도시계획위원회
의 자문을 득하여 허가할 수 있다.

1. 제21조 제1항 제1호의 기준에 적합할 것.

2. 경사도 12도 이상 15도 미만.

※ 성남시 도시계획조례 시행규칙 제 13조 보전녹지지역 안에서 건
축할 수 있는 건축물

보전녹지지역 안에서 단독주택 허가 시 '도시계획 조례' 제45조
제2항 제1호 규정에 따라 성남시에 3년 이상 거주하고 있는 자에
게 1개 동의 주택에 한하여 건축허가 할 수 있다.

7. 경기도 광주시 도시계획 제23조 개발행위허가의 기준

① 영 별표 1의 2 제1호 가목(3)의 규정에 의하여 시장은 다음 각
호의 요건을 모두 갖춘 토지에 한하여 개발행위를 허가할 수
있다.

1. 다음 각 목의 입목본수도 요건을 모두 갖춘 토지.

가. 개발행위허가 대상토지의 헥타아르당 입목축적이 우리
시 헥타아르당 평균 입목축적의 150% 미만인 토지.

나. 개발행위허가 대상 토지 안에 평균나이가 50년생 이상
인 활엽수림의 점유면적이 50퍼센트 이하인 경우.

2. 경사도가 20도 미만인 토지 다만, '건축법 시행령' 별표 1
제3호 바목, 제14호 가목, 제23호부터 제25호까지의 건축
물의 건축을 위한 토지 중 시도시계획위원회의 자문을 거친

경우에는 제외한다.

3. 기준지반고를 기준으로 50미터 미만에 위치하는 토지[기준
   지반고는 개발행위허가 대상 토지를 기준으로 하여 직선거
   리로 최단거리에 위치한 도로의 표고를 말한다]

4. 제3호 규정에도 불구하고 보전·생산·계획관리지역 안에서
   의 개발행위허가 기준 중 기준지반고에 대해서는 '산지관리
   법' 규정을 따른다.

② 대지와 도로와의 관계는 '건축법'에 적합하게 하여야 한다.

8. 양평군 도시계획조례 제18조 개발행위허가의 기준

① 영 별표 1의 2 제1호의 규정에 의하여 군수는 다음 각 호의 요
건을 모두 갖춘 토지에 한하여 개발행위를 허가할 수 있다.

1. 개발행위허가 대상 토지의 헥타르당 평균입목축적이 양평
   군의 헥타르당 평균입목축적의 150퍼센트 이하인 경우.

2. 경사도가 25도 미만인 토지. 다만, 경사도가 25도 이상인 토
   지에 대하여는 군계획위원회의 자문을 거쳐 허가할 수 있
   다. 이 경우 경사도 산정방식은 별표 24에 의한다.

3. 기준지반고를 기준으로 50미터 미만에 위치하는 토지

② 제1항의 규정은 제25조 및 제26조의 규정에 의하여 개발행위
를 허가하는 경우에는 적용하지 아니한다.

9. 용인시 도시계획조례 제20조 개발행위허가의 기준

① 영 별표 1의 2 제1호에 따라 시장은 다음 각 호의 요건을 모두
갖춘 토지에 대하여 개발행위를 허가할 수 있다.

1. 입목 축적의 적용은 '산지관리법'을 따른다.

2. 평균경사도가 17.5도 이하인 토지(단, 처인구 지역은 평균 경사도가 20도 이하인 토지). 다만, 평균 경사도가 17.5도를 초과(단, 처인구 지역은 평균 경사도가 20도를 초과)하면서 공공·공익목적으로 시장이 필요하다고 판단한 시설·건축물은 위원회의 자문을 거쳐 허가할 수 있다. 이 경우 경사도 측정 및 산정방식은 시행규칙으로 정한다.

② 제1항은 주거지역, 상업지역, 공업지역과 제24조 및 제25조에 따라 개발행위를 허가하는 경우에는 적용하지 아니한다.

10. 평택시 도시계획조례 제20조 개발행위허가의 기준

① 영 별표 1의 2 제1호 가목(3)에 따라 시장은 다음 각 호의 요건을 모두 갖춘 토지에 한정하여 개발행위를 허가할 수 있다. 다만, 시가화용도지역(주거·상업·공업지역)에서는 다음 각 호의 기준을 적용하지 아니한다.

1. 입목축적 조사는 '산지관리법 시행규칙' 제4조의 2 별표 1의 산정방식을 따른다.

　가. 유보용도지역(자연녹지, 계획·생산관리지역)은 시 평균 입목축적의 120퍼센트 미만인 경우

　나. 보전용도지역(생산·보전녹지, 보전관리, 농림, 자연환경보전지역)은 시 평균 입목축적의 100퍼센트 미만인 경우

2. 최대경사도가 15도 미만인 토지. 다만 경사도가 15도 이상인 토지에 대해서는 개발행위허가기준 등에 위배되지 않는 범위에서 시 위원회의 자문을 받아 개발행위허가가

가능한 토지로 인정되는 경우에는 제외한다. 이 경우 경사도 측정 및 산정방식은 별표 27에 따른다.

3. 평택도시기본계획 개발가능지 분석에 따른 해발 50미터를 기준지반고로 하며, 기준지반고를 기준으로 50미터 미만의 토지

② 제1항은 제23조 및 제25조에 따라 개발행위를 허가하는 경우에는 적용하지 아니한다.

③ 영 별표 1의 2 제1호 마목(3)에 따라 조례로 정하는 개발행위 규모에 따른 도로 확보 기준은 다음 각 호의 기준을 적용한다.

1. 진입도로는 도시·군계획도로 또는 시·군도, 농어촌도로에 접속하는 것을 원칙으로 하며, 위 도로에 접속되지 아니한 경우 제2호 및 제3호의 기준에 따라 진입도로를 개설해야 한다.

2. 제1호에 따라 개설하고자 하는 진입도로의 폭은 개발규모가 5천제곱미터 미만은 4미터 이상, 5천제곱미터 이상 3만제곱미터 미만은 6미터 이상, 3만제곱미터 이상은 8미터 이상으로서 개발행위규모에 따른 교통량을 고려하여 적정 폭을 확보하여야 한다.

개발행위허가운영지침

개발행위허가운영지침

[시행 2021. 03. 31] [국토교통부훈령 제1375호, 2021. 03. 31. 일부개정]

국토교통부(도시정책과), 044-201-○○○○

제1장 총 칙

제1절 개발행위허가지침의 목적

1-1-1. 이 지침은 '국토의 계획 및 이용에 관한 법률 시행령' 제56조 제4항에 따라 개발행위허가의 대상·절차·기준 등에 대한 사항을 제시하여 개발행위허가제의 원활한 운영을 도모함을 목적으로 한다.

제2절 개발행위허가의 의의 및 운영원칙

1-2-1. 개발행위허가제는 개발과 보전이 조화되게 유도하여 국토관리의 지속가능성을 제고시키고, 토지에 대한 정당한 재산권 행사를 보장하여 토지의 경제적 이용과 환경적 보전의 조화를 도모하며, 계획의 적정성, 기반시설의 확보 여부, 주변 경관 및 환경과의 조화 등을 고려하여 허가 여부를 결정함으로써 난개발을 방지하고 국토의 계획적 관리를 도모하는 제도이다.

1-2-2. 특별시장·광역시장·특별자치시장·특별자치도지사·시장 또는 군수(이하 '허가권자'라 한다)는 '국토의 계획 및 이용에 관한 법률'(이하 '법'이라 한다), 법 시행령(이하 '영'이라 한다)에서 위임한 범위 안에서 도시·군계획조례를 마련하여 개발행위허가제를 운영할 수 있다. 이 경우 도시·군계획조례로 정한 기준은 이 지침에 우선하여 적용한다.

1-2-3. 이 지침은 개발행위허가를 함에 있어서 필요한 사항을 정한 것으로서 지침의 내용을 종합적으로 고려하여 적용하도록 하고, 지역실정 또는 당해 구역여

건 등으로 인하여 지침의 세부내용 중 일부에 대하여 이를 그대로 적용하는 것이 매우 불합리한 경우에는 그 사유를 명백히 밝히고 다르게 적용할 수 있다. 이 경우에도 법령에서 정한 기준에 대하여는 그러하지 아니하다.

제3절 법적근거

1-3-1. 법 제58조 제3항

제58조(개발행위허가의 기준)

③ 개발행위허가 기준은 다음의 특성, 지역의 개발사항, 기반시설의 현황 등을 고려하여 다음 각 호의 구분에 따라 개발행위허가 기준을 차등화한다.

1. 시가화 용도 : 토지의 이용 및 건축물의 용도·건폐율·용적률·높이 등에 대한 용도지역의 제한에 따라 개발행위허가의 기준을 적용하는 주거지역·상업지역 및 공업지역

2. 유보 용도 : 법 제59조에 따른 도시계획위원회의 심의를 통하여 개발행위허가의 기준을 강화 또는 완화하여 적용할 수 있는 계획관리지역·생산관리지역 및 자연녹지지역

3. 보전 용도 : 법 제59조에 따른 도시계획위원회의 심의를 통하여 개발행위허가의 기준을 강화하여 적용할 수 있는 보전관리지역·농림지역·자연환경보전지역 및 생산녹지지역, 보전녹지지역

1-3-2. 영 제56조 제4항

제56조(개발행위허가의 기준)

① 법 제58조 제3항의 규정에 의한 개발행위허가의 기준은 별표 1의 2와 같다.

② 국토교통부장관은 제1항의 개발행위허가기준에 대한 세부적인 검토기준을 정할 수 있다.

제4절 개발행위허가의 대상

1-4-1. 다음의 개발행위는 허가권자로부터 허가를 받아야 하며, 허가받은 사항을 변경하는 경우에도 허가를 받아야 한다(영 제51조).

(1) 건축물의 건축 또는 공작물의 설치

① 건축물의 건축 : '건축법' 제2조 제1항 제2호에 따른 건축물의 건축

② 공작물의 설치 : 인공을 가하여 제작한 시설물('건축법' 제2조 제1항 제2호에 따른 건축물 제외)의 설치

(2) 토지의 형질변경(경작을 위한 토지의 형질변경 제외)

절토·성토·정지·포장 등의 방법으로 토지의 형상을 변경하는 행위와 공유수면의 매립. 다만, 경작을 위한 토지의 형질변경의 범위와 이에 대한 허가에 관한 사항은 다음 각 항과 같다.

① 경작을 위한 토지 형질변경이란 조성이 완료된 농지에서 농작물 재배, 농지의 지력 증진 및 생산성 향상을 위한 객토나 정지작업, 양수·배수시설 설치를 위한 토지의 형질변경으로서 다음 각 호의 어느 하나에 해당되지 아니한 경우를 말한다.

㉮ 인접 토지의 관개·배수 및 농작업에 영향을 미치는 경우

㉯ 재활용 골재, 사업장 폐토양, 무기성 오니 등 수질오염 또는 토질오염의 우려가 있는 토사 등을 사용하여 성토하는 경우, 다만, '농지법 시행령' 제3조의 2 제2호에 따른 성토는 제외한다.

㉰ 지목의 변경을 수반하는 경우(전·답·과 상호 간의 변경은 제외)

② ①에서 정한 규정을 충족하는 경우에도 옹벽 설치(영 제53조에 따라 허가를 받지 않아도 되는 옹벽 설치는 제외한다) 또는 2미터 이상의 절토·성토가 수반되는 경우에는 개발행위허가를 받아야 한다. 다만, 절토·성토에 대해서는 2미터 이내의 범위에서 특별시·광역시·특별자치시·특별자치도·시 또는 군의 도시·군계획조례로 따로 정할 수 있다.

③ ①에서 '조성이 완료된 농지'란 '농지법' 제2조 제1호 가목에 해당하는 농지 중 경작이 가능한 상태인 농지를 의미한다.

(3) 토석채취

흙·모래·자갈·바위 등의 토석을 채취하는 행위(토지의 형질변경을 목적으로 하는 것은 제외)

(4) 다음 각 항의 어느 하나에 해당하는 토지 분할('건축법' 제57조에 따른 건축물이 있는 대지는 제외)

① 녹지지역·관리지역·농림지역 및 자연환경보전지역 안에서 관계 법령에 의한 허가·인가 등을 받지 아니하고 행하는 토지의 분할

② '건축법' 제57조 제1항에 따른 분할제한면적 미만으로의 토지의 분할(관계

법령에 의한 허가·인가를 받은 경우도 포함)

③ 관계 법령에 의한 허가·인가 등을 받지 아니하고 행하는 너비 5미터 이하

로의 토지의 분할

(5) 물건적치

녹지지역·관리지역 또는 자연환경보전지역 안에서 건축물의 울타리 안(적법

한 절차에 의하여 조성된 대지에 한함)에 위치하지 아니한 토지에 물건을 1월 이

상 쌓아놓는 행위

1-4-2. 토지 형질변경 및 토석채취 중 도시지역 및 계획관리지역 안의 산림에서

의 임도의 설치와 사방사업에 관하여는 각각 '산림자원의 조성 및 관리에 관한 법

률'과 '사방사업법'에 따르고, 보전관리지역·생산관리지역·농림지역 및 자연환

경보전지역 안의 산림에서 토지 형질변경(농업·임업·어업을 목적으로 하는 토지의 형

질변경만 해당) 및 토석채취에 관하여는 '산지관리법'에 따른다(법 제56조 제3항).

이 경우 농업·임업·어업의 범위는 다음 각 호의 경우를 말한다.

① 농업의 범위는 '농업·농촌 및 식품산업 기본법' 제3조 및 같은 법 시행령

제2조에 의한 농업

② 어업의 범위는 '수산업·어촌 발전 기본법' 제3조 제1호 가목에 의한 어업

③ 임업의 범위는 '임업 및 산촌진흥 촉진에 관한 법률' 제2조 제1호에 의한

임업

④ 그 밖에 관계법령에 따라 농업·임업·어업으로 분류하는 시설

제5절 개발행위허가를 받지 않아도 되는 행위(법 제56조 제4항)

1-5-1. 도시·군계획사업에 의한 개발행위. 이 경우 택지개발사업·산업단지개발

사업 등 도시·군계획사업을 의제하는 개발행위도 개발행위허가에서 제외한다.

1-5-2. 재해복구 또는 재난수습을 위한 응급조치(1월 이내에 신고하여야 함)

(1) 응급조치의 시기

재난이 발생하였거나 발생한 이후

(2) 응급조치의 종류

① 건축물 또는 공작물의 보수·보강 및 이에 수반되는 임시조치(단, 건축법에 따라 허가 또는 신고 대상인 행위는 제외)

② 재난을 발생시킬 수 있는 위험의 제거

③ '재난 및 안전관리 기본법' 제37조에 따른 응급조치(행정기관에 한함) 및 그에 협조하는 행위

(3) 응급조치 후 신고의 시기

응급조치를 완료한 날로부터 1개월 이내(단, 응급조치가 1개월 이상의 소요기간이 예상될 경우 응급조치를 시작한 날로부터 1개월 이내)

1-5-3. '건축법'에 의하여 신고하고 설치할 수 있는 건축물의 개축·증축 또는 재축과 이에 필요한 범위 안에서의 토지의 형질변경(도시·군계획시설사업이 시행되지 아니하고 있는 도시·군계획시설부지인 경우에 한함)

1-5-4. 다음의 경미한 행위. 다만, 그 범위에서 도시·군계획조례로 따로 정하는 경우에는 그에 따른다(영 제53조).

(1) 건축물의 건축

'건축법' 제11조 제1항에 따른 건축허가 또는 같은 법 제14 제1항에 따른 건축신고 및 같은 법 제20조 제1항에 따른 가설건축물의 허가 또는 같은 조 제3항에 따른 가설건축물의 축조신고 대상에 해당하지 아니하는 건축물의 건축

(2) 공작물의 설치

① 도시지역 또는 지구단위계획구역에서 무게가 50톤 이하, 부피가 50세제곱미터 이하, 수평투영면적이 50제곱미터 이하인 공작물의 설치('건축법 시행령' 제118조 제1항 각 호의 어느 하나에 해당하는 공작물의 설치를 제외)

② 도시지역·자연환경보전지역 및 지구단위계획구역 외의 지역에서 무게가 150톤 이하, 부피가 150세제곱미터 이하, 수평투영면적이 150제곱미터 이하인 공작물의 설치('건축법 시행령' 제118조 제1항 각 호의 어느 하나에 해당하는 공작물의 설치를 제외)

③ 녹지지역·관리지역 또는 농림지역 안에서의 농림어업용 비닐하우스〔비닐하우스 안에 설치하는 육상어류양식장('양식산업발전법' 제43조에 따른 육상해수양식업과 육상 등 내수양식업을 위해 설치한 양식장을 말한다)을 제외〕의 설치

(3) 토지의 형질변경

① 높이 50센티미터 이내 또는 깊이 50센티미터 이내의 절토·성토·정지 등 (포장을 제외하며, 주거지역·상업지역 및 공업지역 외의 지역에서는 지목변경을 수반하지 아니하는 경우에 한함)

② 도시지역·자연환경보전지역 및 지구단위계획구역 외의 지역에서 면적이 660제곱미터 이하인 토지에 대한 지목변경을 수반하지 아니하는 절토·성토·정지·포장 등(토지의 형질변경 면적은 형질변경이 이루어지는 당해 필지의 총 면적을 말함. 이하 같음)

③ 조성이 완료된 기존 대지에 건축물이나 그 밖의 공작물을 설치하기 위한 토지의 형질변경(절토 및 성토는 제외한다). 이 경우 조성이 완료된 기존 대지 란 다음 각 목의 어느 하나에 해당하는 토지로서 도로·상하수도 등 기반시설의 설치가 완료되어 해당 대지에 절토나 성토행위가 없이 건축물 등을 건축할 수 있는 상태로 조성되어 있는 대지를 의미한다. 다만, 영 제57조 제2항에 따라 용도변경을 하지 아니하도록 조건을 붙인 건축물이 건축된 대지(건축물이 멸실된 대지를 포함한다)에 다른 용도의 건축물(영 제57조 제1항 제1의 2호 다목부터 마목에 따라 건축할 수 있는 건축물은 제외한다)을 건축하고자 할 경우에는 기존 대지로 보지 아니한다.

가. 도시개발사업·택지개발사업 등 관계 법률에 의하여 조성된 대지

나. 지목이 대·공장용지·학교용지·주차장·주유소용지·창고용지인 대지

다. 관계 법률에 따라 적법하게 건축된 건축물이 있는 대지(건축물이 멸실된 경우를 포함) 다만, 축사 등 농지전용허가를 받지 아니하고 건축된 건축물은 제외

④ 국가 또는 지방자치단체가 공익상의 필요에 의하여 직접 시행하는 사업을 위한 토지의 형질변경

(4) 토석채취

① 도시지역 또는 지구단위계획구역에서 채취면적이 25제곱미터 이하인 토지에서의 부피 50세제곱미터 이하의 토석채취

② 도시지역·자연환경보전지역 및 지구단위계획구역외의 지역에서 채취면적이 250제곱미터 이하인 토지에서의 부피 500세제곱미터 이하의 토석채취

(5) 토지 분할

① '사도법'에 의한 사도개설허가를 받은 토지의 분할

② 토지의 일부를 공공용지 또는 공용지로 하기 위한 토지의 분할

③ 행정재산 중 용도폐지 되는 부분의 분할 또는 일반재산을 매각·교환 또는 양여하기 위한 분할

④ 토지의 일부가 도시·군계획시설로 지형도면고시가 된 당해 토지의 분할

⑤ 너비 5미터 이하로 이미 분할된 토지의 '건축법' 제57조 제1항의 규정에 의한 분할제한면적 이상으로의 분할

(6) 물건적치

① 녹지지역 또는 지구단위계획구역에서 물건을 쌓아놓는 면적이 25제곱미터 이하인 토지에 전체무게 50톤 이하, 전체부피 50세제곱미터 이하로 물건을 쌓아놓는 행위

② 관리지역(지구단위계획구역으로 지정된 지역을 제외)에서 물건을 쌓아놓는 면적이 250제곱미터 이하인 토지에 전체무게 500톤 이하, 전체부피 500세제곱미터 이하로 물건을 쌓아놓는 행위

1-5-5. 다음 각 호의 어느 하나에 해당하는 경우(다른 호에 저촉되지 않는 경우로 한정한다)의 경미한 변경(영 제52조)

(1) 사업기간을 단축하는 경우

(2) 다음의 어느 하나에 해당하는 경우

가. 부지면적 또는 건축물 연면적을 5퍼센트 범위에서 축소(공작물의 무게, 부피 또는 수평투영면적을 5퍼센트 범위에서 축소하는 경우를 포함한다)하는 경우

나. 관계 법령의 개정 또는 도시·군관리계획의 변경에 따라 허가받은 사항을 불가피하게 변경하는 경우

다. '공간정보의 구축 및 관리 등에 관한 법률' 제26조 제2항 및 '건축법' 제26조에 따라 허용되는 오차를 반영하기 위한 변경

라. '건축법 시행령' 제12조 제3항 각 호의 어느 하나에 해당하는 변경(공작물의 위치를 1미터 범위에서 변경하는 경우를 포함한다)인 경우

1-5-6. 개발행위허가를 받은 자는 1-5-5에 해당하는 경미한 사항을 변경한 때에

는 지체 없이 그 사실을 허가권자에게 통지하여야 한다.

제2장 개발행위허가의 절차 등

제1절 개발행위허가의 절차

2-1-1. 개발행위의 절차는 다음과 같다.

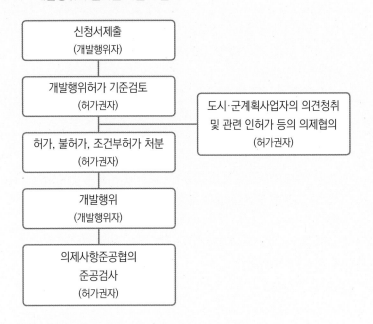

2-1-2. 허가신청

(1) 개발행위허가신청서에는 다음의 서류를 첨부하여야 한다(규칙 제9조).

　① 개발행위에 따른 기반시설의 설치나 그에 필요한 용지의 확보, 위해방지, 환경오염방지, 경관, 조경 등에 관한 계획서(개발밀도관리구역 안에서는 기반시설의 설치나 그에 필요한 용지의 확보에 관한 계획서를 제출하지 아니한다.)(법 제57조 제1항)

　② 토지의 소유권·사용권 등 신청인이 당해 토지에 개발행위를 할 수 있음을 증명하는 서류. 다만, 다른 법률에서 개발행위허가를 의제하는 경우 개별법률에서 토지의 수용·사용, 매수청구 등 소유권 및 사용권에 관한 사항을 별도로 규정하고 있는 경우에는 당해 규정을 따를 수 있다.

③ 공사 또는 사업 관련 도서(토지 형질변경 및 토석채취인 경우)

④ 설계도서(공작물을 설치하는 경우)

⑤ 당해 건축물의 용도 및 규모를 기재한 서류(건축물의 건축을 목적으로 하는 토지의 형질변경인 경우)

⑥ 개발행위의 시행으로 폐지되거나 대체 또는 새로이 설치할 공공시설의 종류·세목·소유자 등의 조서 및 도면과 예산내역서(토지 형질변경 및 토석채취인 경우)

⑦ 법 제57조 제1항의 규정에 의한 위해방지·환경오염방지·경관·조경 등을 위한 설계도서 및 그 예산내역서(토지 분할의 경우는 제외). 다만, '건설산업기본법 시행령' 제8조 제1항의 규정에 의한 경미한 건설공사를 시행하거나 옹벽 등 구조물의 설치 등을 수반하지 않는 단순한 토지 형질변경일 경우는 개략설계서로 설계도서에 갈음할 수 있다.

⑧ 2-1-5의 규정에 의한 관계 행정기관의 장과 협의에 필요한 서류

⑨ 다른 법령에 의한 인가·허가 등의 과정에서 제1항부터 제8항까지의 제출서류에 대한 내용을 확인할 수 있는 경우에는 그 확인으로 제출서류에 갈음할 수 있다.

(2) 개발행위허가신청서에는 개발행위의 목적·종류, 사업기간(착공 및 준공시기) 등을 명확히 기재하여야 한다.

(3) 개발행위허가신청서 첨부서류의 작성방법은 별표 1의 작성기준에 따른다.

2-1-3. 허가기준 검토(법 제57조, 제58조 제1항)

(1) 허가권자는 개발행위허가의 신청내용이 다음의 기준에 적합한 경우에 한하여 개발행위허가를 할 수 있다.

① 3-1-1에 규정된 개발행위허가 규모에 적합할 것

② 도시·군관리계획의 내용에 배치되지 않을 것

③ 도시·군계획사업의 시행에 지장이 없을 것

④ 주변지역의 토지이용실태 또는 토지이용계획, 건축물의 높이, 토지의 경사도, 수목의 상태, 물의 배수, 하천·호소·습지의 배수 등 주변환경 또는 경관과 조화를 이룰 것

⑤ 당해 개발행위에 따른 기반시설의 설치 또는 그에 필요한 용지의 확보 계

획이 적정할 것

(2) 허가권자는 개발행위허가의 신청내용이 별표 3의 경관 체크리스트, 별표 5의
위해방지 체크리스트, 그 밖에 이 지침에서 정하는 규정에 적합한지 여부를
검토한 후 개발행위허가 신청인에게 위해방지에 관한 계획서를 제출하게 하
거나 개발행위허가 신청자의 의견을 듣고 필요한 조건을 붙일 수 있다.

2-1-4. 도시·군계획사업자의 의견청취(법 제58조 제2항)

허가권자가 개발행위허가를 하고자 하는 때에는 당해 개발행위가 도시·군계획사
업의 시행에 지장을 주는지의 여부에 관하여 당해 지역 안에서 시행되는 도시·군
계획사업 시행자의 의견을 들어야 한다.

2-1-5. 관련 인허가 등의 의제협의(법 제61조)

허가권자는 개발행위허가를 함에 있어서 다음에 해당하는 사항이 있을 경우 미
리 관계 행정기관의 장과 협의하여야 한다. 협의요청을 받은 관계 행정기관의 장
은 20일 이내에 의견을 제출하여야 하며, 그 기간 내에 의견을 제출하지 아니하
면 협의가 이루어진 것으로 본다. 허가권자가 당해 개발행위에 대하여 미리 관계
행정기관의 장과 협의한 다음 사항에 대하여는 당해 인·허가 등을 받은 것으로
본다.

(1) '공유수면 관리 및 매립에 관한 법률' 제8조에 따른 공유수면의 점용·사용허
가, 같은 법 제17조에 따른 점용·사용 실시계획의 승인 또는 신고, 같은 법 제
28조에 따른 공유수면의 매립면허, 같은 법 제38조의 규정에 따른 공유수면
매립실시계획의 승인

(2) '광업법' 제42조에 따른 채굴계획의 인가

(3) '농어촌정비법' 제23조에 따른 농업기반시설의 목적 외 사용의 승인

(4) '농지법' 제34조에 따른 농지전용의 허가 또는 협의, 같은 법 제35조에 따른
농지전용의 신고 및 같은 법 제36조에 따른 농지의 타용도일시사용의 허가
또는 협의

(5) '도로법' 제34조에 따른 도로공사시행의 허가, 같은 법 제38조에 따른 도로점
용의 허가

(6) '장사 등에 관한 법률' 제27조 제1항에 따른 무연분묘의 개장허가

(7) '사도법' 제4조에 따른 사도개설의 허가

(8) '사방사업법' 제14조에 따른 토지의 형질변경 등의 허가, 같은 법 제20조에 따른 사방지 지정의 해제

(9) '산업집적활성화 및 공장설립에 관한 법률' 제 13조에 따른 공장설립 등의 승인

(10) '산지관리법' 제14조·제15조에 따른 산지전용허가 및 산지전용신고, 같은 법 제15조의 2에 따른 산지일시사용허가·신고, 같은 법 제25조 제1항에 따른 토석채석허가, 같은 법 제25조 제2항에 따른 토사채취신고 및 '산림자원의 조성 및 관리에 관한 법률' 제36조 제1항·제4항에 따른 입목벌채 등의 허가·신고

(11) '소하천정비법' 제10조에 따른 소하천공사시행의 허가, 같은 법 제14조에 따른 소하천의 점용허가

(12) '수도법' 제52조에 따른 전용상수도설치 및 같은 법 제54조에 따른 전용공업용수도설치의 인가

(13) '연안관리법' 제25조에 따른 연안정비사업실시계획의 승인

(14) '체육시설의 설치·이용에 관한 법률' 제12조에 따른 사업계획의 승인

(15) '초지법' 제23조에 따른 초지전용의 허가, 신고 또는 협의

(16) '측량·수로조사 및 지적에 관한 법률' 제15조 제3항에 따른 지도 등의 간행심사

(17) '하수도법' 제16조에 따른 공공하수도에 관한 공사시행의 허가 및 같은 법 제24조에 따른 공공하수도의 점용허가

(18) '하천법' 제30조에 따른 하천공사 시행의 허가 및 같은 법 제33조에 따른 하천 점용의 허가

2-1-6. 개발행위복합민원 일괄협의회(법 제61조의 2)

(1) 허가권자는 2-1-5에 따라 관계 행정기관의 장과 협의하기 위하여 개발행위의제협의를 위한 개발행위복합민원 일괄협의회를 개발행위허가 신청일부터 10일 이내에 개최하여야 한다.

(2) 허가권자는 협의회를 개최하기 3일 전까지 협의회 개최 사실을 법 제61조 제3항에 따른 관계 행정기관의 장에게 알려야 한다.

(3) 법 제61조 제3항에 따른 관계 행정기관의 장은 협의회에서 인허가 등의 의제

에 대한 의견을 제출하여야 한다. 다만, 법령 검토 및 사실 확인 등을 위한 추가 검토가 필요하여 해당 인허가 등에 대한 의견을 협의회에서 제출하기 곤란한 경우에는 요청을 받은 날부터 20일 이내에 그 의견을 제출할 수 있다.

(4) (1)~(3)에서 정한 사항 외에 협의회의 운영 등에 필요한 사항은 도시·군계획조례에 정한다.

2-1-7. 허가처분 및 통지

(1) 허가권자는 허가신청에 대하여 특별한 사유가 없는 한 15일(심의 또는 협의기간 제외) 내에 허가 또는 불허가 처분을 하여야 하며, 허가 또는 불허가처분을 하는 때에는 지체 없이 신청인에게 허가증을 교부하거나 불허가처분사유를 서면 또는 법 제128조에 따른 국토이용정보체계를 통하여 알려야 한다(법 제57조 제2항·제3항).

(2) 허가권자는 개발행위에 따른 기반시설의 설치 또는 그에 필요한 용지의 확보·위해방지·환경오염방지·경관·조경 등에 관한 조치를 할 것을 조건으로 다음과 같은 기준에 해당하는 때에는 개발행위를 조건부로 허가할 수 있다(법 제57조 제4항).

① 공익상 또는 이해관계인의 보호를 위하여 필요하다고 인정될 경우

② 당해 행위로 인하여 주변의 환경오염방지 또는 위험예방의 조치가 필요한 경우

③ 당해 행위로 인하여 경관·미관 등이 손상될 우려가 있거나 조경 등 조치가 필요한 경우

④ 역사·문화·향토적 가치가 있거나 원형보전의 필요가 있을 경우

⑤ 재해 취약성 분석 결과 폭우재해 1등급지역 또는 '자연재해대책법'에 따른 풍수해 저감종합계획의 위험지구 등 관계법령의 규정에 따라 재해 관련 지역·지구로 지정되거나 계획이 수립되어 재해예방의 조치가 필요한 경우

⑥ 관계 법령의 규정에 의하여 공공시설 등이 행정청에 귀속되거나 공공시설의 설치가 필요한 경우

⑦ 도시·군계획 및 성장관리방안의 목적에 부합하기 위한 조치가 필요한 경우

⑧ 그 밖에 시·군의 정비 및 관리에 필요하다고 인정되는 경우

⑨ 지방도시계획위원회 심의 조건 및 조언사항 반영을 위한 경우

(3) 허가권자가 개발행위허가에 조건을 붙이고자 하는 때에는 미리 개발행위허가를 신청한 자의 의견을 들어야 한다. 다만, 기반시설부담계획에 따라 기반시설의 설치 또는 부담을 조건으로 하는 경우에는 의견을 듣지 않고 조건을 붙일 수 있다(영 제54조 제2항).

2-1-8. 준공검사(법 제62조)
(1) 공작물의 설치('건축법' 제83조에 따라 설치되는 것은 제외), 토지의 형질변경 또는 토석채취를 위한 개발행위허가를 받은 자는 그 개발행위를 완료한 때에 개발행위준공신청서에 다음의 서류를 첨부하여 허가권자의 준공검사를 받아야 한다(법 제62조 제1항, 규칙 제11조 제2항).
　① 준공사진
　② 지적측량성과도(토지 분할이 수반되는 경우와 임야를 형질변경하는 경우로서 측량·수로조사 및 지적에 관한 법률 제78조에 의하여 등록전환신청이 수반되는 경우)
　③ 2-1-5 규정에 의한 관계 행정기관의 장과의 협의에 필요한 서류
(2) '건설산업기본법 시행령' 제8조 제1항의 규정에 의한 경미한 건설공사의 경우에는 공사 완료 후 그 사실을 허가권자에게 통보함으로써 준공검사에 갈음한다(규칙 제11조 제1항).
(3) 허가권자는 허가내용대로 사업이 완료되었다고 인정하는 경우에는 개발행위준공검사 필증을 신청인에게 교부하여야 한다(규칙 제11조 제3항).
(4) 준공검사를 받은 때에는 허가권자가 2-1-5의 규정에 의하여 의제대상 인허가 등에 따른 준공검사·준공인가 등에 관하여 관계 행정기관의 장과 협의한 사항에 대하여는 당해 준공검사·준공인가 등을 받은 것으로 본다(법 제62조 제2항).

제2절 개발행위허가의 이행담보

2-2-1. 허가권자는 기반시설의 설치 또는 그에 필요한 용지의 확보·위해방지·환경오염방지·경관·조경 등을 위하여 필요하다고 인정되는 경우로서 다음과 같은 경우에는 이행을 담보하기 위하여 개발행위허가(다른 법률에 따라 개발행위허가가 의제되는 협의를 거친 인가·허가·승인 등을 포함한다)를 받는 자로 하여금 이행보증금을 예치하도록 할 수 있다(법 제60조 제1항, 영 제59조 제1항 제2항).

(1) 건축물 건축, 공작물 설치, 토지 형질변경 또는 토석채취로서 당해 개발행위
로 인하여 도로·수도공급설비·하수도 등 기반시설의 설치가 필요한 경우

(2) 토지의 굴착으로 인하여 인근의 토지가 붕괴될 우려가 있거나 인근의 건축물
또는 공작물이 손괴될 우려가 있는 경우

(3) 토석의 발파로 인한 낙석·먼지 등에 의하여 인근지역에 피해가 발생할 우려
가 있는 경우

(4) 토석을 운반하는 차량의 통행으로 인하여 통행로 주변의 환경이 오염될 우려
가 있는 경우

(5) 토지의 형질변경이나 토석의 채취가 완료된 후 비탈면에 조경을 할 필요가 있
는 경우

2-2-2. 국가·지방자치단체·대통령령으로 정하는 공공기관·지방자치단체의 조
례로 정하는 공공단체가 시행하는 개발행위에 대하여는 2-2-1의 규정에 의한 이
행보증금 예치를 면제한다(법 제60조 제1항).

2-2-3. 이행보증금의 예치금액은 기반시설의 설치, 위해의 방지, 환경오염의 방
지, 경관 및 조경에 필요한 비용의 범위 안에서 산정하되, 총공사비의 20퍼센트
이내(산지에서의 개발행위의 경우 '산지관리법' 제38조에 따른 복구비를 합하여 총공사비
의 20퍼센트 이내)가 되도록 하고, 그 산정에 관한 구체적인 사항 및 예치방법은 도
시·군계획조례로 정한다. 이 경우 산지에서의 개발행위에 대한 이행보증금의 예
치금액은 '산지관리법' 제38조에 따른 복구비(토사유출 방지시설 설치, 경관복원, 시
설물의 철거비용 등을 고려하여 산림청장이 고시하는 복구비 산정기준에 의한다)를 포함
하여 정하되, 복구비가 이행보증금에 중복하여 계상되지 아니하도록 하여야 한다.

2-2-4. <삭제>

제3절 개발행위허가의 제한

2-3-1. 국토교통부장관, 시·도지사, 시장·군수는 다음에 해당하는 지역으로서
도시·군관리계획상 특히 필요하다고 인정되는 지역에 대하여는 중앙 또는 지방
도시계획위원회의 심의를 거쳐 1회에 한하여 3년 이내의 기간 동안 개발행위허

가를 제한할 수 있다. 다만, (3)부터 (5)까지에 해당하는 지역에 대하여는 1회에 한하여 2년 이내의 기간 동안 개발행위허가의 제한을 연장할 수 있다. 이 경우 제한지역·제한사유·제한대상행위 및 제한기간을 미리 고시하여야 한다(법 제63조 제1항·제2항).

(1) 녹지지역이나 계획관리지역으로서 수목이 집단적으로 자라고 있거나 조수류 등이 집단적으로 서식하고 있는 지역 또는 우량 농지 등으로 보전할 필요가 있는 지역

(2) 개발행위로 인하여 주변의 환경·경관·미관·문화재 등이 크게 오염·손상될 우려가 있는 지역

(3) 도시·군기본계획이나 도시·군관리계획을 수립하고 있는 지역으로서 그 도시·군기본계획이나 도시·군관리계획이 결정될 경우 용도지역·용도지구 또는 용도구역의 변경이 예상되고 그에 따라 개발행위허가의 기준이 크게 달라질 것으로 예상되는 지역

(4) 지구단위계획구역으로 지정된 지역

(5) 기반시설부담구역으로 지정된 지역

2-3-2. 국토교통부장관, 시·도지사, 시장·군수는 개발행위허가제한 기간 내에도 도시·군관리계획의 변경 등으로 제한의 필요성이 없어진 경우 즉시 개발행위허가 제한을 해제하여야 한다.

제4절 도시·군계획시설부지에서의 개발행위

2-4-1. 도시·군계획시설결정의 고시일부터 10년 이내에 도시·군계획시설사업이 시행되지 아니하는 도시·군계획시설 부지로서 지목이 대인 토지에 대하여 매수청구를 하였으나 매수의무자가 매수하지 아니하기로 결정한 경우 또는 매수 결정을 알린 날부터 2년이 지날 때까지 매수하지 아니하는 경우에는 다음의 어느 하나에 해당하는 건축물 또는 공작물로서 조례로 정하는 건축물 또는 공작물에 대하여 법 제56조에 따라 개발행위허가를 할 수 있다. 이 경우 법 제58조(개발행위허가의 기준) 및 제64조(도시·군계획시설 부지에서의 개발행위)는 적용하지 아니한다(법 제47조 제7항).

(1) '건축법 시행령' 별표 1 제1호 가목의 단독주택으로서 3층 이하인 것

(2) '건축법 시행령' 별표 1 제3호의 제1종근린생활시설로서 3층 이하인 것

(3) '건축법 시행령' 별표 1 제4호의 제2종근린생활시설(같은 호 차목 및 타목 및 파목은 제외)로서 3층 이하인 것

(4) 공작물

2-4-2. 허가권자는 도시·군계획시설 부지에 대하여는 당해 도시·군계획시설이 아닌 건축물의 건축이나 공작물의 설치를 허가해서는 아니 된다. 다만, 다음의 어느 하나에 해당하는 경우에는 허가할 수 있다.

(1) 지상·수상·공중·수중 또는 지하에 일정한 공간적 범위를 정하여 도시·군계획시설이 결정되어 있고, 그 도시·군계획시설의 설치·이용 및 장래의 확장 가능성에 지장이 없는 범위에서 도시·군계획시설이 아닌 건축물 또는 공작물을 그 도시·군계획시설인 건축물 또는 공작물의 부지에 설치하는 경우

(2) 도시·군계획시설과 도시·군계획시설이 아닌 시설을 같은 건축물 안에 설치한 경우(법률 제6243호 도시계획법 개정 법률에 의하여 개정되기 전에 설치한 경우를 말한다)로서 법 제88조의 규정에 의한 실시계획인가를 받아 다음 각 목의 어느 하나에 해당하는 경우

　① 건폐율이 증가하지 아니하는 범위 안에서 당해 건축물을 증축 또는 대수선하여 도시·계획시설이 아닌 시설을 설치하는 경우

　② 도시·군계획시설의 설치·이용 및 장래의 확장 가능성에 지장이 없는 범위 안에서 도시·군계획시설을 도시·군계획시설이 아닌 시설로 변경하는 경우

(3) '도로법' 등 도시·군계획시설의 설치 및 관리에 관하여 규정하고 있는 다른 법률에 의하여 점용허가를 받아 건축물 또는 공작물을 설치하는 경우(도시지역 외의 지역에서 공원 및 녹지에 대하여 '도시공원 및 녹지 등에 관한 법률'을 준용하여 점용허가를 받아 설치하는 경우를 포함)

(4) 도시·군계획시설의 설치·이용 및 장래의 확장 가능성에 지장이 없는 범위에서 '신에너지 및 재생에너지 개발·이용·보급 촉진법' 제2조 제3호에 따른 신·재생에너지 설비 중 태양에너지 설비 또는 연료전지 설비를 설치하는 경우

2-4-3. 허가권자는 도시·군계획시설결정의 고시일부터 2년이 경과할 때까지 당해 시설의 설치에 관한 사업이 시행되지 아니한 도시·군계획시설 중 단계별 집

행계획이 수립되지 않거나 단계별 집행계획에서 제1단계집행계획(단계별 집행계획을 변경한 경우에는 최초의 단계별 집행계획)에 포함되지 않은 도시·군계획시설부지에 대하여는 2-4-2에 불구하고 다음의 개발행위를 허가할 수 있다(법 제64조 제2항).

(1) 가설건축물 건축과 이에 필요한 범위 안에서의 토지 형질변경
(2) 도시·군계획시설 설치에 지장이 없는 공작물 설치와 이에 필요한 범위 안에서의 토지 형질변경
(3) 건축물 개축 또는 재축과 이에 필요한 범위 안에서의 토지 형질변경(1-5-3에 해당하는 경우를 제외)

제5절 개발행위허가의 취소

2-5-1. 허가권자는 다음에 해당하는 자에게 개발행위허가의 취소, 공사의 중지, 공작물 등의 개축 또는 이전 그 밖에 필요한 처분을 하거나 조치를 명할 수 있다(법 제133조).

(1) 법 제56조에 따른 개발행위허가 또는 변경허가를 받지 아니하고 개발행위를 한 자
(2) 법 제60조 제1항에 따른 이행보증금을 예치하지 아니하거나 같은 조 제3항에 따른 토지의 원상회복명령에 따르지 아니한 자
(3) 개발행위를 끝낸 후 법 제62조에 따른 준공검사를 받지 아니한 자
(4) 부정한 방법으로 개발행위허가, 변경허가 또는 준공검사를 받은 자
(5) 사정이 변경되어 개발행위를 계속적으로 시행하면 현저히 공익을 해칠 우려가 있다고 인정되는 경우의 그 개발행위허가를 받은 자
(6) 개발행위허가 또는 변경허가를 받고 그 허가받은 사업기간 동안 개발행위를 완료하지 아니한 자

2-5-2. 허가권자는 개발행위허가를 취소 처분을 하고자 하는 경우에는 청문을 실시하여야 한다(법 제136조).

제6절 기반시설 기부채납 운영기준

2-6-1. 개발행위허가를 함에 있어 기반시설 기부채납은 필요한 경우에 한하여 요구하도록 하며, 동 운영기준은 개발사업자에게 과도한 기부채납(공공시설 무상 귀속 포함) 요구를 방지하기 위하여 규정한 사항으로 개발사업을 시행함에 있어 공공성의 확보와 적정 수준의 개발이익이 조화될 수 있도록 하고, 개발사업자의 정당한 재산권 행사를 제한하거나 사업 추진에 지장을 초래하는 과도한 기부채납은 지양한다.

2-6-2. 동 운영기준은 개발행위허가권자와 개발사업자 등이 기반시설 기부채납을 협의하여 결정함에 있어 적용하는 기준으로 지방자치단체장은 본 기준의 범위 내에서 지역여건 또는 사업의 특성 등을 고려하여 자체 실정에 맞는 별도의 기준을 마련하여 운영할 수 있다.

2-6-3. 적용대상은 법 제56조 제1항에 따른 건축물의 건축, 토지의 형질변경, 토석의 채취로 한다.

2-6-4. 원칙적으로 당해 개발사업과 관련이 있는 기반시설을 기부채납 하도록 하고 특별한 사유가 없는 한 해당 사업과 관련이 없는 기부채납은 지양한다.

2-6-5. 개발행위허가 시 기부채납이 필요한 경우 총부담은 대상 부지 토지면적을 기준으로 5% 내에서 협의를 통하여 결정하되, 최대 10%를 초과하지 않는 것을 원칙으로 한다(기반시설을 설치하여 기부채납을 하는 경우에는 기반시설 설치비용을 토지면적으로 환산한다).

2-6-6. 2-6-5의 기준을 적용함에 있어 지역실정 또는 개발여건이나 지역경제 활성화 차원에서 위 부담기준보다 낮거나 높은 비율로 협의 결정할 수 있으며, 기부채납을 요구하지 아니할 수 있다. 단, 기부채납 부담률을 위 최대 기준보다 높게 결정할 필요가 있는 경우에는 그 사유를 명백히 밝혀야 한다.

2-6-7. 기반시설의 기부채납 시에는 2-6-5에서 정한 부담기준을 원칙으로 하여

개발사업자와의 협의를 통해 기부채납의 규모, 시설의 종류 및 위치, 방식 등을 결정하되, 도시·군계획위원회 심의 시에도 동 부담기준의 범위 내에서 검토하는 것을 원칙으로 한다.

2-6-8. 기부채납 시설은 개발사업 대상지 및 주변지역 주민들이 편리하게 이용할 수 있는 위치에 입지하도록 하고, 개발사업 대상지 내 건축물 등을 위해 배타적으로 이용될 우려가 있는 지역은 배제한다.

2-6-9. 기부채납 시설은 그 시설의 기능을 충분히 수행할 수 있는 적정규모로 계획하고, 기반시설의 효용성이 낮은 자투리형 토지의 기부채납은 지양하여야 한다.

제3장 개발행위허가기준

제1절 개발행위허가의 규모

3-1-1. 개발행위허가의 규모

(1) 토지의 형질변경을 하는 경우 다음의 면적(개발행위시기에 관계없이 기존 대지를 확장하는 경우에는 그 기존 대지의 면적을 포함한다. 다만, 확장면적이 기존 대지 면적의 100분의 5 이하이고 용도지역별 개발행위허가 규모 이하인 경우에는 그러하지 아니하다. 이 경우 2회 이상 확장할 때에는 누적면적을 기준으로 한다) 이상으로 개발할 수 없다. 관리지역·농림지역에 대하여는 아래의 ② 및 ③의 면적 범위에서 도시·군계획조례로 면적을 따로 정할 수 있다(영 제55조 제1항).

① 도시지역

주거지역·상업지역·자연녹지지역·생산녹지지역 : 1만제곱미터

공업지역 : 3만제곱미터, 보전녹지지역 : 5천제곱미터

② 관리지역 : 3만제곱미터

③ 농림지역 : 3만제곱미터

④ 자연환경보전지역 : 5천제곱미터

(2) (1)의 규정을 적용함에 있어서 개발행위허가의 대상인 토지가 2 이상의 용도지역에 걸치는 경우에는 각각의 용도지역에 위치하는 토지 부분에 대하여 각

각의 용도지역의 개발행위의 규모에 관한 규정을 적용한다. 다만, 개발행위허가의 대상인 토지의 총면적이 당해 토지가 걸쳐 있는 용도지역 중 개발행위의 규모가 가장 큰 용도지역의 개발행위의 규모를 초과하여서는 아니 된다(영 제55조 제2항).

(3) 다음에 해당하는 경우에는 (1)의 면적제한을 적용하지 아니한다(영 제55조 제3항).

① 지구단위계획으로 정한 가구 및 획지의 범위 안에서 이루어지는 토지의 형질변경으로서 당해 형질변경과 관련된 기반시설이 이미 설치되었거나 형질변경과 기반시설의 설치가 동시에 이루어지는 경우

② 해당 개발행위가 '농어촌정비법' 제2조 제4호에 따른 농어촌정비사업으로 이루어지는 경우

③ 해당 개발행위가 '국방·군사시설 사업에 관한 법률' 제2조 제2항에 따른 국방·군사시설사업으로 이루어지는 경우

④ 초지조성, 농지조성, 영림 또는 토석채취를 위한 경우

⑤ 해당 개발행위가 다음의 어느 하나에 해당하는 경우로서 시·도도시계획위원회 또는 대도시도시계획위원회의 심의를 거친 경우. 이때, 시장(대도시 시장은 제외한다)·군수·구청장(자치구의 구청장을 말한다)은 시·도도시계획위원회 심의를 요청하기 전에 시·군·구도시계획위원회에 자문을 할 수 있으며, 시·군·구도시계획위원회는 시·도도시계획위원회 또는 대도시도시계획위원회에 위원을 참석시키거나 서면으로 의견을 제시할 수 있다.

가. 하나의 필지(법 제62조에 따른 준공검사를 신청할 때 둘 이상의 필지를 하나의 필지로 합칠 것을 조건으로 하여 허가하는 경우를 포함하되, 개발행위허가를 받은 후에 매각을 목적으로 하나의 필지를 둘 이상의 필지로 분할하는 경우는 제외한다)에 건축물을 건축하거나 공작물을 설치하기 위한 토지의 형질변경

나. 하나 이상의 필지에 하나의 용도에 사용되는 건축물을 건축하거나 공작물을 설치하기 위한 토지의 형질변경

폐염전을 '양식산업발전법 시행령' 제29조 제1항에 따른 육상수조식해수양식업 및 육상축제식해수양식업을 위한 양식시설로 변경하는 경우

관리지역에서 '93. 12. 31 이전에 설치된 공장의 증설로서 '국토의 계획 및 이용에 관한 법률 시행규칙'(이하 '규칙'이라 한다) 제10조 제2호

에 해당하는 경우

⑷ 도시·군계획사업이나 도시·군계획사업을 의제하는 사업은 개발행위허가대상에서 제외되므로, 개발행위허가규모의 제한도 받지 아니한다.

⑸ 개발행위규모 적용대상은 토지 형질변경이므로 조성이 완료된 부지에 건축물을 건축하는 등 토지의 형질변경이 수반되지 않는 경우는 개발행위허가규모의 제한을 적용하지 아니한다.

⑹ 영 제55조 제1항에 따른 개발행위허가규모를 산정할 때에는 무상귀속되는 공공시설(무상귀속 대상이 아닌 도로 등 공공시설과 유사한 시설로서 지방자치단체에 기부채납하는 시설을 포함한다)은 개발행위 면적에서 제외한다.

⑺ 용도지역·용도지구 또는 용도구역 안에서 허용되는 건축물 또는 시설을 설치하기 위하여 공사현장에 설치하는 자재야적장, 레미콘·아스콘생산시설 등 공사용 부대시설은 영 제83조 제4항 및 제55조·제56조의 규정에도 불구하고 당해 공사에 필요한 최소한의 면적의 범위 안에서 기간을 정하여 사용 후에 그 시설 등을 설치한 자의 부담으로 원상복구할 것을 조건으로 설치를 허가할 수 있다(영 제83조 제5항).

제2절 분야별 검토사항(영 별표 1의 2)

3-2-1. 공통분야

⑴ 조수류·수목 등의 집단서식지가 아니고, 우량농지 등에 해당하지 아니하여 보전의 필요가 없을 것

⑵ 역사적·문화적·향토적 가치, 국방상 목적 등에 따른 원형보전의 필요가 없을 것

⑶ 토지의 형질변경 또는 토석채취의 경우에는 표고·경사도·임상 및 인근 도로의 높이, 물의 배수 등을 참작하여 도시·군계획조례가 정하는 기준에 적합할 것. 다만, 다음의 어느 하나에 해당하는 경우에는 위해 방지, 환경오염 방지, 경관 조성, 조경 등에 관한 조치가 포함된 개발행위내용에 대하여 해당 개발행위허가권자에게 소속된 도시계획위원회(영 제55조 제3항 제3호의 2 각 목 외의 부분 후단 및 제57조 제4항에 따라 중앙도시계획위원회 또는 시·도도시계획위원회의 심의를 거치는 경우에는 중앙도시계획위원회 또는 시·도도시계획위원회를 말한다)의 심의를 거쳐 이를 완화하여 적용할 수 있다.

① 골프장, 스키장, 기존 사찰, 풍력을 이용한 발전시설 등 개발행위의 특성상

도시·군계획조례가 정하는 기준을 그대로 적용하는 것이 불합리하다고 인
정되는 경우

② 지형 여건 또는 사업수행상 도시·군계획조례가 정하는 기준을 그대로 적
용하는 것이 불합리하다고 인정되는 경우

3-2-2. 도시·군관리계획

(1) 용도지역별 개발행위의 규모 및 건축제한 기준에 적합할 것
(2) 개발행위허가제한지역에 해당하지 아니할 것

3-2-3. 도시·군계획사업

(1) 도시·군계획사업부지에 해당하지 아니할 것(제2장 제4절에 따라 허용되는 개발
행위를 제외)
(2) 개발시기와 가설시설의 설치 등이 도시·군계획사업에 지장을 초래하지 아니
할 것

3-2-4. 주변지역과의 관계

(1) 개발행위로 건축하는 건축물 또는 설치하는 공작물이 주변의 자연경관 및 미
관을 훼손하지 아니하고, 그 높이·형태 및 색채가 주변건축물과 조화를 이루
어야 하며, 도시계획으로 경관계획이 수립되어 있는 경우에는 그에 적합할 것
(2) 개발행위로 인하여 당해 지역 및 그 주변지역에 대기오염·수질오염·토질오
염·소음·진동·분진 등에 의한 환경오염·생태계 파괴·위해발생 등이 발생할
우려가 없을 것. 다만, 환경오염·생태계 파괴·위해발생 등의 방지가 가능하여
환경오염의 방지, 위해의 방지, 조경, 녹지의 조성, 완충지대의 설치 등을 조
건으로 붙이는 경우에는 그러하지 아니하다.
(3) 개발행위로 인하여 녹지축이 절단되지 아니하고, 개발행위로 배수가 변경되
어 하천·호소·습지로의 유수를 막지 아니할 것

3-2-5. 기반기설

(1) 대지와 도로의 관계는 '건축법'에 적합할 것.
(2) '도로법'과 '건축법'상의 도로가 아닌 진입도로는 국토교통부장관이 정한 기

준에 적합하게 확보(지자체 조례로서 별도의 조례를 정한 경우 조례에 따라 확보)하
되, 해당 시설의 이용 및 주변의 교통소통에 지장을 초래하지 아니할 것
(3) 도시·군계획조례로 정하는 건축물의 용도·규모(대지의 규모를 포함한다)·층수
또는 주택호수 등에 따른 도로의 너비 또는 교통소통에 관한 기준에 적합할 것

3-2-6. 그 밖의 사항
(1) 공유수면매립의 경우 매립목적이 도시·군계획에 적합할 것
(2) 토지 분할 및 물건을 쌓아놓는 행위에 죽목의 벌채가 수반되지 아니할 것
(3) <삭제>
(4) 비도시지역의 경관관리를 위하여 허가권자는 제3장 및 제4장의 개발행위허
가기준에 추가하여 별표 4의 경관관리기준을 참고할 수 있다.
(5) 건축법의 적용을 받는 건축물의 건축 또는 공작물의 설치에 해당하는 경우 그
건축 또는 설치의 기준에 관하여는 건축법의 규정과 법 및 영에서 정하는 바
에 의하고, 그 건축 또는 설치의 절차에 관하여는 건축법의 규정에 의한다. 이
경우 건축물의 건축 또는 공작물의 설치를 목적으로 하는 토지의 형질변경,
토지 분할 또는 토석채취에 관한 개발행위허가는 건축법에 의한 건축 또는 설
치의 절차와 동시에 할 수 있다.

제3절 건축물의 건축 및 공작물의 설치

3-3-1. 입지기준 (삭제)

3-3-2. 계획기준

3-3-2-1. 도로
(1) 건축물을 건축하거나 공작물을 설치하는 부지는 도시·군계획도로 또는 시·군
도, 농어촌도로에 접속하는 것을 원칙으로 하며, 위 도로에 접속되지 아니한
경우 (2) 및 (3)의 기준에 따라 진입도로를 개설해야 한다.
(2) (1)에 따라 개설(도로확장 포함)하고자 하는 진입도로의 폭은 개발규모(개설 또
는 확장하는 도로면적은 제외한다)가 5천㎡ 미만은 4m 이상, 5천㎡ 이상 3만㎡
미만은 6m 이상, 3만㎡ 이상은 8m 이상으로서 개발행위규모에 따른 교통량

을 고려하여 적정 폭을 확보하여야 한다. 이 경우 진입도로의 폭은 실제 차량 통행에 이용될 수 있는 부분으로 산정한다.

(3) 진입도로의 길이를 산정할 경우 단지(주택단지, 공장단지 등) 내 도로는 제외하며, 변속차로 및 기존 도로의 확장된 부분은 포함한다.

(4) 다음 각 호의 어느 하나에 해당하는 경우에는 (2)의 도로확보기준을 적용하지 아니할 수 있다.

① 차량진출입이 가능한 기존 마을안길, 농로 등에 접속하거나 차량통행이 가능한 도로를 개설하는 경우로서 농업·어업·임업용 시설(가공, 유통, 판매 및 이와 유사한 시설은 제외하되, '농업·농촌 및 식품산업 기본법' 제3조에 의한 농업인 및 농업 경영체, '수산업·어촌 발전 기본법'에 따른 어업인, '임업 및 산촌 진흥촉진에 관한 법률'에 의한 임업인, 기타 관련 법령에 따른 농업인·임업인·어업인이 설치하는 부지면적 2천㎡ 이하의 농수산물 가공, 유통, 판매 및 이와 유사한 시설은 포함), 부지면적 1천㎡ 미만으로서 제1종 근린생활시설 및 단독주택(건축법 시행령 별표1 제1호 가목에 의한 단독주택)의 건축인 경우

② 건축물 증축 등을 위해 기존 대지 면적을 10% 이하로 확장하는 경우

③ 부지확장 없이 기존 대지에서 건축물 증축·개축·재축(신축 제외)하는 경우

④ 광고탑, 철탑, 태양광발전시설 등 교통유발 효과가 없거나 미미한 공작물을 설치하는 경우

(5) (1)~(2)까지의 기준을 적용함에 있어 지역여건이나 사업특성을 고려하여 법령의 범위 내에서 도시계획위원회 심의를 거쳐 이를 완화하여 적용할 수 있다.

(6) (2)와 (4)를 적용함에 있어 산지에 대해서는 산지관리법령의 규정에도 적합하여야 한다. 다만, 보전산지에서는 산지관리법령에서 정한 기준을 따른다.

3-3-2-2. 상수도

(1) 상수도가 설치되지 아니한 지역에 대해서는 건축행위를 원칙적으로 허가하지 아니한다. 다만, 상수도의 설치를 필요로 하지 아니하는 건축물의 경우 건축물 용도변경을 금지하는 조건(상수도 설치가 필요하지 아니한 건축물로 변경하는 경우 제외)으로 허가할 수 있다.

3-3-2-3. 하수도

(1) 하수도가 설치되지 아니한 지역에 대해서는 건축행위를 원칙적으로 허가하지 아니한다. 다만, 하수도의 설치를 필요로 하지 아니하는 건축물의 경우 용도의 변경을 금지하는 조건(하수도 설치가 필요하지 아니한 건축물로 변경하는 경우 제외)으로 허가할 수 있다.

(2) 오수는 공공하수처리시설을 통하여 처리하는 것을 원칙으로 하되, 지역여건상 불가피하다고 인정하는 경우에는 마을 하수도와 개인하수처리시설을 통하여 처리할 수 있다.

3-3-2-4. 기반시설의 적정성

도로·상수도 및 하수도가 3-3-2-1~3-3-2-3의 규정에 따라 설치되지 아니한 지역에 대하여는 건축물의 건축행위(건축을 목적으로 하는 토지의 형질변경 포함)는 원칙적으로 허가하지 아니한다. 다만, 무질서한 개발을 초래하지 아니하는 범위 안에서 도시·군계획조례로 정하는 경우에는 그러하지 아니한다.

3-3-3. 환경 및 경관기준

(1) 유보 용도와 보전 용도에서 개발행위허가 시 도로(폭 4m 이상) 또는 구거에 접하는 경우에는 도로 또는 구거와 건축물 사이를 2m 이상 이격하여 완충공간을 확보(접도구역 지정지역은 제외)하도록 한다. 다만, 허가권자가 완충공간이 필요하지 않다고 인정되는 경우에는 그러하지 아니하다.

(2) 유보용도와 보전용도에서 건축되는 3층 이하의 건축물은 경사 지붕을 권장하며, 평지붕으로 건축하는 경우는 옥상에 정원을 설치하도록 권장한다.

(3) 유보용도와 보전용도에서 하천지역과 인접한 건축물에 대해서는 개발행위로 인한 안전, 하천경관 보호 및 오염방지를 위하여 하천구역선 경계부에서 일정 부분 이내 지역에서는 건축물의 배치를 제한할 수 있으며, 하천 폭으로부터 후퇴된 공간은 녹지 등 공익의 목적에 사용될 수 있도록 한다.

(4) 급경사지역, 양호한 수목이 밀집되어 있는 지역 등에 대하여는 건축물의 건축이나 공작물의 설치를 제한할 수 있다.

(5) 녹지지역 및 비도시지역에 주택단지를 조성할 경우 경계부는 콘크리트 옹벽보다는 주변경관과 조화될 수 있는 재료를 사용하여 사면으로 처리한다.

(6) 산지·구릉지에는 건축물로 인하여 자연경관이 차폐되지 않도록 건축물의 길이 및 배치를 결정하도록 한다.

3-3-4. 방재기준
3-3-4-1. 단지조성
개발행위 시 원칙적으로 자연배수가 되도록 계획한다. 불가피할 경우에는 유수지를 충분히 확보하도록 하며, 지표수의 중요한 유출경로로 식별된 지점에 대해서는 시설물의 설치로부터 보호해야 한다.

3-3-4-2. 대지성토
(1) 상습침수의 우려가 있어 지정된 자연재해위험지구 또는 방재지구에서 불가피하게 건축이 이루어질 때에는 계획홍수위 또는 방재성능목표 기준강우량(시우량 및 3시간 연속강우량 등)에 의한 홍수위의 60㎝ 이상 성토하여 침수위험을 방지해야 한다.
(2) 인접 도로와 비교하여 지반고가 낮은 지역은 도로의 노면수가 유입되지 않도록 방수턱 내지 둑을 설치하거나 도로의 경계면에 우수배제시설을 설치하도록 한다.

제4절 토지의 형질변경

3-4-1. 입지기준
(1) 상위 계획에 부합되고 관련 법규상 제한사항이 없는 지역
(2) 그 밖에 경사도, 임상도, 표고 등에 대한 도시·군 계획조례가 정하는 기준에 부합할 것

3-4-2. 계획기준(부지조성)
(1) 절토 시 비탈면 일단의 수직높이는 용도지역의 특성을 고려하여 아래의 높이 이하로 하는 것을 원칙으로 하되 비탈면은 친환경적으로 처리하고, 안전대책을 수립하도록 한다.
  ① 시가화 용도와 유보 용도의 경우는 비탈면의 수직높이는 15m 이하
  ② 보전 용도의 경우 비탈면의 수직높이는 10m 이하

③ ① 및 ②에도 불구하고 산지비율이 70% 이상인 시·군·구는 위 기준의 10% 범위에서 완화하여 적용할 수 있다.

(2) 성토 시 비탈면 일단의 수직높이는 용도지역의 특성을 고려하여 아래의 높이 이하로 함을 원칙으로 하되 비탈면은 친환경적으로 처리하고 안전대책을 수립하도록 한다.

① 시가화 용도와 유보 용도의 경우는 비탈면의 수직높이는 10m 이하
② 보전 용도의 경우 비탈면 수직높이는 5m 이하
③ ① 및 ②에도 불구하고 산지비율이 70% 이상인 시·군·구는 위 기준의 10% 범위에서 완화하여 적용할 수 있다.

(3) 시가화 및 유보용도에서 2단 이상의 옹벽을 설치하는 경우는 옹벽 간 수평거리를 2m 이상 이격하고, 보전용도에서는 2단 이상의 옹벽을 설치하지 않는 것을 원칙으로 한다.

(4) 비탈면의 높이가 5m를 넘을 경우 수직높이 5m마다 폭 1m 이상의 소단을 만들어 사면안정을 기함은 물론, 비탈면의 점검, 배수 등이 이루어질 수 있도록 해야 하며, 지피식물, 소관목 등 비탈면의 구조안전에 영향이 없는 수종으로 녹화처리를 하여야 한다. 다만 비탈면이 암반 등으로 이루어져 유실이나 붕괴의 우려가 없다고 허가권자가 인정하는 경우에는 그러하지 아니한다.

(5) (1)~(4)까지의 기준을 적용함에 있어 지역여건이나 사업특성을 고려하여 법령의 범위 내에서 도시계획위원회 심의를 거쳐 이를 완화하여 적용할 수 있다.

(6) (1)~(4)까지의 기준을 적용함에 있어 산지에 대해서는 산지관리법령을 적용한다.

3-4-3. 환경 및 경관기준
(1) 제거된 양질의 표토는 개발행위 후 가급적 재사용될 수 있도록 한다.
(2) 절토·성토 시 사면의 안정과 미관을 위해 가급적 구조물 공법보다 친환경적 공법을 사용토록 하여야 한다.
(3) 녹지지역 및 비도시지역에서의 절·성토의 처리는 콘크리트 옹벽 등과 같이 자연경관과 부조화를 이룰 수 있는 재료보다는 주변환경과 조화를 이룰 수 있는 재료를 사용하여 사면처리를 하도록 한다.
(4) 도로의 개설로 인하여 녹지축 또는 산림연결축이 단절되지 않도록 한다.

3-4-4. 방재기준

(1) 토지의 지반이 연약한 때에는 그 두께·넓이·지하수위 등의 조사와 지반의 지
지력·내려앉음·솟아오름에 관한 시험 결과 및 흙바꾸기·다지기·배수 등의 개
량방법을 개발행위허가 신청 시 첨부하도록 한다.

(2) 토지 형질변경에 수반되는 절·성토에 의한 비탈면 또는 절개면에 대하여 옹
벽 또는 석축을 설치할 경우에는 관련법령 및 도시·군계획조례에서 정하는
안전조치를 하도록 한다.

제5절 토석채취

3-5-1. 입지기준 (삭제)

3-5-2. 도로 및 하수처리

(1) 진입도로는 도시·군계획도로 혹은 시·군도, 농어촌 도로와 접속하는 것을 원
칙으로 하며, 진입도로가 위 도로와 접속되지 않을 경우 다음 각 호의 기준에
따라 진입도로를 개설하여야 한다. 다만, 당해 지역의 여건 등을 고려하여 허
가권자가 강화 또는 완화할 수 있다.

  ① 사업부지 면적이 5만㎡ 미만인 경우 진입도로의 폭은 4m 이상

  ② 사업부지 면적이 5만㎡ 이상일 때에는 6m 이상을 확보한다.

(2) 대상지에서 발생하는 하수는 하천 등으로 배수되도록 배수시설을 설치하여야
하며, 하수로 인한 하천과 주변지역의 수질이 오염되지 않도록 조치를 취하여
야 한다.

3-5-3. 환경 및 경관기준

(1) 토석채취 후 복구대상 비탈면에 수직높이 5m마다 1m 이상의 소단을 설치하
고 당해 소단에 평균 60㎝ 이상의 흙을 덮고 수목, 초본류 및 덩굴류 등을 식
재며, 최초의 소단 앞부분은 수목을 존치하거나 식재하여 녹화하여야 한다.
다만, 산지에서는 산지관리법을 준용한다.

(2) 채광·석재의 굴취 채취인 경우 비탈면을 제외한 5m 이상의 바닥에 평균깊이
1m 이상 너비 3m 이상의 구덩이를 파고 흙을 객토한 후 수목을 식재한다.

(3) 일반국도, 특별시·광역시도, 지방도, 시· 군·구도 등 연변가시지역으로서

2km 이내 지역에 대해서는 높이 1m 이상의 나무를 2m 이내 간격으로 식재하여 차폐하도록 한다.

(4) (1)~(3)을 적용함에 있어 산지에 대해서는 산지관리법령을 따른다.

3-5-4. 방재기준

토석채취로 인하여 생활환경 등에 영향을 받을 수 있는 인근지역에 대하여는 배수시설, 낙석방지시설, 비탈면 안정을 위한 보호공법, 비사(飛沙)방지시설, 저소음·진동 발파공법의 채택, 표토와 폐석의 처리대책 등 재해를 방지하기 위한 계획 및 시설을 설치하여야 한다.

제6절 토지 분할

3-6-1. 용도지역 상향을 위한 토지 분할 방지

2 이상의 용도지역이 인접하고 있는 경우 용도지역 상향을 목적으로 행위제한이 강한 지역의 토지를 분할하는 행위를 제한할 수 있다.

3-6-2. 분할제한면적 이상으로의 토지 분할

녹지지역·관리지역·농림지역 및 자연환경보전지역 안에서 관계 법령에 의한 허가·인가 등을 받지 아니하고 토지를 분할하는 경우에는 다음의 요건을 모두 갖추어야 한다.

(1) '건축법' 제57조 제1항에 따른 분할제한면적 이상으로서 도시·군계획조례가 정하는 면적 이상으로 분할하여야 한다.

(2) '소득세법 시행령' 제168조의 3 제1항 각 호의 어느 하나에 해당하는 지역 중 토지에 대한 투기가 성행하거나 성행할 우려가 있다고 판단되는 지역으로서 국토교통부장관이 지정·고시하는 지역 안에서의 토지 분할이 아닐 것(본 항은 국토교통부장관이 지정·고시한 경우에만 적용). 다만, 다음의 어느 하나에 해당되는 토지의 경우는 예외로 한다.

　① 다른 토지와의 합병을 위하여 분할하는 토지

　② 2006년 3월 8일 전에 토지 소유권이 공유로 된 토지를 공유지분에 따라 분할하는 토지

　③ 그 밖에 토지의 분할이 불가피한 경우로서 국토교통부령으로 정하는 경우

에 해당되는 토지

(3) 국토의 계획 및 이용에 관한 법률 또는 다른 법령에서 인가·허가 등을 받지 않
거나 기반시설이 갖추어지지 않아 토지의 개발이 불가능한 토지의 분할에 관
한 사항은 당해 특별시·광역시·특별자치시·특별자치도, 시 또는 군의 도시·
군계획조례로 정하는 기준에 적합하여야 한다.

3-6-3. 분할제한면적 미만으로의 토지 분할

'건축법' 제57조 제1항에 따른 분할제한면적(이하 '분할제한면적'이라 함) 미만으로
분할하는 경우에는 다음 기준에 해당하여야 한다.

(1) 녹지지역·관리지역·농림지역 및 자연환경보전지역 안에서 기존 묘지의 분할

(2) 사설도로를 개설하기 위한 분할('사도법'에 의한 사도개설허가를 받아 분할하는 경
우를 제외)

(3) 사설도로로 사용되고 있는 토지 중 도로로서의 용도가 폐지되는 부분을 인접
토지와 합병하기 위하여 하는 분할

(4) 토지 이용상 불합리한 토지 경계선을 시정하여 당해 토지의 효용을 증진시키
기 위하여 분할 후 인접 토지와 합필하고자 하는 경우에는 다음의 1에 해당할
것. 이 경우 허가신청인은 분할 후 합필되는 토지의 소유권 또는 공유지분을
보유하고 있거나 그 토지를 매수하기 위한 매매계약을 체결하여야 한다.

　① 분할 후 남는 토지의 면적 및 분할된 토지와 인접 토지가 합필된 후의 면적
이 분할제한면적에 미달되지 아니할 것

　② 분할 전후의 토지 면적에 증감이 없을 것

　③ 분할하고자 하는 기존 토지의 면적이 분할제한면적에 미달되고, 분할된 토
지 중 하나를 제외한 나머지 분할된 토지와 인접 토지를 합필한 후의 면적
이 분할제한면적에 미달되지 아니할 것

3-6-4. 주변 토지이용 및 도로조건과의 조화

(1) 건축물을 건축하기 위하여 토지를 분할하는 경우 주변 토지이용 및 도로조건
을 종합적으로 검토하여 주변지역과 현저한 부조화를 이룰 수 있는 과소·과
대 필지가 되지 않도록 한다.

(2) 너비 5미터 이하로의 토지 분할은 주변 토지의 이용 현황과 분할되는 토지의 용

도 등을 감안하여 토지의 합리적인 이용을 저해하지 않는 범위에서 허용한다.

제7절 물건적치

3-7-1. 입지기준
(1) 관련 법규상 제한사항이 없는 지역
(2) 자연 생태계가 우수한 지역이 아닌 지역
(3) 당해 행위로 인하여 위해발생, 주변환경오염 및 경관훼손 등의 우려가 없고, 당해 물건을 쉽게 옮길 수 있는 경우로서 도시·군계획조례가 정하는 기준에 적합할 것
(4) 입목의 벌채가 수반되지 아니할 것
(5) 해당 산지표고의 100분의 50 미만에 위치한 지역을 원칙으로 하되, 안전, 경관 및 환경에 문제가 없다고 판단되는 경우에는 그러하지 아니하다.

3-7-2. 환경 및 경관기준
(1) 적치물이 주변경관에 영향을 미칠 수 있는지를 검토하고, 특히 허가신청대상지가 문화재 등 경관상 인근 주요 시설물에 영향을 미치지 않도록 한다.
(2) 적치물의 높이는 10m 이하가 되도록 하되, 허가권자가 판단하여 안전·경관·환경에 문제가 없는 경우에는 그러하지 아니하다.
(3) 물건적치로 인하여 악취, 토질 및 수질오염, 홍수 등 자연재해로 인한 적치물 유실, 주변지역의 환경오염 등의 발생 우려가 있는지를 검토한다.
(4) 주요 간선도로변과 인접하고 있는 곳에서 물건적치를 하고자 하는 경우에는 도로변에서 시각적 차폐 및 경관문제로 인한 영향이 최소화되도록 완충공간(녹지대 등)을 조성한다.

3-7-3. 방재기준
(1) 물건적치로 인한 적치대상물의 유실 및 추락 등 위험의 발생가능성이 있는지를 검토한다.
(2) 자연재해 발생 시 적치물이 주변지역에 피해가 발생되지 않도록 안전조치를 취하도록 한다.
(3) 폭 8m 이상의 도로 또는 철도부지와 접하고 있는 지역에 물건을 적치를 하고

자 하는 경우에는 적치물은 도로로부터 적치물의 높이에 5m를 더한 거리를
이격하는 등 충분한 안전조치를 취하도록 한다.

제4장 비도시지역에서의 특정시설에 대한 추가적인 허가기준

비도시지역에서 숙박시설·음식점·창고·공장 및 전기공급설비 등의 시설에 대하
여는 제3장에서 제시된 개발행위허가기준에 추가하여 아래의 기준을 적용한다.
허가권자는 영 별표 20 및 27에 의하여 계획관리지역 및 관리지역 안에서 휴게
음식점 등을 설치할 수 있는 지역을 정할 수 있다.

4-1-1. 숙박시설, 음식점

(1) 하수처리시설 미설치 지역에는 숙박시설 및 음식점의 입지를 원칙적으로 제
한한다. 다만, 상수원의 수질오염, 자연환경·생태계·경관의 훼손, 농업활동의
침해 등의 우려가 없다고 허가권자가 인정하는 경우는 예외로 한다.

(2) 건물의 형태 및 색채, 간판 및 광고물의 설치에 관한 사항은 도시계획위원회
의 자문을 거쳐 허가권자가 정할 수 있다.

4-1-2. 창고

(1) 도로변에 규모가 큰 건물의 입지와 주변과 조화되지 않는 지붕 색채로 인하여
경관이 훼손되는지 여부를 검토한다.

(2) 저장물의 부패와 훼손으로 인한 토양 및 수질오염, 위험물의 저장 등으로 인
한 안전문제 등의 발생가능 여부를 검토하고, 창고시설의 설치는 상수원의 수
질오염, 자연환경·생태계·경관의 훼손, 농업활동의 침해 등의 우려가 없는 지
역에 허용한다.

(3) 창고시설은 도로변에서 이격하여 시각적 차폐가 최소화되도록 하고, 도로변
에서 창고시설이 쉽게 인지되지 않도록 창고시설 주변에 수목을 식재하도록
한다.

(4) 지붕 및 외벽의 색채에 대한 별도의 기준을 마련하고자 하는 경우에는 도시계
획위원회의 자문을 거쳐 허가권자가 정할 수 있다. 별도의 기준이 없는 경우
에는 가능한 원색은 피하고 주변의 수목 및 토양과 조화될 수 있는 저채도의
색채를 사용한다.

4-1-3. 공장

⑴ 토양 및 수질오염을 예방하기 위하여 공장은 상수원의 수질오염, 자연환경·생태계·경관의 훼손, 농업활동의 침해 등의 우려가 없고 하수처리시설이 설치된 지역에 허용한다.

⑵ 공장은 도로변에서 시각적 차폐가 최소화되도록 하며, 대지경계부에는 공장시설로 인한 환경오염을 방지하기 위하여 일정 폭 이상의 완충녹지를 설치하도록 할 수 있다.

⑶ 지붕 및 외벽의 색채에 대한 별도의 기준을 마련하고자 하는 경우에는 도시계획위원회의 자문을 받아 허가권자가 정할 수 있다. 별도의 기준이 없는 경우에는 가능한 원색은 피하고 주변의 수목 및 토양과 조화될 수 있는 저채도의 색채를 사용한다.

4-1-4. 전기공급설비

비도시지역(지구단위계획구역을 제외)에서 '도시계획시설의 결정·구조 및 설치기준에 관한 규칙' 제67조에서 정하는 전기공급설비를 도시·군계획시설이 아닌 시설로 설치하기 위하여 개발행위허가를 받는 경우에는 같은 규칙 제68조(허용 용도지역은 영 제71조 등에 의함) 및 제69조를 준용한다.

제5장 개발행위허가 도서작성 기준 및 이력관리

제1절 운영원칙

5-1-1. 개발행위허가신청 도서작성 시 도시계획위원회 심의 적용 여부에 따라 제출도서를 차등화하도록 한다.

⑴ 도시계획위원회 심의를 거치지 않는 개발행위허가는 행정업무 부담 저감과 토지 소유자의 원활한 재산권 행사를 보장하기 위하여 제출도서를 간소화한다.

⑵ 도시계획위원회 심의대상인 개발행위허가의 경우 도시적 차원에서의 정확한 판단과 계획적 개발을 유도하기 위한 계획도서를 작성하도록 한다.

5-1-2. 개발행위허가 도서 작성 시 책임 있는 계획을 수립하기 위하여 도서작성 책임자가 허가신청 도서에 서명하고 날인한다.

제2절 도서작성 기준

5-2-1. 축척의 표기

(1) 개발행위허가를 위한 각종 증빙서류를 제외한 계획도서(용도지역 및 도시·군 관리계획 현황도 제외)는 1/1000 이상의 축척을 사용하는 것을 원칙으로 하며, 반드시 축척을 표기한다.

(2) 계획도서의 축척은 계획내용의 파악이 용이하도록 가능한 통일한다.

5-2-2. 도서의 제출

(1) 도서 제출 시에는 A3 좌측 편철을 원칙으로 하며, 계획도면은 제출용지에 따라 적절히 배치하도록 한다(필요시 별도 크기 도면 제출이 가능하며, A3 이상의 제출용지 사용 시 접지제출).

5-2-3. 재협의, 재심의 등 계획내용의 보완, 수정 등이 있는 경우에는 변경 전·후의 계획내용을 파악할 수 있도록 한다.

5-2-4. 개발행위허가 신청서에 첨부되는 서류(시행규칙 제9조)의 세부 작성기준은 별표 1의 작성기준을 따르도록 한다.

(1) 심의제외 대상 개발행위허가 신청시 [별표 1]의 1. 심의 제외대상 개발행위허가 신청 시 도서작성기준

(2) 심의대상 개발행위허가 신청 시 [별표 1]의 2. 심의대상 개발행위허가 신청 시 도서작성기준

5-2-5. 개발행위허가를 받은 사항을 변경하고자 하는 경우에는 변경되는 사항에 한하여 도서를 작성하여 제출할 수 있다.

제3절 개발행위허가 이력관리

5-3-1. 개발행위허가 관리대장 작성

(1) 허가권자는 개발행위허가의 투명성 확보 및 효율적 사후관리를 위하여 개발행위허가 관련 서류를 관리하는 대장을 작성하여 관리한다.

5-3-1-1. 개발행위허가 접수대장

(1) 허가권자는 개발행위허가 신청 접수 시 개발행위허가신청 내용과 처리일자, 처리결과를 기록한 접수대장을 작성하여 관리한다.

(2) 개발행위허가 접수대장의 양식은 별표 2의 서식 1을 따른다.

5-3-1-2. 개발행위허가 허가대장

(1) 허가권자는 개발행위허가가 이루어졌을 시 개발행위허가의 주요 사항을 기록한 허가대장을 법 제128조에 따른 국토이용정보체계에 입력·관리한다.

(2) 개발행위허가 대장에는 다음의 내용을 담아야 한다.

    ① 허가일자, 준공일

    ② 수허가자의 이름 및 거주지

    ③ 개발행위허가가 이루어진 토지의 위치 및 현황

    ④ 개발행위허가의 목적

    ⑤ 준공일

    ⑥ 개발행위허가 신청 관련 도서작성 책임자의 소속/기술등급/성명

    ⑦ 개발행위허가 담당 공무원 직위/성명

(3) 개발행위허가 허가대장의 양식은 별표 2의 서식 2를 따른다.

제6장 재검토 기한

6-1-1. 재검토 기한

국토교통부장관은 이 훈령에 대하여 '훈령·예규 등의 발령 및 관리에 관한 규정'에 따라 2021년 7월 1일 기준으로 매 3년이 되는 시점(매 3년째의 6월 30일까지를 말한다)마다 그 타당성을 검토하여 개선 등의 조치를 하여야 한다.

개발행위허가 도서작성기준 (2-1-2(1)관련)

1. 심의제외 대상 개발행위허가 신청 시 도서작성기준

구분		내용 및 작성기준	비고
개발행위허가신청서		- 국토의 계획 및 이용에 관한 법률 시행규칙 별지 제5호 서식 ※ 개발행위의 목적, 종류, 사업기간(착공 및 준공시기) 등을 명확히 기재하여야 함	공통
토지의 소유권·사용권 등의 증빙 서류		- 토지 소유권 또는 사용권 증명 서류	공통
공사 또는 사업 관련 도서	1) 개요	- 공사 또는 사업의 개요(위치, 목적, 면적, 규모 등) - 위치도	공통
	2) 현황	- 현장실측도 - 현장사진(2매 이상, 전체 전경사진 권장)	공통
		- 산림조사서, 경사분석도 등	토지 형질변경, 토석채취
	3) 개발행위의 내용	- 토지이용계획도(시설 배치 계획도) - 공사계획평면도	토지 형질변경, 토석채취
		- 대지 종/횡단면도(주요부) ※ 절/성토 또는 옹벽 설치 시	토지 형질변경, 토석채취
	4) 기반시설계획	- 기반시설계획도 ※ 공사계획평면도상에 진입도로, 상/하수도 등 기반시설계획 내용이 표기되어 있는 경우에는 생략	공통
	5) 기타	- 녹지 및 공개공지 계획도, 주민 등 편의시설 계획도 등 ※ 토지이용계획도, 공사계획평면도 등에 표기되어 있는 경우에는 생략	해당 계획 포함 시
	6) 예산내역서	- 공사내역 및 예산서 ※ 위해방지, 환경오염방지, 경관조경 등 위해방지계획, 공공시설 관련 계획 포함 시 그 내역을 포함함	공통(토지 분할 제외)

구분	내용 및 작성기준	비고
설계도서	- 상세도	공작물 설치
당해 건축물의 용도 및 규모를 기재한 서류	- 건축개요 - 개략 설계도서(배치도, 평면도, 입면도, 단면도)	토지 형질변경 (건축물 건축 목적)
폐지/대체 또는 신설하는 공공시설의 종류·세목·소유자 등의 조서 및 도면	※해당 계획 포함 시 작성	토지 형질변경, 토석채취
위해방지·, 환경오염방지·, 경관·조경 등을 위한 설계도서	- 피해방지계획도, 복구계획도 ※ '건설산업기본법 시행령' 제8조 제1항의 규정에 의한 경미한 건설공사를 시행, 옹벽 등 구조물의 설치 등을 수반하지 않는 단순한 토지 형질변경의 경우 개략설계서로 갈음	공통(토지 분할 제외)
기타	- 관계 행정기관의 장과 협의에 필요한 서류	공통

※ 시행규칙 제9조에서 정한 서류 외에는 신청내용에 따라 제출서류를 달리할 수 있음 (예시 : 기반시설이 불필요한 공작물 설치의 경우 기반시설계획도 제출 불요). 또한, 다른 서류로 확인이 가능한 경우에는 그 서류로 대체 가능

2. 심의대상 개발행위허가 신청 시 도서작성기준

구분		내용 및 작성기준	비고
개발행위허가신청서		- 국토의 계획 및 이용에 관한 법률 시행규칙 별지 제5호 서식 ※ 개발행위의 목적, 종류, 사업기간(착공 및 준공시기) 등을 명확히 기재하여야 함	공통
토지의 소유권, 사용권 증빙 서류		- 토지 소유권 또는 사용권 증명 서류	공통
공사 또는 사업 관련 도서	1) 개요	- 공사 또는 사업의 개요(위치, 목적, 면적, 규모 등) - 위치도 - 개략 개발행위 계획설명서	공통

구분		내용 및 작성기준	비고
공사 또는 사업 관련 도서	2) 현황	- 현장실측도 - 현장사진(2매 이상, 전체 전경사진 권장)	공통
		- 산림조사서, 경사분석도 등	토지 형질변경, 토석채취
	3) 개발행위의 내용	- 토지이용계획도(시설 배치 계획도) - 공사계획평면도	토지 형질변경, 토석채취
		- 대지 종/횡단면도(주요부)	토지 형질변경, 토석채취

	4) 기반시설계획	- 진입도로계획도/교통처리계획도
		  : 차선, 도로면 표시 등
		- 상/하수 계획평면도
		  : 관망, 규격, 재질 등 표현
		  : 지하수이용시설, 오수정화시설 설치
		    시 위치, 용량 등
			공통

	5) 기타	- 녹지 및 공개공지 계획도(조경계획도)
		- 주민 등 편의시설 계획도
		※ 개별법에 따른 녹지/공개공지 확보 대
		  상이 아닐 경우, 해당 계획이 없는 경우
		  토지이용계획도로 갈음
			해당 계획
			포함 시

	6) 예산내역서	- 공사내역 및 예산서
		※ 위해방지, 환경오염방지, 경관조경 등
		  위해방지계획, 공공시설 관련 계획 포
		  함 시 그 내역을 포함함
			공통
			(토지 분할 제외)

설계도서		- 상세도	공작물 설치
당해 건축물의 용도 및 규모를 기재한 서류		- 건축개요 - 설계도서(배치도, 평면도, 입면도, 단면도)	토지의 형질변경 (건축물 건축 목적)
폐지/대체 또는 신설하는 공공시설의 종류·세목·소유자 등의 조서 및 도면		※ 해당 계획 포함 시 작성	토지 형질변경, 토석채취

구분	내용 및 작성기준	비고
위해방지, 환경오염방지, 경관·조경 등을 위한 설계도서	– 피해방지계획도, 복구계획도 ※ '건설산업기본법 시행령' 제8조 제1항의 규정에 의한 경미한 건설공사를 시행, 옹벽 등 구조물의 설치 등을 수반하지 않는 단순한 토지 형질변경의 경우 개략설계서로 갈음	공통 (토지 분할 제외)
위해방지, 환경오염방지, 경관·조경 등을 위한 설계도서	– 투시도 또는 조감도(필요시) : 사업시행 전·후 비교 경관분석	토지의 형질변경 (건축물 건축 목적)
기타	– 관계 행정기관의 장과 협의에 필요한 서류	공통

※ 시행규칙 제9조에서 정한 서류 외에는 신청내용에 따라 제출서류를 달리할 수 있음 (예시 : 수목이 없는 평지에서 개발행위허가 신청 시 산림조사서, 경사분석도 등은 불필요). 또한, 다른 서류로 확인이 가능한 경우에는 그 서류로 대체 가능

1. 공사 또는 사업 관련 도서(개발행위의 내용, 기반시설계획) 및 설계도서, 건축 설계도서 작성 시에는 1/1000 이상을 원칙(용도지역 및 도시관리계획 현황도 제외)으로 하며, 반드시 축척을 표시하도록 함.
2. 개발행위허가에 필요한 도면 제출 시 A3 좌측 편철을 원칙으로 하며, 주요 계획도면의 경우 필요시 별도 크기 도면 제출 가능(접지 제출)

비고 1. 검토 결과 보완필요 또는 불충족인 항목은 보완을 위한 계획서를 제출하게 하거나 필요한 조건을 붙일 수 있다.
    2. 경관 체크리스터에서 정하는 항목 외의 사항도 법, 영, 지침에서 정하는 사항은 검토하여 보완을 요구할 수 있다.

토지의 분할

    토지의 분할이란 1필지의 토지를 2필지 이상으로 나누어 등록하는 것을 말한다. 토지의 분할은 소유권 이전과 매매를 위해서 필요한 경우나 토지 이용상 불합리한 지상경계를 시정하기 위한 경우 또는 토지의 일부가 형질변경 등으로 토지의 지목이 다르게 된 경우에는 토지의 분할이 가능하다.

    토지 분할에 관한 법은 여러 법이 각자의 입장에서 별도로 존재한다는 사실을 알아야 한다. 농지법에서의 농지 분할, 국토의 계획과 이용에 관한 법률에서의 분할, 건축법 공유자 합의에 의한 분할, 또는 판결문으로의 분할 등의 여러 법이 별도로 토지의 분할을 규제하고 있다. 분할의 마지막 방법은 민법에서의 현금 분할이다. 현금 분할을 이용한다면 분할이 안 되는 것은 아니지만, 소유권을 잃어버리면서 분할하는 것이기에 이 방법을 시행하기 어려운 사람도 있을 수 있다.

    합병은 지목과 주인이 같으면 지적과에 신청하면 된다. 합병은 쉽지만 분할이 어렵기 때문에 합병을 안 하는 사람도 있으나, 필요한 경우에는 합병이 경제적인 측면에서 유리한 경우도 있다.

개발행위를 통해 준공을 받으면 지목을 변경할 수 있다. 그러나 준공서류를 지적과에 제출하고 지목변경을 신청해야 한다. 지목변경을 신청하지 않으면 준공을 받았다 하더라도 예전의 지목이 그대로 유지된다.

토지의 분할은 토지를 개발하고자 하는 사람은 반드시 알아야 하는 필수사항이다. 따라서 이 책에서는 토지의 분할에 대해 법규와 실전 사례를 자세히 소개할 예정이다. 공간정보의 구축 및 관리 등에 관한 법률에서 분할은 원칙적으로 다른 법령에 의해 분할하라는 적합한 서류를 지적공사에 제출 시 실행하는 부서이며, 모든 토지는 최종적으로 지적공사에서 분할이 되고, 지적도에 분할이 되며, 새로운 지번이 부여된다.

공간정보의 구축 및 관리 등에 관한 법률에 의한 분할

측량수로조사에 관한 법률로 분할하고자 하는 경우 우선 자르고자 하는 토지의 가(假)분할도를 완성해 위치와 면적을 만들어 놓은 후, 가분할도에 의해 매매하게 되며, 가분할도에 의한 계약으로 주인이 바뀌게 되면 토지주의 등기이전 서류를 첨부해 분할신청하면 된다. 일반인들이 토지를 분할해 매도할 경우 자주 사용하는 방법 중 하나다.

또한, 개발행위나 건축으로 인한 토지의 지목이 변경되어도 분할된다. 관계서류를 포함해 지적과에 토지 등록전환 신청을 하면 지목이 변경되며 분할된다. 시행령 제65조의 2에 의한 토지 이용상 불합리한 지상경계란 측량 결과 건축물의 일부가 옆 토지에 침범하는 등의 경우다.

국토의 계획 및 이용에 관한 법률에 의한 토지 분할

측량수로 조사에 관한 법률 ②항에 명시한 대로 국토의 계획과 이용에 관한 법률의 형질변경 등에 의한 지목변경이다. 지목이 달라지면 분할이 되고 지번이 생기며 지목도 변경된다. 지목변경은 사도를 만드는 경우나 묘지가 있어 지목을 묘지로 바꾸는 경우도 포함된다.

국토의 계획 및 이용에 관한 법률 시행령

제51조 개발행위허가의 대상

5. 토지 분할 : 다음 각 목의 어느 하나에 해당하는 토지의 분할('건축법' 제57조에
따른 건축물이 있는 대지는 제외한다)

　가. 녹지지역·관리지역·농림지역 및 자연환경보전지역 안에서 관계법령에 따
른 허가·인가 등을 받지 아니하고 행하는 토지의 분할

　나. '건축법' 제57조 제1항에 따른 분할제한면적 미만으로의 토지의 분할

　다. 관계 법령에 의한 허가·인가 등을 받지 아니하고 행하는 너비 5미터 이하
로의 토지의 분할

제53조 허가를 받지 아니하여도 되는 경미한 행위

5. 토지 분할

　가. '사도법'에 의한 사도개설허가를 받은 토지의 분할.

　나. 토지의 일부를 공공용지 또는 공용지로 하기 위한 토지의 분할.

　다. 행정재산 중 용도폐지되는 부분의 분할 또는 일반재산을 매각·교환 또는
양여하기 위한 분할.

　라. 토지의 일부가 도시·군계획시설로 지형도면고시가 된 당해 토지의 분할.

　마. 너비 5미터 이하로 이미 분할된 토지의 '건축법' 제57조 제1항에 따른 분
할제한 면적 이상으로의 분할 .

건축법에 의한 분할

지목이 대지인 경우 일정면적 이상이면 분할이 가능하다. 건축물이
건축된 후 잔여 토지를 분할하는 경우는 이미 건축된 건축물의 건폐율,
용적률, 건축물의 분할되는 토지의 최소거리, 즉 이미 건축되어 있는 건
축물이 토지의 분할로 인하여 불법행위가 없으면 원칙적으로 가능하다.

제57조 대지의 분할제한

① 건축물이 있는 대지는 대통령령으로 정하는 범위에서 해당 지방자치단체의
   조례로 정하는 면적에 못 미치게 분할할 수 없다.
② 건축물이 있는 대지는 제44조(대지와 도로와의 관계), 제55조(건축물의 건폐율),
   제56조(건축물의 용적율), 제58조(대지 안의 공지), 제60조(건축물의 높이) 및 제
   61조(일조권)에 따른 기준에 못 미치게 분할할 수 없다.
③ 제1항과 제2항에도 불구하고 제77조의 6에 따라 건축협정이 인가된 경우 그
   건축협정의 대상이 되는 대지는 분할할 수 있다. <신설 2014. 1. 14>

제80조 건축물이 있는 대지의 분할제한

법 제57조 제1항에서 '대통령령으로 정하는 범위'란 다음 각 호의 어느 하나에
해당하는 규모 이상을 말한다.

1. 주거지역 : 60제곱미터
2. 상업지역 : 150제곱미터
3. 공업지역 : 150제곱미터
4. 녹지지역 : 200제곱미터
5. 제1호부터 제4호까지의 규정에 해당하지 아니하는 지역 : 60제곱미터

민법에 의한 분할

민법 ①에 의한 '협의가 성립되지 아니한' 이란 공유자 합의에 의해
분할된다는 것을 전제로 한 규정이다. 따라서 합의서를 첨부해 분할신
청하면 분할이 가능하다. 그러나 농지는 합의서를 첨부해 분할 신청을
하면 농지법에 의해 분할되지 않는다. 또한, 지목이 대지라도 건축법에

어긋날 경우 분할되지 않는다. 즉 합의에 의한 분할은 법규에 적합한 경우 분할이 된다.

합의가 안 되어 법원에 분할을 신청하는 경우 법규에 어긋나 분할이 안 되는 경우에는 ②항에 의해 현물 분할이 아닌 현금으로 분할한다. 즉 부동산을 경매로 매도한 후 현금으로 분할하는 방법이다. 따라서 민법에 의한 분할은 합의에 의한 분할이 합법이면 판결로 분할해주며, 분할 자체가 비합법적인 경우는 매각해 현금으로 분할하게 된다. 민법에 의한 분할은 어떠한 부동산도 분할이 가능하다.

그러나 기획 부동산 회사가 분할 판결문을 받아도 토지 소유자에게 실 이득이 없는 경우, 분할을 안 해주도록 조례로 정한 지자체가 대부분이다.

민법

제269조 분할의 방법

① 분할의 방법에 관하여 협의가 성립되지 아니한 때에는 공유자는 법원에 그 분할을 청구할 수 있다.

② 현물로 분할할 수 없거나 분할로 인하여 현저히 그 가액이 감손될 염려가 있는 때에는 법원은 물건의 경매를 명할 수 있다.

가평군 개발행위【토지 분할】허가 운영지침

관리책임부서 : 도시건축과

연 락 처 : 031-580-○○○○

제1조 목적

이 지침은 '국토의 계획 및 이용에 관한 법률' 제58조, 같은 법 시행령 제56조, 국토교통부 훈령 '개발행위허가 운영지침'에 따라 개발행위허가 중 토지 분할에 대한 세부기준을 규정함을 목적으로 한다.

제2조 용어의 정의

이 지침에서 사용하는 용어의 뜻은 다음과 같다.

1. '택지식 분할'이란 인허가를 득하지 않고 도로 형태를 갖추어 그 필지에 접하게 다수 필지로 분할하는 것을 말한다.
2. '바둑판식 분할'이란 인허가를 득하지 않고 도로 형태를 갖추지 않은 바둑판 형태의 다수 필지로 분할하는 것을 말한다.
3. '기획 부동산'이란 관계법령에 의하여 원칙적으로 개발이 불가능한 토지 또는 개발이 허용되는 범위와 다르게 기획하여, 광고 등을 통하여 토지를 분양 또는 판매하는 자를 말한다.

제3조 기획 부동산의 판단기준

'기획 부동산'의 판단기준은 다음과 같다.

1. 관련 부서 협의 결과 개발이 불가능한 토지를 택지식 및 바둑판식 형태로 토지 분할하려는 자
2. 관계법령에서 허용하는 내용과 다르게 거짓으로 광고하여 부동산 질서를 해치는 자.
3. 제2조 제1호와 제2호에 해당하는 유형의 토지를 신문, 인터넷, 전화 등을 통하여 다수에게 분양·판매를 목적으로 토지 분할을 하려는 자.
4. 토지를 취득한 후 3년 이내에 택지식 및 바둑판식 형태로 토지를 분할하려는 자.

제4조 토지 분할허가 기준

① 군수는 다음 각 호 중 어느 하나에 해당할 때에는 현지 여건 등을 고려하여 제한
할 수 있다.

    1. 단순히 토지가격 상승 등을 목적으로 토지이용상황과 불합리하게 구획되는 도
로형태의 분할 또는 대규모 임야 등에 택지식 형태의 분할인 경우.

    2. 이 지침 시행일 이전에 택지식 형태로 분할된 토지에 한하여 반복적으로 분할
하거나 할 토지의 경사도가 25° 이상인 경우.

② 하나의 필지에 대한 분할 가능 필지는 1년 내 총 5필지 이하여야 한다. 다만, 상
속 토지를 상속인 법적비율에 따라 분할하는 경우와 2006년 3월 8일 이전 공유
지분등기가 완료된 토지를 지분 비율에 따라 분할하는 경우, 묘지가 설치된 임야
의 묘지의 분할은 제외한다.

③ 기획 부동산(추정되는 업자 등을 포함한다)의 토지 분할은 다음 각 호의 기준에 모두
적합한 경우에 한하여 허가하여야 한다.

    1. 관계법령에 의하여 인허가를 득하지 않고 분할 할 경우 택지식 및 바둑판식 형
태의 토지 분할이 아닐 것.

    2. 이미 분할된 필지의 재분할은 소유권 이전일로부터 1년 이상 경과되어야 한다.

제5조 공유지분 분할허가

공유지분 토지 분할허가 기준을 회피하고자 공유지분(법원의 판결 등)을 분할하는 경
우에도 제4조를 적용한다.

제6조 적용예외

다른 법률에서 토지 분할이 가능하도록 허가된 경우에는 제2조 규정을 적용하지 아
니한다.

부칙(2011. 4. 7)

이 지침은 발령한 날부터 시행한다.

공유로 낙찰받아 합의를 통해 분할한 사례

2015 타경 3477 (임의)		매각기일 : 2016-06-07 10:00~ (화)			경매2계 041)746-2782	
소재지	(33178) 충청남도 부여군 석성면 비당리 3▢7 [도로명] 충청남도 부여군 비당로▢▢번길 ▢▢ (석성면)					
용도	대지	채권자	동부여농업협동조합(합병전: 석성 농업협동조합)	감정가	21,735,000원	
토지면적	621㎡ (187.85평)	채무자	양희▢외1명	최저가	(64%) 13,910,000원	
건물면적		소유자	양희▢ 外	보증금	(10%)1,391,000원	
제시외	제외 : 175.4㎡ (53.06평)	매각대상	토지만매각	청구금액	14,653,458원	
입찰방법	기일입찰	배당종기일	2015-11-16	개시결정	2015-08-13	

기일현황

회차	매각기일	최저매각금액	결과
신건	2016-01-18	21,735,000원	유찰
2차	2016-02-22	17,388,000원	매각
	낙찰17,531,000원(81%)		
	2016-02-29	매각결정기일	허가
	2016-04-08	대금지급기한	미납
2차	2016-05-02	17,388,000원	유찰
3차	2016-06-07	13,910,000원	매각
	낙찰17,540,000원(81%)		

3○7 한 필지에 두 채의 건물이 있었음

건물현황	토지현황	임차인/대항력여부	등기사항/소멸여부
[건물목록] **[건물기타현황]** **[제시외건물]** 비당리 3▢7 [주택] 목조 (ㄱ) 39.6㎡(11.98)평 단가㎡ : 135,000원 금액 : 5,346,000원 매각제외 비당리 3▢7 [비가림막] 목조 (ㄴ) 12.3㎡(3.72)평 금액 : 100,000원 매각제외 비당리 3▢7 [주택] 목조 (ㄷ) 43.2㎡(13.07)평 단가㎡ : 127,000원 금액 : 5,486,400원 매각제외 비당리 3▢7 [창고] 블럭조 (ㄹ) 7.2㎡(2.18)평 단가㎡ : 42,000원 금액 : 302,400원 매각제외 비당리 3▢7 [다용도실] 블럭조 (ㅁ) 4.2㎡(1.27)평 단가㎡ : 50,000원 금액 : 210,000원 매각제외	**[토지목록]** 비당리 3▢7 [대지] 계획관리지역 : 621㎡(187.85평) 표준지가 : 22,000원 단가㎡ : 35,000원 금액 : 21,735,000원 [토지이용계획/공시지가] [부동산정보 통합열람] **[토지기타현황]** - 연당안마을 서측 인근에 위치 - 부근은 농가주택, 전, 답, 야산 등 형 성된 농촌지대 - 본건까지 차량진입 가능, 제반 편의시 설 및 노선버스 정류장 등 접근성 보 아 대중교통 사정 보통 - 부정형의 평탄한 토지 - 북동측으로 3m 정도의 관습도로에 접 함 **[비고]** ※ 제시외건물이영향을받지않은감정가 (31,050,000원) [감정평가서] **[감정평가]** 감정평가현황 (주)▢▢▢ 감정 가격시점 : 2015-09-04 감정가 : 21,735,000원 토지 : (100%) 21,735,000원 제시외제외 : (78.86%) 17,141,300원	배당종기일 : 2015-11-16 - 채무자(소유자)점유 [매각물건명세서] [예상배당표]	**소유권** 1995-06-28 토지 양성▢ 매매 **(근)저당** 2005-07-06 토지 석성농업협동조합 7,700,000원 **지상권** 2005-07-06 토지 석성농업협동조합 **(근)저당** 2015-04-13 토지 함태▢ 3,640,000원 **소유권(지분)** 2015-08-07 토지 양성▢ 외 1명 상속 **임의경매** 2015-08-13 토지 동부여농업협동조합 청구 : 14,653,458원 2015타경3477(배당종결) 동부여농업협동조합(합병전: 석 성농업협동조합) ▷ 채권액 : 11,340,000원 [등기사항증명서] 토지열람 : 2015-08-25

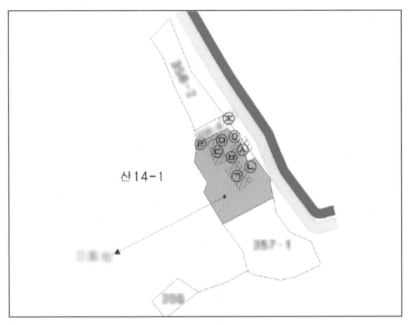

3○7과 3○7-3로 분할해 매도

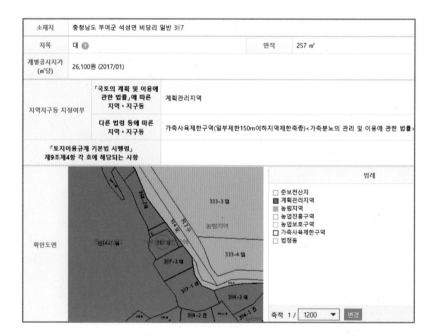

소재지	충청남도 부여군 석성면 비당리 일반 3○7		
지목	대 ⓐ	면적	257 m²
개별공시지가 (m²당)	26,100원 (2017/01)		
지역지구등 지정여부	「국토의 계획 및 이용에 관한 법률」에 따른 지역·지구등	계획관리지역	
	다른 법령 등에 따른 지역·지구등	가축사육제한구역(일부제한150m이하지역제한축종)<가축분뇨의 관리 및 이용에 관한 법률>	
	「토지이용규제 기본법 시행령」 제9조제4항 각 호에 해당되는 사항		

범례
- □ 준보전산지
- ■ 계획관리지역
- ■ 농림지역
- □ 농업진흥구역
- □ 농업보호구역
- □ 가축사육제한구역
- □ 법정동

축적 1 / 1200 ▼ 변경

소송을 통한 판결문으로 분할한 사례

2016 타경 956 (강제)		매각기일 : 2016-12-05 10:00~ (월)		경매1계 041-746-2781	
소재지	(33125) 충청남도 부여군 규암면 내리 ●●●● 외1필지				
용도	전	채권자	삼성생명보험	감정가	34,302,600원
지분토지	290.7㎡ (87.94평)	채무자	김기●	최저가	(51%) 17,563,000원
건물면적		소유자	김기● 外	보증금	(10%)1,757,000원
제시외	제외 44.25㎡ (13.39평)	매각대상	토지지분매각	청구금액	35,729,340원
입찰방법	기일입찰	배당종기일	2016-07-08	개시결정	2016-04-07

기일현황 [건물보기]

회차	매각기일	최저매각금액	결과
신건	2016-08-22	34,302,600원	유찰
2차	2016-09-26	27,442,000원	유찰
3차	2016-10-31	21,954,000원	유찰
4차	2016-12-05	17,563,000원	매각
낙찰22,790,000원(66%)			
2016-12-12	매각결정기일		허가
2017-01-17	대금지급기한 납부 (2017.01.17)		납부
2017-02-24	배당기일		완료

📄 건물현황	📄 토지현황	📄 임차인/대항력여부	📄 등기사항/소멸여부
[건물목록] **[건물기타현황]** - **[제시외건물]** 내리 ●●●-4 외 1필지 [콘테이너 박스] 콘테이너조 (ㄱ) 금액 : 원 매각제외 내리 ●●●-4 외 1필지 [과수목] 감나무 (ㄴ) 금액 : 원 매각포함 내리 ●●●-4 외 1필지 [주택및부속사] 브럭조 (ㄷ) 30.75㎡(9.3)평 금액 : 3,164,250원 매각제외 102.5면적중 김기●지분 30.75전부 내리 ●●●-4 외 1필지 [처마] 파이프조 (ㄹ) 6.60㎡(2)평 단가㎡ : 10,000원 금액 : 66,000원 매각제외 22면적중 김기●지분 6.6전부	**【(지분)토지목록】** 내리 ●●●-4 [전] 제2종일반주거지역 : 51.6㎡㎡(15.61평) 표준지가 : 96,000원 단가㎡ : 118,000원 금액 : 6,088,800원 내리 ●●●-5 [전] 제2종일반주거지역 : 239.1㎡㎡(72.33평) 표준지가 : 96,000원 단가㎡ : 118,000원 금액 : 28,213,800원 🔲 토지이용계획/공시지가 🔲 부동산정보 통합열람 **[토지기타현황]** - 북새기마을 내에 위치 - 부근은 농가주택, 주거나지, 전 등으로 형성된 기존 주택지대 - 본건까지 차량진입 가능, 제반 편의시설 및 노선버스 정류장 등에의 접근성을 보아 대중교통사정은 보통임 - 필 1단의 부정형 평탄한 토지이나, 필지별로는 기호1)세로 장방형, 기호2)대체로 사다리형임 - 기호1)서측으로 3m 정도의 포장도로에 접함 - 기호2)서측 및 남서측으로 3~4m 정도의 포장도로에 양면이 접함 - 하수처리구역 **[비고]** 🔲 감정평가서	배당종기일 : 2016-07-08 - 채무자(소유자)점유 🔲 매각물건명세서 🔲 예상배당표	**소유권(지분)** 2016-03-30 토지 김기● 외 3명 外 재산상속 **강제경매(지분)** 2016-04-07 토지 삼성생명보험 청구 : 35,729,340원 2016타경956배당종결) 김기●지분 ▷ 채권총액 : 35,729,340원 🔲 등기사항증명서 토지열람 : 2016-04-18

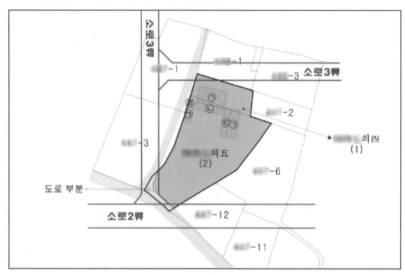

290.7㎡의 지분으로 낙찰받아 346㎡를 판결문으로 분할

소재지	충청남도 부여군 규암면 내리 일반 ███-13			
지목	전 ❼		면적	346 ㎡
개별공시지가 (㎡당)	개별공시지가 자료 없음.			
지역지구등 지정여부	「국토의 계획 및 이용에 관한 법률」에 따른 지역·지구등	제2종일반주거지역		
	다른 법령 등에 따른 지역·지구등	가축사육제한구역(전부제한지역)<가축분뇨의 관리 및 이용에 관한 법률>, 하수처리구역<하수도법>		
「토지이용규제 기본법 시행령」 제9조제4항 각 호에 해당되는 사항				

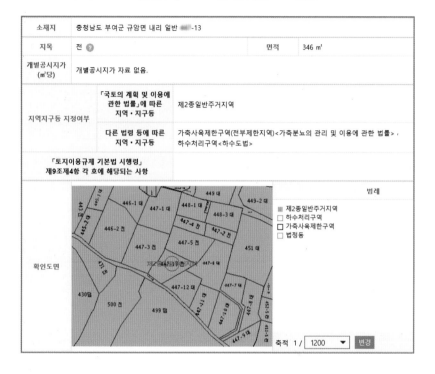

범례
■ 제2종일반주거지역
□ 하수처리구역
□ 가축사육제한구역
□ 법정동

축적 1 / [1200 ▼] [변경]

대전지방법원 논산지원
조 정 조 서

<table>
<tr><td>사   건</td><td>2017가단▒▒▒▒</td><td>공유물분할 등</td></tr>
<tr><td>원   고</td><td colspan="2">최광▒ (590612-▒▒▒▒▒▒▒)</td></tr>
<tr><td></td><td colspan="2">창원시 성산구 원이대로 ▒▒, ▒▒▒ ▒▒▒▒(상남동, ▒▒▒▒▒▒)</td></tr>
<tr><td></td><td colspan="2">송달장소: 평택시 평남로 ▒▒▒, ▒▒▒(동삭동, ▒▒▒▒▒▒▒)</td></tr>
<tr><td>피   고</td><td colspan="2">1. 이영▒ (430917-▒▒▒▒▒▒▒)</td></tr>
<tr><td></td><td colspan="2">3. 김창▒ (711005-▒▒▒▒▒▒▒)</td></tr>
<tr><td></td><td colspan="2">피고1,2,3 주소 충남 부여군 규암면 내서로 ▒▒▒</td></tr>
<tr><td></td><td colspan="2">피고1,3 대리인 김기▒</td></tr>
<tr><td></td><td colspan="2">4. 김기▒ (750418-▒▒▒▒▒▒▒)</td></tr>
<tr><td></td><td colspan="2">충남 부여군 부여읍 사비로▒▒▒▒▒▒ ▒▒, ▒▒▒▒▒(▒▒▒▒▒▒)</td></tr>
</table>

판 사	이 정 ▒	기 일 : 2017. 8. 29. 15:00
법원 주사보	장 은 ▒	장 소 : 3층 조정실
		공개 여부 : 공 개

원고 최광▒	출석
피고4. 겸 피고1,3 대리인 김기▒	출석

다음과 같이 조정성립

조 정 조 항

1. 원고는 충남 부여군 규암면 내리 ▒▒▒-▒ 전 172㎡ 중,

    가. 피고 이영▒에게 9/70 지분에 관하여,

    나. 피고 김창▒, 김기▒에게 각 6/70 지분에 관하여

    2017. 8. 29. 공유물분할을 원인으로 한 소유권이전등기절차를 각 이행한다.

2. 충남 부여군 규암면 내리 ▨▨-5 전 797㎡ 중 별지 도면 표시 1 내지 4, 1의 각 점을 차례로 연결한 선내 (가)부분 451㎡는 피고 이영▨이 3/7, 피고 김창▨, 김기▨이 각 2/7 지분을 각 소유하는 것으로, 같은 도면 표시 1, 2, 6, 5, 1의 각 점을 차례로 연결한 선내 (나)부분 346㎡는 원고가 소유하는 것으로 분할한다.
3. 소송 및 조정비용은 각자 부담한다.

청 구 의 표 시

청구취지 및 청구원인

별지 소장 및 준비서면 각 해당 기재와 같다.

법원 주사보   장   은   ▨

판   사   이   정   ▨

농지법에 의한 분할제한

농지법에 의한 농지의 분할은 원칙적으로 안 된다고 보면 된다. 특히 불법건축물이 있는 경우 농지의 분할은 불가능하며, 상속에 의한 분할도 원칙적으로 금하고 있다. 필자의 경우 소송을 해서 판결문으로 분할한 적 있다.

농지법

제22조 농지 소유의 세분화 방지

① 국가와 지방자치단체는 농업인이나 농업법인의 농지 소유가 세분화되는 것을 막기 위하여 농지를 어느 한 농업인 또는 하나의 농업법인이 일괄적으로 상속·증여 또는 양도받도록 필요한 지원을 할 수 있다.

② '농어촌정비법'에 따른 농업생산기반정비사업이 시행된 농지는 다음 각 호의 어느 하나에 해당하는 경우 외에는 분할할 수 없다.

  1. '국토의 계획 및 이용에 관한 법률'에 따른 도시지역의 주거지역·상업지역·공업지역 또는 도시·군계획시설부지에 포함되어 있는 농지를 분할하는 경우.

  2. 제34조 제1항에 따라 농지전용허가를 받거나 제35조나 제43조에 따른 농지전용신고를 하고 전용한 농지를 분할하는 경우.

  3. 분할 후의 각 필지의 면적이 2천제곱미터를 넘도록 분할하는 경우.

  4. 농지의 개량, 농지의 교환·분합 등 대통령령으로 정하는 사유로 분할하는 경우.

농지법 시행령

제23조 농지를 분할할 수 있는 사유

법 제22조 제2항 제4호에서 '대통령령으로 정하는 사유'란 다음 각 호의 어느 하나에 해당하는 경우를 말한다.

1. 농지를 개량하는 경우.

2. 인접 농지와 분합(分合)하는 경우.
3. 농지의 효율적인 이용을 저해하는 인접 토지와의 불합리한 경계를 시정하는 경우.
4. '농어촌정비법'에 따른 농업생산기반 정비사업을 시행하는 경우.
5. '농어촌정비법' 제43조에 따른 농지의 교환·분합을 시행하는 경우.

공간정보의 구축 및 관리 등에 관한 법률에 의한 합병

토지의 합병은 주인과 지목이 같은 경우 신청에 의해 합병이 가능하다. 토지의 합병은 용이하나, 분할은 어렵기 때문에 대부분 합병 신청을 안 한다. 그러나 합병으로 경제적 이득을 보는 경우도 있고, 합병을 전제로 분할해주는 적도 있으며, 개발행위허가 시 합병을 전제로 허가가 승인되는 경우도 있다.

측량·수로조사 및 지적에 관한 법률

제80조 합병 신청

① 토지 소유자는 토지를 합병하려면 대통령령으로 정하는 바에 따라 지적소관청에 합병을 신청하여야 한다.
② 토지 소유자는 '주택법'에 따른 공동주택의 부지, 도로, 제방, 하천, 구거, 유지, 그 밖에 대통령령으로 정하는 토지로서 합병하여야 할 토지가 있으면 그 사유가 발생한 날부터 60일 이내에 지적소관청에 합병을 신청하여야 한다.

제66조 합병 신청

① 토지 소유자는 법 제80조 제1항 및 제2항에 따라 토지의 합병을 신청할 때에는 합병 사유를 적은 신청서를 지적소관청에 제출하여야 한다.

② 법 제80조 제2항에서 '대통령령으로 정하는 토지'란 공장용지·학교용지·철도용지·수도용지·공원·체육용지 등 다른 지목의 토지를 말한다.

③ 법 제80조 제3항 제3호에서 '합병하려는 토지의 지적도 및 임야도의 축척이 서로 다른 경우 등 대통령령으로 정하는 경우'란 다음 각 호의 경우를 말한다.

1. 합병하려는 토지의 지적도 및 임야도의 축척이 서로 다른 경우

2. 합병하려는 각 필지의 지반이 연속되지 아니한 경우

3. 합병하려는 토지가 등기된 토지와 등기되지 아니한 토지인 경우

4. 합병하려는 각 필지의 지목은 같으나 일부 토지의 용도가 다르게 되어 법 제79조 제2항에 따른 분할대상 토지인 경우. 다만, 합병 신청과 동시에 토지의 용도에 따라 분할 신청을 하는 경우는 제외한다.

5. 합병하려는 토지의 소유자별 공유지분이 다르거나 소유자의 주소가 서로 다른 경우

6. 합병하려는 토지가 구획정리, 경지정리 또는 축척변경을 시행하고 있는 지역의 토지와 그 지역 밖의 토지인 경우.

공간정보의 구축 및 관리 등에 관한 법률에 의한 지목변경

측량·수로조사 및 지적에 관한 법률 제81조에 따라 지목변경은 사유가 있어야 신청이 가능하다. 지목을 처음 만든 이승만 정부에서는 재산세를 징수하기 위한 목적으로 만들어졌으며, 지목의 결정은 그 목적대로 쓰라는 것이 아닌, 그렇게 사용하고 있었기에 지목이 결정되었다.

그러나 지금의 지목변경은 반드시 개발행위를 통해 지목변경이 가능하다 특별법에 의해 지목이 결정되는 경우(농지, 임야, 도로, 공원 등) 지목은 개발행위와 전용허가를 받아야 지목변경이 가능하다.

따라서 개발행위 등에 의해 토지의 사용이 변하게 되면 준공을 받으므로 지목 변경을 해준다. 즉 토지의 법규에 의해 사용목적이 변경하게 된 사유(개발행위준공)를 첨부해 지목변경을 신청해야 한다.

더 구체적으로 설명하면, 농지에 전용을 받아 창고를 건축한 후 창고용지로 지목 변경을 신청하면 지목이 농지에서 창고용지로 바뀌며, 창고를 허물고 주유소를 허가받아 건축하면 창고용지가 주유소용지로 변경되며, 다시 주유소를 철거하고 빌딩을 건축하면 지목이 대지로 바뀐다. 즉 지목은 지목대로 사용하라는 것이 아니고, 사용하기 때문에 변경되는 것이다.

지목이 변할 수 있느냐는 용도지역에 의해 그 토지에 신청한 지목대로 허가가 가능한 경우, 준공되어 건축물 관리대장이 만들어졌을 경우, 건축물대장을 첨부해 지적과에 지목변경을 신청해야 한다. 건축물관리대장을 첨부해 지목변경을 신청하지 않는 경우 예전의 지목대로 있는 경우도 많다. 즉 현장을 가보면 건축물이 건축되어 있어도 예전의 지목인 전으로 되어 있는 경우도 흔히 볼 수 있다. 즉 지목의 사용이 변경되었으나 토지주가 지목변경을 신청하지 않은 경우다.

> **측량·수로조사 및 지적에 관한 법률**
>
> **제81조 지목변경 신청**
> 토지 소유자는 지목변경을 할 토지가 있으면 대통령령으로 정하는 바에 따라 그 사유가 발생한 날부터 60일 이내에 지적소관청에 지목변경을 신청하여야 한다.

공간정보의 구축 및 관리 등에 관한 법률 시행령

제67조 지목변경 신청

① 법 제81조에 따라 지목변경을 신청할 수 있는 경우는 다음 각 호와 같다.
  1. '국토의 계획 및 이용에 관한 법률' 등 관계 법령에 따른 토지의 형질변경 등의 준공된 경우
  2. 토지나 건축물의 용도가 변경된 경우.
  3. 법 제86조에 따른 도시개발사업 등의 원활한 추진을 위하여 사업시행자가 공사 준공 전에 토지의 합병을 신청하는 경우

공간정보의 구축 및 관리 등에 관한 법률 시행규칙

제84조 지목변경 신청

① 영 제67조 제2항에서 '국토교통부령으로 정하는 서류'란 다음 각 호의 어느 하나에 해당하는 서류를 말한다.
  1. 관계법령에 따라 토지의 형질변경 등의 공사가 준공되었음을 증명하는 서류의 사본
  2. 국유지·공유지의 경우에는 용도폐지 되었거나 사실상 공공용으로 사용되고 있지 아니함을 증명하는 서류의 사본
  3. 토지 또는 건축물의 용도가 변경되었음을 증명하는 서류의 사본
② 개발행위허가·농지전용허가·보전산지전용허가 등 지목변경과 관련된 규제를 받지 아니하는 토지의 지목변경이나 전·답·과수원 상호 간의 지목변경인 경우에는 제1항에 따른 서류의 첨부를 생략할 수 있다.

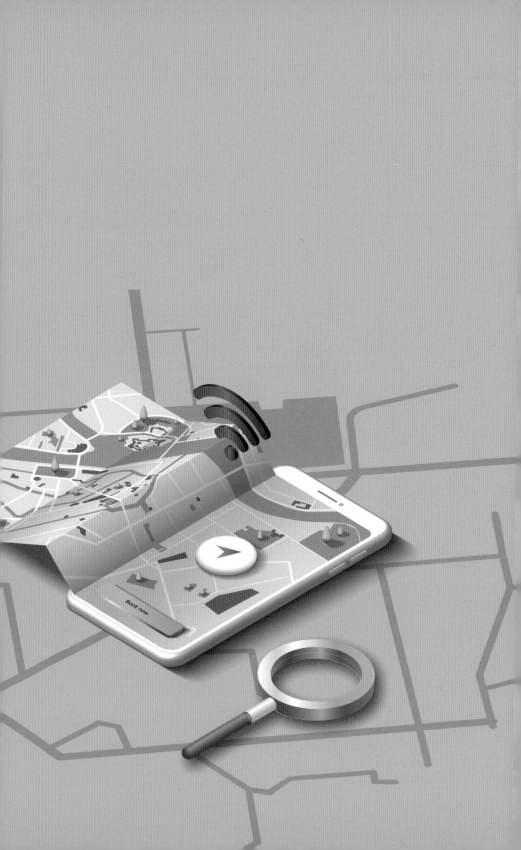

PART 5

국유지(하천부지) 점유 및 불하

하천 점유의 종류와
방법 및 법규

하천법에 의해 하천으로 지정된 토지는 지목이 천으로 되어 있으며, 하천법 적용을 받는다. 따라서 지목은 천으로 되어 있으나 현황이 하천 이외의 목적으로 사용이 가능한 경우의 토지는 하천점용허가에 의해 하천의 토지를 사용할 수 있다. 따라서 하천 점유의 종류와 방법 및 법규를 살펴보고 또한 실전 사례를 살펴보자.

하천법

제7조 하천의 구분 및 지정
① 하천은 국가하천과 지방하천으로 구분한다.

하천법에서 하천은 국가하천과 지방하천으로 구분한다. 하천의 규모가 작으면 구거로 표시된다. 즉 토지의 주인이 국유지나 지방자치단체인 것이다. 따라서 하천과 구거는 점용허가 및 불하를 받아야 사용이 가능하다. 그러나 점유 허가 시 사용목적, 점유면적, 점유기간 등이 관계법규에 합법적이어야 한다. 필자가 설명하는 하천의 점유허가의 목적물인 하천부지는 물이 흐르는 하천이나 잠시 물이 흐르지 않고 장마 시 물이 흐르는 하천부지를 말하는 것이 아니고, 물이 흐르지 않는 사실상 폐천 부지를 말하는 것이다. 즉 예전에는 하천이었으나 제방공사에 의해 물의 침범이 불가능하지만 지목이 천이며, 국유지나 시유지인 경우를 말하는 것이다.

사실상 하천이 아닌 경우의 국유지 하천부지는 일반 국유지 점유허가에 의해 점유할 수 있으며, 하천법에서 정한 하천의 점유행위 이외에도 점유가 가능하다(예 : 주차장 등 구거를 이용한 도로).

좀 더 자세히 구분하자면 국유재산은 행정재산과 일반재산으로 구분된다. 행정재산은 불하 또는 임대가 불가능한 재산이며, 일반재산은 불하 또는 임대가 가능한 토지다. 행정재산은 일반적으로 도로, 구거, 하천, 정부청사 등을 말하며, 특별한 경우 외에는 행정재산은 불하나 점유허가는 내주지 않는다. 그러나 일반재산은 등기부상 토지의 주인이 기획재정부이면 일반재산이 대부분이다. 하천이나 구거는 행정재산이지만, 사실상 물이 흐르지 않는 하천 또는 구거는 일반재산으로 분류되는 것은 아니지만, 불하 또는 점유허가가 가능하다.

원칙적으로 행정재산이 아닌 일반재산은 공매에 의해 매각하거나 임대해주고 있다. 따라서 행정재산이었으나 환경변화에 의해 재산적 가치가 현저히 감소한 행정재산은 공매에 의해 매각하거나 불하하지 않고 잠자고 있다. 따라서 불하나 점유허가가 가능한 행정재산의 국유지를 불하나 점유허가를 받아 사용하는 방법에 관해 설명하고자 한다. 이러한 국유지는 필요에 따라 아주 유용하게 사용 가능해 나의 토지 가치를 높일 수 있다.

예를 들어 설명하자면 국가에서 국도를 만들기 위해 도로부지를 매입할 경우 도로로 사용하고, 남는 토지는 행정재산이지만 토지의 면적이 작아서 혼자 사용하기에는 불합리하기에 그 토지와 붙어 있는 토지주가 불하를 원하면 감정가로 불하가 가능한 것이다. 이런 경우 나의 토지와 도로를 직접 연결할 수 있기에 맹지 탈출의 한 방법이다.

필자가 이미 저술한 《이것이 진짜 도로 경매다》에서 이러한 국유지를 매입해 가치를 높인 사례가 있다.

국유지 불하 또는 하천부지 점유는 기득권자에게 우선해 점유허가를 내주며, 불하인 경우 옆 토지주에게 우선권을 준다는 것이 핵심이다.

국유재산법

제6조 국유재산의 구분과 종류

① 국유재산은 그 용도에 따라 행정재산과 일반재산으로 구분한다.

② 행정재산의 종류는 다음 각 호와 같다. <개정 2012. 12. 18>

　1. 공용재산 : 국가가 직접 사무용·사업용 또는 공무원의 주거용(직무 수행을 위하여 필요한 경우로서 대통령령으로 정하는 경우로 한정한다)으로 사용하거나 대통령령으로 정하는 기한까지 사용하기로 결정한 재산

　2. 공공용재산 : 국가가 직접 공공용으로 사용하거나 대통령령으로 정하는 기한까지 사용하기로 결정한 재산

　3. 기업용재산 : 정부기업이 직접 사무용·사업용 또는 그 기업에 종사하는 직원의 주거용으로 사용하거나 대통령령으로 정하는 기한까지 사용하기로 결정한 재산

　4. 보존용재산 : 법령이나 그 밖의 필요에 따라 국가가 보존하는 재산

③ '일반재산'이란 행정재산 외의 모든 국유재산을 말한다.

제22조 총괄청의 용도폐지 요구 등

① 총괄청은 중앙관서의 장에게 그 소관에 속하는 국유재산의 용도를 폐지하거나 변경할 것을 요구할 수 있으며 그 국유재산을 관리전환하게 하거나 총괄청에 인계하게 할 수 있다.

② 총괄청은 제1항의 조치를 하려면 미리 그 내용을 중앙관서의 장에게 통보하여 의견을 제출할 기회를 주어야 한다.

③ 총괄청은 중앙관서의 장이 정당한 사유 없이 제1항에 따른 용도폐지 등을 이행하지 아니하는 경우에는 직권으로 용도폐지 등을 할 수 있다. <개정 2011. 3. 30>

④ 제3항에 따라 직권으로 용도폐지된 재산은 제8조의 2에 따라 행정재산의 사용 승인이 철회된 것으로 본다.

제23조 용도폐지된 재산의 처리

총괄청은 용도를 폐지함으로써 일반재산으로 된 국유재산에 대하여 필요하다고 인정하는 경우에는 그 처리방법을 지정하거나 이를 인계받아 직접 처리할 수 있다.

국유재산법 시행령

제27조 사용허가의 방법

① 법 제31조 제1항에 따른 경쟁입찰은 1개 이상의 유효한 입찰이 있는 경우 최고가격으로 응찰한 자를 낙찰자로 한다.

② 행정재산이 다음 각 호의 어느 하나에 해당하는 경우에는 법 제31조 제1항 단서에 따라 제한경쟁이나 지명경쟁의 방법으로 사용허가를 받을 자를 결정할 수 있다.

　1. 토지의 용도 등을 고려할 때 해당 재산에 인접한 토지의 소유자를 지명하여 경쟁에 부칠 필요가 있는 경우

③ 행정재산이 다음 각 호의 어느 하나에 해당하는 경우에는 법 제31조 제1항 단서에 따라 수의의 방법으로 사용허가를 받을 자를 결정할 수 있다.

　1. 주거용으로 사용허가를 하는 경우

　2. 경작용으로 실경작자에게 사용허가를 하는 경우

제40조 처분의 방법

① 법 제43조 제1항에 따른 경쟁입찰은 1개 이상의 유효한 입찰이 있는 경우 최고가격으로 응찰한 자를 낙찰자로 한다.

② 일반재산이 다음 각 호의 어느 하나에 해당하는 경우에는 법 제43조 제1항 단서에 따라 제한경쟁이나 지명경쟁의 방법으로 처분할 수 있다.

　1. 토지의 용도 등을 고려할 때 해당 재산에 인접한 토지의 소유자를 지명하여 경쟁에 부칠 필요가 있는 경우

③ 일반재산이 다음 각 호의 어느 하나에 해당하는 경우에는 법 제43조 제1항 단서에 따라 수의계약으로 처분할 수 있다. 이 경우 처분가격은 예정가격 이상으로 한다.

　14. 국유재산으로서 이용가치가 없으며, 국가 외의 자가 소유한 건물로 점유·사용되고 있는 다음 각 목의 어느 하나에 해당하는 국유지를 그 건물 바닥 면적의 두 배 이내의 범위에서 그 건물의 소유자에게 매각하는 경우

　　가. 2012년 12월 31일 이전부터 국가 외의 자 소유의 건물로 점유된 국유지

　17. 국유지의 위치, 규모, 형태 및 용도 등을 고려할 때 국유지만으로는 이용 가치가 없는 경우로서 그 국유지와 서로 맞닿은 사유 토지의 소유자에게 그 국유지를 매각하는 경우

하천법 시행령

제34조 점용허가의 신청 등

① 법 제33조 제1항에 따른 허가(이하 '하천점용허가'라 한다)를 받으려는 자는 환경부령으로 정하는 하천점용허가신청서를 하천관리청에 제출하여야 한다.

② 법 제33조 제1항 각 호 외의 부분 후단에서 '대통령령으로 정하는 중요한 사항'이란 다음 각 호의 사항을 말한다.

1. 점용의 목적 및 면적
2. 토석·모래 또는 자갈의 채취량
3. 점용허가기간
4. 그 밖에 점용허가 시 따로 정한 사항

제35조 하천의 점용행위 등

① 법 제33조 제1항 제6호에서 '대통령령으로 정하는 행위'란 다음 각 호의 행위를 말한다.

1. 죽목·갈대·목초 또는 수초 등을 채취하는 행위.
2. 식물을 식재하는 행위.
3. 선박을 운항하는 행위.
4. 스케이트장, 유선장·도선장 및 계류장(유선장·도선장 및 계류장은 부유식인 경우로 한정한다)을 설치하는 행위.
5. '수상레저안전법'에 따른 수상레저기구를 이용한 수상레저사업 목적의 물놀이 행위.

제39조 기득하천사용자의 범위 등

① 법 제34조 제1항 각 호 외의 부분 본문에서 '대통령령으로 정하는 하천에 관한 권리를 가진 자'란 다음 각 호의 어느 하나에 해당하는 자[이하 '기득하천사용자(旣得河川使用者)'라 한다]를 말한다. <개정 2017.9.19, 2020. 8. 26>

1. 다음 각 목의 어느 하나에 해당하는 자
   나. 하천점용허가를 받은 자(다른 법령에 따라 하천점용허가를 받은 것으로 보는 자를 포함한다)

이것이 진짜 토지 개발이다 Ⅰ

초판 1쇄 2022년 9월 20일

지은이 이종실
펴낸이 서정희   **펴낸곳** 매경출판㈜
기획제작 ㈜두드림미디어
책임편집 배성분   **디자인** 노경녀 n1004n@hanmail.net
마케팅 김익겸, 한동우, 장하라

매경출판㈜
등록 2003년 4월 24일(No. 2-3759)
주소 (04557) 서울특별시 중구 충무로 2(필동 1가) 매일경제 별관 2층 매경출판㈜
홈페이지 www.mkbook.co.kr
전화 02)333-3577
이메일 dodreamedia@naver.com(원고 투고 및 출판 관련 문의)
인쇄 · 제본 ㈜M-print 031)8071-0961
ISBN 979-11-6484-468-5 (03320)

📍 같이 읽으면 좋은 책들 📍

새롭게 오픈한 주택임대DB(아파트 8만)로 더쉽게

신방수 세무사의
**주택임대사업자
등록과
절세 비법**

임정 강화되는 정부의 세제정책에
주택임대사업자가 살아남을 수 있는
바람을 전수한다

아내에게 실전 경매 공략과 재접근로의

**나는 장애를 딛고
부동산 경매로
성공했다**

완벽한 경매란 세상에 없다
시기와 때를 기다린다면 우선 시작하라

불황에도 매출 10배 올리는
상위

**1%
공인
중개사의
마케팅
비법**

부동산 규제 정책의 경기 불황에도 공인중개사들의
매출을 극대화로 올릴 수 있는 중개구별 제시한다

GTX 시대, 부동산 투자 비법은 따로 있다

**아파트는 살고
땅은 사라**

토지 투자의 블루오션 진짜가 왔다
도시인에게 "대한민국 1%만 아는
실전 토지 투자 종합 바이블 탄생!"

부동산 투자를 시작하기 전에 꼭 읽어야 할 실전 기술

**부동산
상식을
돈으로
바꾸는 방법**

**해외 부동산 투자,
나는 말레이시아로
간다**

MALAYSIA

투자자에게 알려주고 싶은 부동산 블루오션

당신도 건물주가 될 수 있다

**원룸
마스터**

부동산 투자자,
계약자라면 알아야 하는

**부동산
실무 法
용어사전
1,000**

부자가 되기 위한 새로운 패러다임

**부자로 환승하라
머니트레인**

부동산 투자, 이제는 지하철이 핵심이다

**부동산 투자
인사이트**

그는 어떻게

**부동산
1인 창업으로
10억을
벌었을까?**

부동산 투자의 숨겨진 진실!

절세테닝 이성욱 세무사의

**절세의 모든 기술
부동산 법인에 있다!**

부동산 법인 A to Z

**돈 버는
주택임대
관리기법**

10%대 수익률을 위한
최고의 부동산 재테크

**P2P
투자의
정석**

**동산으로 이룬
유의**

**아파트 경매,
지역 분석이 먼저다!**

매매 사례를
중심으로 살펴보는

**대박 친
빌딩 투자의
비밀**

부자가 되기 위한 부동산 요리법

**정준환의
부동산
레시피**

초보를 위한 취업과 창업 완벽 가이드

**잘나가는
공인중개사의
비밀노트**

한 권으로 정리한 단기 속성 실무전략

新

**명품 토지
중개 실무**

부동산 재테크
역세권이
답이다

세무사 30년이 알려주는:
세무조사
대비의 모든 것

향후 5년 부동산 정책 핵심 공략
문재인 시대
부동산 트렌드

주택 연출가
무조건 따라하기

커피 한 잔 값으로
초대형 오피스 주인 되기
리츠
얼리어답터

고수익을 안겨주는 → 블루오션 토지 경매
신의 한 수
금맥
경매
토지 경매로 금맥을 캐다

주택
아파트
세무 가이드북
실전편

권리분석
완전정복으로
10년 안에
10억 벌기

대한민국을
움직이는
땅 투자 법칙100

땅투자
10단계 절대불변의 법칙

흔한 직장인의 흔하지 않은 부잡 경매 성공기
돈의 보감
평범한 샐러리맨, 투잡 경매로
5년에 10억 벌다

나는 갭 투자로
300채 집주인이
되었다

토지
세무
가이드북
실전편

부동산 경·공매, 권리, 입찰, 매테를 통한
新 **상가**
투자
보물
찾기

상가투자자라면 공인중개사라도 꼭 알아야 하는
상가
세무
가이드북
실전편

NPL
가격 산정의 비밀

응답하라!!
위기의
부동산

나는
토지 경매로
금맥을 캔다

토지보상경매
실전활용

세무조사
실무
가이드북
실전편

(주)두드림미디어 카페(https://cafe.naver.com/dodreamedia)

Tel. 02-333-3577   E-mail. dodreamedia@naver.com